# GEROLD PRAUSS
## EINFÜHRUNG IN DIE ERKENNTNISTHEORIE

# DIE PHILOSOPHIE

Einführungen in Gegenstand, Methoden und Ergebnisse
ihrer Disziplinen

WISSENSCHAFTLICHE BUCHGESELLSCHAFT
DARMSTADT

GEROLD PRAUSS

# EINFÜHRUNG IN DIE ERKENNTNISTHEORIE

WISSENSCHAFTLICHE BUCHGESELLSCHAFT
DARMSTADT

Einbandgestaltung: Neil McBeath, Stuttgart.

1. Auflage 1980
2., unveränderte Auflage 1988

Die Deutsche Bibliothek – CIP-Einheitsaufnahme

**Prauss, Gerold:**
Einführung in die Erkenntnistheorie / Gerold Prauss. –
3., unveränd. Aufl. – Darmstadt: Wiss. Buchges.,
1993
(Die Philosophie)
ISBN 3-534-07256-1

Bestellnummer 07256-1

3., unveränderte Auflage 1993
© 1980 by Wissenschaftliche Buchgesellschaft, Darmstadt
Gedruckt auf säurefreiem und alterungsbeständigem Offsetpapier
Druck und Einband: Wissenschaftliche Buchgesellschaft, Darmstadt
Printed in Germany
Schrift: Linotype Garamond, 9/11

ISSN 0174-0997
ISBN 3-534-07256-1

# INHALT

# VORWORT

In Themen philosophischer Erkenntnistheorie einzuführen, hatte ich seit dem Wintersemester 1970/71 in Vorlesungen unter verschiedenen Titeln und nach verschiedenen Textentwürfen versucht, zunächst an der Universität Bonn, danach an der Universität Heidelberg und schließlich an der Universität Köln. So wurde die Einladung der Wissenschaftlichen Buchgesellschaft zum willkommenen Anlaß, eine solche Einführung auch zur Veröffentlichung auszuarbeiten. Sie geht daher auch zur Hälfte auf Vorlesungstexte zurück, in die auch Texte aus einer kleineren Vorarbeit über Freges Beitrag zur Erkenntnistheorie eingegangen sind. Die letzten §§ 18—21 jedoch sind im Winter 1978/79 gänzlich neu geschrieben und noch nicht vorgetragen worden. Weiterführende Texte dagegen, niedergeschrieben bereits für die Vorlesungen der letzten 3 Semester, habe ich zurückgehalten, da sie über eine bloße Einführung hinaus bereits zu einer Ausführung von Erkenntnistheorie gehören.

Sankt Augustin, im März 1979                          Gerold Prauss

# EINLEITUNG

Wohl schwerlich dürfte es übertrieben sein zu behaupten: Erkenntnistheorie ist heute eine tote Disziplin der Philosophie. Von der Lebendigkeit jedenfalls, die sie von Anbeginn der abendländischen Philosophie in der Antike besaß und die sie im Verlauf der Neuzeit wiederholt zu Höhepunkten steigerte, ist heute nichts mehr zu spüren. Zu hoch anscheinend waren diese Gipfel, als daß ein Abstieg nicht den Tod bedeuten sollte.

Immer wieder nämlich waren sie von einer Art, daß Herunterkommen danach kaum ausbleiben konnte. Denn ihre höchste Lebendigkeit hat Erkenntnistheorie zum einen jeweils nur durch einzelne Große der Philosophie erreicht, denen keineswegs auch immer sogleich ein weiterer folgte, der in der Lage und bereit gewesen wäre, solche Größe ungebrochen fortzusetzen. Zum andern aber bestand sie selbst jeweils auch nicht so sehr in der Fertigkeit umfassender und endgültiger Lösungen. Sie entfaltete sich vielmehr als das Vermögen, einen bestimmten Gesichtspunkt zu finden, der es auf einmal gestattete, die gesamte Dimension der Problematik von Erkenntnis zu durchblicken, freilich ohne daß damit auch schon die Fähigkeit einhergegangen wäre, diesen umfassenden Durchblick auch ebenso umfassend durchzuformulieren, daß anderen in solcher Formulierung dieselbe Problemdimension wieder voll vor Augen gestanden hätte.

Hinzu kam, daß gerade Philosophen es oft genug an Geduld und Selbstlosigkeit fehlen lassen, sich des Großen bei anderen Philosophen nicht nur im großen Ganzen anzunehmen, sondern auch in kleinsten Einzelheiten. Mehr noch als Fremdes und Altes voll anzueignen, galt es daher immer wieder, Eigenes und Neues vorzubringen. Wurde jedoch auf diese Weise nicht nur keine endgültig haltbare Lösung erzielt, sondern sogar die Dimension erkenntnistheoretischer Problematik selbst immer wieder verschüttet, so konnte es gar nicht ausbleiben, daß man alsbald ganz grundsätzlich bezweifelte, ob es hier eine echte Problematik überhaupt gibt, und das heißt, ob Erkenntnistheorie als der Versuch ihrer Lösung überhaupt ein legitimes Unternehmen ist.

Dies alles gilt insbesondere für die Kulmination, die Erkenntnistheorie in der Neuzeit durch Kant erreichte: Die Art und Weise, wie etwa Hegel dann gerade den umwälzend neuen erkenntnistheoretischen

Ansatz Kants — gar nicht eigentlich kritisierte, sondern nur noch diffamierte, um sich das Unbequeme seiner Errungenschaft zu ersparen, bildet unter anderen wohl das bemerkenswerteste Beispiel der Verschüttung dieser erkenntnistheoretischen Problemdimension selbst, das später wiederholt und auf verschiedensten Seiten der Philosophie Schule machte.

Mit der Lebendigkeit, mit der man in der Neuzeit seit Descartes und bis Kant in immer erneuerter Anstrengung die Dimension erkenntnistheoretischer Problematik stets wieder eröffnet hatte, war es danach auf lange Zeit, vielleicht sogar endgültig vorbei. Selbst nachdem dann sehr viel später „Neukantianer" sich einer Erneuerung Kantischer und Husserl einer Erneuerung Cartesianischer Erkenntnistheorie gewidmet hatten, war es für Heidegger ein leichtes, diese Art erkenntnistheoretischer Problemstellung als solche selbst in Hegelscher Manier einfach herabzusetzen.

Eben darin aber ist Hegel auch heute noch Vorbild. So übernimmt zum Beispiel Habermas die sogenannte „Kritik" von Hegel an Kant, ohne auch nur zu fragen, ob hier der Sache nach nicht vielmehr umgekehrt die eigentliche Kritik von Kant an Hegel zu üben wäre. Und war es nicht unter anderen sogar Bloch, der eine fundamentale Schwäche der Philosophie von Hegel gerade darin entdeckte, daß ihr „der erkenntnistheoretische Stachel fehlt"? Eben dies aber träfe dann auch noch zu für die Philosophie, die Hegel fortzusetzen versucht, auch für diejenige, die von Anbeginn meint, es gelte dabei Hegel „auf die Füße zu stellen".

Doch selbst die Anhänger der seit Wittgenstein verbreiteten „sprachanalytischen" Philosophie, die es weit von sich weisen würden, Hegel oder gar Heidegger als ihr Vorbild zu betrachten, stimmen gleichwohl der Sache nach mit ihnen überein, wenn sie mit besonderem Nachdruck vertreten: Was die Neuzeit von Descartes bis Kant uns an Erkenntnistheorie überliefert, sei letztlich überhaupt nur dadurch zustande gekommen, daß man nach Lösungen für selbstgestellte Scheinprobleme suchte. Und so verwundert es auch nicht, wenn im Verein mit ihnen schließlich „Wissenschaftstheorie" für sich den empiristisch-materialistischen Anspruch erhebt, Erkenntnistheorie endgültig zu liquidieren, indem sie entweder sich selber Stück für Stück an ihre Stelle setze oder Erkenntnistheorie, soweit sie sich durch so etwas wie „Wissenschaftstheorie" gar nicht ersetzen läßt, an empirische Wissenschaften wie Psychologie oder gar Physiologie ausliefere.

Über den Tod von Erkenntnistheorie als eigentümlicher Disziplin der Philosophie jedenfalls herrscht danach zwischen den verschiedensten philosophischen Richtungen durch alle Zwietracht hindurch heute Eintracht.

Ob Erkenntnistheorie indessen wirklich tot ist oder vielleicht nur scheintot, wird daher im wesentlichen davon abhängen, ob es gelingen kann, noch einmal jenes Problem zu erwecken, in dem sie insbesondere von Descartes bis Kant lebendig war, und zwar es soweit zu erwecken, daß es von sich aus jeden sofort Lügen straft, der es für ein bloßes Scheinproblem erklären möchte, in welchem auch Erkenntnistheorie nur ein Scheinleben führe. Mag heute ein solcher Versuch auch noch so aussichtslos erscheinen, im folgenden sei er noch einmal unternommen.

War es wirklich nur ein Scheinproblem, als Descartes nach den so lange maßgebenden Ansätzen von Platon und Aristoteles das Erkenntnisproblem unter anderem dadurch neu stellte, daß er so klar wie niemand vor ihm den folgenden Zusammenhang zweier Fakten herausstellte? Gerade an ihrem Ursprung, als äußere Erfahrung oder Wahrnehmung von Außenwelt, ist unsere Erkenntnis etwas, das wahr *oder falsch* und mithin niemals gewiß sein kann, und dies hängt damit zusammen, daß gerade ihr als Wahrnehmung oder Erfahrung von intersubjektiv-objektiver Außenwelt jeweils subjektiv-private Innenwelt von „Sinnesdaten" zugrunde liegt.

Ohne Zweifel ist er selber wie auch diejenigen, die ihm darin folgten, bei der weiteren Entfaltung dieses Zusammenhangs in das berüchtigte Problem des „Solipsismus" oder „Außenweltproblem" geraten und daran letztlich gescheitert. Davon aber bleiben jene zwei Fakten sowohl wie der Zusammenhang beider und damit auch jenes Erkenntnisproblem selber gänzlich unberührt.

Und war es nicht immerhin Kant, der letztlich gar nichts anderes als eben dieses Problem wieder aufnahm? Und fand er nach einiger Zeit genauerer Reflexion nicht zumindest einen Ansatz dazu, den Zusammenhang jener beiden Fakten und damit dieses Erkenntnisproblem selbst auf grundsätzlich andere Weise zu entfalten als Descartes und seine Nachfolger? Und mag es dabei auch zunächst bei einem bloßen Ansatz geblieben sein, ist er nicht schon allein insofern aussichtsreicher, als er ohne jeden Zweifel zu etwas grundsätzlich anderem ansetzt als zu einem „Solipsismus" oder „Außenweltproblem"?

Jedenfalls sollte man, solange dieser Ansatz noch nicht durchgeführt ist — und von einer solchen Durchführung kann in der Tat bis heute keine Rede sein — mit Totsagungen philosophischer Erkenntnistheorie noch etwas zurückhalten.

# A. DAS ERKENNTNISPROBLEM

## I. Fragen der Abgrenzung philosophischer Erkenntnistheorie

### § 1. Sie ist nicht Wissenschaftstheorie

Damit ein Unternehmen wie Erkenntnistheorie heute gelingen könne, bedarf es zunächst einmal der Vorverständigung darüber, was damit eigentlich unternommen werden soll. „Erkenntnistheorie" — das heißt doch wohl soviel wie „Theorie der Erkenntnis". Nun liegt aber heute für uns der ausgezeichnete Fall von Erkenntnis ohne Zweifel in den Wissenschaften vor, insbesondere in den Naturwissenschaften. Läuft daher nicht auch ein Unternehmen wie Erkenntnistheorie letztlich auf Wissenschaftstheorie hinaus?

Da dieser Anschein naheliegen könnte, sei von vornherein klargestellt, daß es so gerade nicht gemeint ist. Für das geplante Unternehmen wird die Bezeichnung „Erkenntnistheorie" mit Bedacht gewählt, nämlich um dieses Unternehmen gegenüber der „Wissenschaftstheorie" gerade abzugrenzen. Es wird damit die Überzeugung zum Ausdruck gebracht: Unter dem Titel „Erkenntnistheorie" gibt es etwas zu behandeln, das Wissenschaftstheorie prinzipiell nicht zu behandeln vermag, eine Überzeugung also, die an der überlieferten Idee von Erkenntnistheorie als einer eigenständigen philosophischen Wissenschaft grundsätzlich festhält.

Für eine solche Überzeugung aber gilt es, Argumente beizubringen. Und sie lassen sich um so leichter gewinnen, als heute Wissenschaftstheorie selber schon zunehmend ein angemessenes Selbstverständnis entwickelt. Sie beginnt sich selbst immer besser, nämlich immer mehr als bloße „angewandte Logik" zu verstehen[1]. Danach besteht Wissenschaftstheorie darin, mit Hilfe formaler Strukturen, entwickelt von nichtempirischen Formalwissenschaften wie Mathematik und Logik, die Strukturen empirischer Wissenschaften, insbesondere der Naturwissenschaften, immer weiter aufzuklären, was oft genug auch wieder

---

[1] W. Stegmüller, *Probleme und Resultate der Wissenschaftstheorie und Analytischen Philosophie*, Bd. IV, Berlin, Heidelberg, New York 1973, S. 7.

umgekehrt die Entwicklung formaler Strukturen der Logik und Mathematik bestimmt.

Sowohl diese empirischen wie jene nichtempirischen Wissenschaften sind nun aber von solcher Struktur, daß sie Erkenntnis selbst, und das heißt Gebilde, die entweder wahr oder falsch sind[2], immer schon voraussetzen. Deshalb gilt dasselbe grundsätzlich auch für die Wissenschaftstheorie als „angewandte Logik". Erkenntnis selbst, wie übrigens auch ihr jeweiliger Gegenstand, sind für die Mathematik und Logik ebenso wie für die Naturwissenschaften und damit auch für die Wissenschaftstheorie als „angewandte Logik" immer schon vorhanden. Sie beschäftigen sich — mit einer einzigen Ausnahme, die sogleich noch zur Sprache kommen wird — in keiner Weise mit der Frage: Wie kommt überhaupt Erkenntnis als ein Gebilde, das entweder wahr oder falsch ist, ursprünglich zustande? Oder umgekehrt formuliert: Wie wird überhaupt für solche Erkenntnis ursprünglich etwas zum Gegenstand?

So beschäftigt sich die Wissenschaftstheorie zum Beispiel nach der Aussage Poppers ausschließlich mit „Fragen von der Art: ob und wie ein Satz begründet werden kann; ob er nachprüfbar ist; ob er von gewissen anderen Sätzen logisch abhängt oder mit ihnen im Widerspruch steht usw. Damit aber ein Satz in diesem Sinn . . . untersucht werden kann, muß er bereits vorliegen; jemand muß ihn formuliert, der logischen Diskussion unterbreitet haben"[3]. Die Untersuchungen der Wissenschaftstheorie gelten lediglich „den objektiven-logischen Zusammenhängen der wissenschaftlichen Satzsysteme", in denen „Sätze nur durch Sätze logisch begründet werden können"[4]. Erkenntnis kann darin also nur durch solches begründet, nur aus solchem hergeleitet werden, was selbst schon den Charakter der Erkenntnis besitzt, was selbst schon ein Gebilde darstellt, das entweder wahr oder falsch ist. Dagegen die Frage nach dem Ursprung von Erkenntnis als solcher, das heißt die Frage: Wie und woraus entspringt jeweils diejenige Erkenntnis, die nicht selbst schon aus anderer, sondern aus der allenfalls umgekehrt andere Erkenntnis entspringt? — diese Frage kann solche Wissenschaftstheorie als „angewandte Logik" prinzipiell nicht beantworten.

[2] Eben dies, nämlich das entweder Wahre oder Falsche gilt es hier von Anbeginn als dasjenige festzuhalten, wovon Erkenntnistheorie handeln soll. Ob dies dann näherhin als Urteil, Behauptung, Gedanke, Satz, Theorie oder Erkenntnis zu verstehen sei, bleibt eine Frage zweiten Ranges, sofern es sich dabei nur immer um solches handelt, das entweder wahr oder falsch ist.

[3] *Logik der Forschung*, 4. Aufl., Tübingen 1971, S. 6.

[4] Popper, a. a. O., S. 17 f.

In diesem Zusammenhang ist es interessant zu sehen: Schon Frege, einer der Begründer der modernen Logik und damit indirekt auch der modernen Wissenschaftstheorie, weist aus eben dieser Überlegung mit Entschiedenheit der Erkenntnistheorie eine eigene Aufgabe zu. Dabei geht er speziell von der Logik aus: „Die Logik hat es nur mit solchen Gründen des Urteilens zu tun, welche Wahrheiten sind. Urteilen, indem man sich anderer Wahrheiten als Rechtfertigungsgründen bewußt ist, heißt schließen. Es gibt Gesetze über diese Art der Rechtfertigung, und diese Gesetze des richtigen Schließens aufzustellen, ist das Ziel der Logik." [5]
Wie die Logik selbst ist danach auch die Wissenschaftstheorie als angewandte Logik grundsätzlich nur mit Gebilden befaßt, die selber immer schon wahr oder falsch sind und die untereinander in verschiedenen Verhältnissen der „Begründung", „Erschließung", „Rechtfertigung" usw. stehen: „Wenn aber überhaupt Wahrheiten von uns erkannt werden, so kann dies nicht die einzige Art der Rechtfertigung sein. Es muß Urteile geben, deren Rechtfertigung auf etwas anderem beruht, wenn sie überhaupt einer solchen bedürfen. Und hier liegt die Aufgabe der Erkenntnistheorie." (N I, S. 3.)
Danach hat Erkenntnistheorie zur Aufgabe, wahre oder falsche Erkenntnisgebilde nicht aus solchem herzuleiten, was selbst schon wahr oder falsch ist, sondern gerade aus solchem, das nicht schon selber wahr oder falsch ist. Anders als Wissenschaftstheorie und Logik ist Erkenntnistheorie nicht mit der Frage befaßt, wie wir aus diesen Erkenntnisgebilden andere solche Gebilde erschließen, begründen, rechtfertigen können, sondern mit der Frage, wie wir zu Erkenntnisgebilden ursprünglich kommen.
Damit aber nähme Erkenntnistheorie eine einzigartige Stellung ein. Denn damit fiele ihr gegenüber Logik und Wissenschaftstheorie nicht nur eine eigentümliche, sondern geradezu die entscheidende, weil fundamentale Aufgabe zu. Solcher Ursprung von Erkenntnis nämlich, den sie aufzuklären hätte, vollzieht sich immer wieder in unserer alltäglichen Erfahrung, in der wir Dinge und Ereignisse der Außenwelt wahrnehmen. In ihr besitzt alle Naturwissenschaft ihre „empirische Basis", weil sie selbst „nur eine Fortentwicklung und Erweiterung unserer alltäglichen Erkenntnis ist" [6]. Und in der Tat wird von seiten der Logik und Wissenschaftstheorie immer wieder mit Nachdruck vertreten,

---

[5] *Nachgelassene Schriften und wissenschaftlicher Briefwechsel*, Bd. I, hrsg. v. H. Hermes, F. Kambartel, F. Kaulbach, Hamburg 1969, S. 3 (zitiert als N I).
[6] So z. B. Popper, a. a. O., S. 17 ff., S. 60 ff., S. XVII.

es sei für die Lösung dieser besonderen Aufgabe auch eine besondere
Wissenschaft zuständig, die noch diesseits von Logik und Wissenschaftstheorie eine eigentümliche Stellung behaupte, nämlich — die empirische
Psychologie: Nicht nur die wahre oder falsche alltägliche Erfahrung
oder Wahrnehmung, sondern das Entspringen von Erkenntnisgebilden
überhaupt soll als „Denken" oder „Fassen" von Gedanken, zum Beispiel nach Stegmüller, in „einem faktischen Prozeß" bestehen, und mit
diesem „beschäftigen sich ausschließlich empirische Wissenschaften, in
erster Linie also die Psychologie"[7]. Zu dieser Auffassung neigt selbst
Frege[8], und ganz entschieden wird sie bis heute zum Beispiel auch von
Popper[9] verfochten.

## § 2. Sie ist keine empirische Wissenschaft

Doch auch demgegenüber gilt es von vornherein klarzustellen, daß
es so nicht gemeint war. Die geäußerte Überzeugung, Erkenntnistheorie bilde der Wissenschaftstheorie als angewandter Logik gegenüber
eine eigene Wissenschaft, sollte nicht besagen, sie bilde eine eigene *empirische* Wissenschaft und bestehe etwa in empirischer Psychologie.
Und erst recht war damit nicht gemeint, es könnte Erkenntnistheorie
etwa auch noch in Physik und Physiologie bestehen, wie Stegmüller
meint, da ihm zufolge die Psychologie ja nur „in erster Linie" mit jener
besonderen Aufgabe beschäftigt ist. Jene Überzeugung sollte vielmehr,
wie gesagt, an der überlieferten Idee von Erkenntnistheorie als einer
eigenen *philosophischen* Wissenschaft festhalten.

Mit eben dieser Idee von Philosophie jedoch, in diesem Falle von
Erkenntnistheorie als einer eigenen Wissenschaft, sieht man sich plötzlich ins Gedränge geraten, nämlich ins Gedränge zwischen den empirischen Wissenschaften einerseits, wie etwa Physik, Physiologie und
Psychologie, und den nichtempirischen Formalwissenschaften anderseits, wie etwa Mathematik, Logik und Wissenschaftstheorie als angewandter Logik. Denn offenbar gehört doch Philosophie und damit
auch Erkenntnistheorie zu keiner dieser beiden Arten von Wissenschaften; offenbar ist sie doch weder eine empirische Wissenschaft, wie etwa
die Naturwissenschaften, noch eine nichtempirische Formalwissenschaft, wie etwa die Logik und Mathematik.

[7] Vgl. a. a. O., Bd. 1, S. 1.
[8] Vgl. z. B. a. a. O., S. 156 f., S. 273.
[9] Vgl. z. B. a. a. O., S. 6 ff.

Inwiefern jedoch kann Philosophie dann überhaupt noch eine eigene Wissenschaft sein?

Da diese beiden Arten von Wissenschaften, wie es scheint, die Möglichkeit von Wissenschaft überhaupt erschöpfen, so scheint auch Philosophie schon allein ihrer Möglichkeit nach zwischen ihnen gleichsam von vornherein erstickt zu werden, scheint Philosophie schon allein von ihrer Idee als Wissenschaft her unmöglich zu sein. Ein Unternehmen jedenfalls, das dennoch versucht, so etwas wie Erkenntnistheorie als philosophische Wissenschaft aufzubauen, muß daher auch von vornherein in den Verdacht geraten, nur scheinbar ein wissenschaftliches Unternehmen zu sein und in Wahrheit auf etwas ganz Unwissenschaftliches hinauszulaufen: auf bloße „Begriffsdichtung" und mithin auf schlechte „Metaphysik".

## § 3. Sie ist nicht Metaphysik

Eben dieser Metaphysikverdacht ist es auch, aus dem heraus Wissenschaftstheorie bis heute so nachdrücklich für sich in Anspruch nimmt, daß sie philosophische Erkenntnistheorie liquidiere, indem sie entweder sich selber Stück für Stück an ihre Stelle setze oder indem sie, soweit ihr dies nicht gelingen kann, Erkenntnistheorie an die empirischen Wissenschaften ausliefere. Aus eben diesem Verdacht stammt nämlich der Nachdruck, mit dem Wissenschaftstheorie, wie gezeigt, bis heute die Beantwortung der Frage nach dem Ursprung unserer Erkenntnis, zu der sie selbst sich prinzipiell außerstande sieht, den empirischen Wissenschaften als Aufgabe zuweist, wie zum Beispiel der Psychologie und Physiologie. Dahinter steht bis heute die empiristisch-materialistische Überzeugung, als einzige wissenschaftliche Alternative zu formaler Logik und Mathematik als nichtempirischen Wissenschaften seien nur noch die empirischen Wissenschaften möglich; und dementsprechend könne Erkenntnistheorie, die als philosophische Wissenschaft auf keine der beiden Seiten dieser Alternative gehört, auch überhaupt keine Wissenschaft sein, sondern nur Metaphysik.

Die überlieferte Idee von Erkenntnistheorie als einer eigenen philosophischen Wissenschaft erweist sich damit als eine Überzeugung, der eine gewichtige andere Überzeugung entgegensteht. Und diese gegenteilige Überzeugung wiegt um so schwerer, als ihre Vertreter zweifellos eine Reihe von Beispielen dafür vorzuweisen haben: Es können solche erkenntnistheoretischen Versuche, wie die Geschichte der Philosophie in vielen Fällen lehrt, tatsächlich sehr leicht in schlechte

Metaphysik ausarten und auf diese Weise scheitern. Bevor erneut versucht wird, Erkenntnistheorie als eine philosophische Wissenschaft aufzubauen, wird es daher zweckmäßig sein, zunächst einmal ein Argument dafür zu entwickeln, daß ein solcher Versuch, auch wenn er noch so oft faktisch gescheitert ist, doch keineswegs prinzipiell scheitern muß.

## II. Der eigentümliche Charakter philosophischer Erkenntnistheorie als Reflexionswissenschaft

### § 4. Philosophische Erkenntnistheorie als nichtempirische Wissenschaft von Empirischem

Stellen wir einmal folgende Frage: Was ist eigentlich gemeint, wenn man einerseits von „empirischen" Wissenschaften spricht und demgegenüber dann anderseits von „nichtempirischen" Wissenschaften, wie dies ja auch bei jener Alternative geschieht? Diese Frage zielt hier nicht etwa darauf, den Sinn der Ausdrücke „empirisch" und „nichtempirisch" genau zu definieren. Obwohl wir ganz genau verstehen, was gemeint ist, wenn die „empirischen" Wissenschaften den „nichtempirischen" gegenübergestellt werden, dürfte eine genaue Definition von „empirisch" und „nichtempirisch" doch äußerst schwierig sein. Von diesem schon verstandenen Sinn sei vielmehr auch hier zunächst ausgegangen und lediglich gefragt: Was an diesen Wissenschaften ist eigentlich gemeint, wenn sie als „empirische" bzw. als „nichtempirische" gekennzeichnet werden? Was ist es eigentlich, was an diesen Wissenschaften „empirisch" bzw. „nichtempirisch" ist, wenn sie „empirische" bzw. „nichtempirische" Wissenschaften sind?

Hat man nämlich diese Frage erst einmal gestellt, so zeigt sich sofort: Ihre Beantwortung ist durchaus nicht selbstverständlich, weil dafür grundsätzlich mehr als eine Möglichkeit besteht. Hat man sich dann aber für die richtige entschieden, so eröffnet diese Antwort sogleich eine weitere Perspektive, die für das Unternehmen philosophischer Erkenntnistheorie von Wichtigkeit ist.

Daß für die Beantwortung dieser Frage nicht nur eine einzige Möglichkeit besteht, liegt an folgendem fundamentalen Tatbestand: Ein jedes Erkenntnisgebilde, mag es nun lediglich ein einzelnes elementares Urteil sein oder bereits eine hochkomplexe Theorie oder Wissenschaft, vereinigt in sich doch jeweils zumindest die folgenden beiden Wesenszüge: Immer besteht es darin, 'etwas über etwas' oder 'etwas von etwas' auszusagen [1]. Und dabei ist dasjenige, *worüber* ausgesagt wird, und dasjenige, *was* darüber ausgesagt wird, keineswegs dasselbe. Dies zeigt bereits ein einfaches Beispiel: Dasjenige 'Etwas', *worüber* ich aussage, kann ein und dasselbe sein, zum Beispiel dieses Ding, und trotzdem kann dasjenige 'Etwas', *was* ich darüber aussage, sehr unterschiedlich sein, beispielsweise wenn ich darüber aussage, es sei ein Pult, oder es sei braun oder aus Holz oder 50 kg schwer. Und die Grundstruktur dieses 'Etwas über Etwas', innerhalb deren sich diese beiden 'Etwas' jeweils unterscheiden, ist den Erkenntnisgebilden so wesentlich, daß die verschiedenen Möglichkeiten der Einsetzung für dieses jeweilige 'Etwas' zur Kennzeichnung der Wesenszüge jener verschiedenen Arten von Wissenschaften führen.

Daraus erhellt nämlich sofort: In dieser Hinsicht ist zum Beispiel die Naturwissenschaft gar nicht zureichend gekennzeichnet, wenn man sie lediglich als eine „empirische Wissenschaft" bezeichnet. Denn die Redeweise von „empirischer Wissenschaft" legt noch in keiner Weise fest, auf welches der beiden verschiedenen 'Etwas', die solche Wissenschaft in sich vereinigt, der Ausdruck „empirisch" nun eigentlich zu beziehen sei, nur auf das eine oder nur auf das andere oder auf beides. Eine zureichende Kennzeichnung wird diese Redeweise vielmehr erst, indem man klarstellt, daß der Ausdruck „empirisch" sich darin eigentlich auf beide 'Etwas' beziehen muß: Naturwissenschaft ist dadurch gekennzeichnet, daß sie als eine empirische Theorie darin besteht, etwas Empirisches *über* etwas Empirisches auszusagen. So weit sie sich auch in formalen Strukturen ausbilden mag, die sie aus Logik und Mathematik übernimmt, so bleibt doch ihr Gehalt, der in diese Strukturen eingeht, grundsätzlich empirisch; und dieser empirische Gehalt wird darin auch grundsätzlich nur über Empirisches ausgesagt. In jener Grundformel, wonach eine Theorie oder Wissenschaft wesentlich 'etwas über etwas' oder 'etwas von etwas' aussagt, steht also im Falle „empirischer Wissenschaft" ein jedes dieser beiden 'Etwas' für Empirisches.

Dementsprechend gilt auch von jenen Formalwissenschaften wie Logik und Mathematik als nichtempirischen Wissenschaften genau das Umgekehrte. In ihrem Fall steht in jener Grundformel, nach der auch sie jeweils wesentlich 'etwas über etwas' oder 'etwas von etwas' aussa-

---

[1] Platon war der erste, der diese Grundstruktur der Erkenntnis entdeckt hat, allerdings erst in seiner späteren Zeit (vgl. *Sophistes* 262 B ff.), während er in früherer Zeit noch eine andere Auffassung vertreten hatte (vgl. *Kratylos* 385 B ff.). Zum Ganzen vgl. G. Prauss, *Platon und der logische Eleatismus*, Berlin 1966.

gen, ein jedes dieser beiden 'Etwas' für Nichtempirisches. Die Zahlen zum Beispiel, über welche die Mathematik ihre Aussagen macht, sind nichts Empirisches, das man etwa wie Dinge irgendwo vorfinden könnte, und was sie darüber aussagt, ist ebenfalls nichts Empirisches. Keineswegs sind also die Naturwissenschaften, wie erwähnt, schon hinreichend gekennzeichnet, wenn man sie lediglich als „empirische Wissenschaften" bezeichnet. Sie sind vielmehr empirische Wissenschaften von Empirischem. Und auch die Formalwissenschaften wie Logik und Mathematik sind keineswegs schon hinreichend gekennzeichnet, wenn man sie lediglich als „nichtempirische Wissenschaften" bezeichnet. Vielmehr sind sie nichtempirische Wissenschaften von Nichtempirischem.

Hält man aber jene Grundformel fest, wonach die Wesensstruktur von Erkenntnisgebilden darin besteht, daß sie 'etwas von etwas' oder 'etwas über etwas' aussagen, so liegt zunächst einmal keinerlei Grund dafür vor, daß in dieser Formel für beide 'Etwas' jeweils dasselbe eintreten müßte, entweder beide Male Empirisches oder beide Male Nichtempirisches. Unter rein formaler Betrachtung ergeben sich aus jener Formel vielmehr noch zwei weitere Kombinationsmöglichkeiten, nämlich daß für jene beiden 'Etwas' jeweils auch verschiedenes eintritt. Denn in keiner Weise ist es etwa von vornherein ausgeschlossen, daß es solche Gebilde geben könnte, die über etwas Nichtempirisches aussagen und dennoch dasjenige, was sie darüber aussagen, als etwas Empirisches in Anspruch nehmen, das dann freilich „empirisch" nur noch in einem besonderen Sinne sein kann. Und tatsächlich trifft bereits diese Kennzeichnung der ersten jener zwei weiteren Möglichkeiten genau auf ein Unternehmen zu, von dem bereits die Rede war, nämlich auf jene schlechte Metaphysik.

Diese nämlich besteht gerade darin, über Nichtempirisches, das heißt über solches, was im Bereich des Empirischen nicht vorfindbar ist, in einer Weise zu sprechen, als habe sie gleichwohl einen besonderen empirischen Zugang zu ihm, der ihr auch eine eigene Art empirischer Aussagen darüber ermögliche. Ein Beispiel dafür wäre Platons Theorie der Ideen[2]. Sie legt zumindest nahe, diese Ideen als etwas zu verstehen, das jenseits des Empirischen („transzendent") existieren soll und somit nicht sinnlich wahrnehmbar sein kann, das aber dennoch einer besonderen 'geistigen Wahrnehmung' zugänglich sein soll. Freilich ist eben damit eine solche Theorie auch außerstande, sich gegenüber einem Skeptiker von dem Verdacht zu befreien, solches Nichtempirische exi-

---

[2] Vgl. dazu unten S. 35 f.

stiere so wenig, daß sie selbst es vielmehr lediglich dogmatisch fingiere; und damit werde auch das angeblich Empirische ihres Zugangs dazu, wie auch ihrer Aussagen darüber, als pseudo-empirisch entlarvt und sie selbst als pseudo-wissenschaftliche Dogmatik.

Keineswegs aber liefe auch die zweite jener zwei weiteren Möglichkeiten auf ein solches Unternehmen dogmatischer Metaphysik hinaus. Sie führte vielmehr zu einem theoretischen Gebilde, das darin bestünde, 'etwas über etwas' oder 'etwas von etwas' in dem Sinne auszusagen, daß es Nichtempirisches *über Empirisches* aussagte, daß es nichtempirische Theorie *des Empirischen* oder nichtempirische Wissenschaft *vom Empirischen* wäre. Ein theoretisches Gebilde dieser Art indessen, das als solches grundsätzlich in der Immanenz des Empirischen verbliebe, könnte als solches auch grundsätzlich niemals transzendent-dogmatische Metaphysik sein. Im Rahmen dieser vorerst nur formalen Überlegungen wäre mit dieser vierten Möglichkeit einer nichtempirischen Theorie des Empirischen vielmehr tatsächlich eine Möglichkeit umschrieben, die philosophischer Erkenntnistheorie noch bliebe, um sich als eine eigentümliche Wissenschaft aufzubauen. Und so gewiß dabei noch offen bleibt, in welchem Sinne dies inhaltlich möglich sein könnte, so gewiß ist dabei doch zumindest soviel gesichert: Diese Möglichkeit könnte tatsächlich eine eigene wissenschaftliche Möglichkeit bilden, weil sie weder Naturwissenschaft noch Formalwissenschaft wäre und trotzdem auch keine transzendent-dogmatische Metaphysik.

Blickt man von hier aus zunächst noch einmal auf den Ausgangspunkt für die vorigen Überlegungen zurück, so zeigt sich nicht nur: Die Redeweise von „empirischen Wissenschaften" oder von „nichtempirischen Wissenschaften" ist eigentlich zweideutig, weil sie genau besehen empirische Wissenschaften vom Empirischen sind bzw. nichtempirische Wissenschaften von Nichtempirischem. Es stellt sich damit auch sogleich noch folgende weitere Frage: Wenn beispielsweise Naturwissenschaftler mit der bekannten Emphase Wert darauf legen, daß *sie* aber *empirische* Wissenschaft betreiben — welches von jenem zweifachen Empirischen ist damit dann eigentlich gemeint? Welches von diesem zweifachen Empirischen gibt eigentlich das Kriterium dafür ab, daß es sich dabei tatsächlich um solche *empirische* Wissenschaft handelt?

Stellte jemand diese Frage und antwortete man ihm, empirisch sei Naturwissenschaft dadurch, daß sie *über* Empirisches aussagt oder *von* Empirischem handelt, so stimmte er dem wohl mit allergrößter Wahrscheinlichkeit zu. Dennoch kann diese Antwort nicht zutreffen, und es ist wichtig, sich das klarzumachen. Sagte zum Beispiel Platon: „Dieser Baum hat teil an jener Idee des Baumes", oder sagte ein Theologe:

„Dieser Baum ist von Gott geschaffen", so wären dies ohne jeden Zweifel Aussagen *über* einen bestimmten Baum und damit Aussagen *über* Empirisches. Trotzdem wird doch wohl niemand behaupten wollen, das seien *empirische* Aussagen oder *empirische* Theorien. Auch wenn sie besteht, ist seine Geschaffenheit durch Gott oder seine Teilhabe an der Idee diesem Baum nicht so anzusehen wie zum Beispiel seine Bräune.

Obwohl sie also *über Empirisches* aussagen, sind dies *nichtempirische* Aussagen, und das sind sie eben allein auf Grund dessen, *was* sie darüber aussagen. Das Kriterium dafür, ob theoretische Gebilde, und damit Wissenschaften, empirische oder nichtempirische sind, liegt also offenbar nicht in dem, *worüber* sie aussagen, sondern ausschließlich darin, *was* sie darüber aussagen. So gewiß die Naturwissenschaften *über* Empirisches aussagen, so gewiß sind sie „empirische Wissenschaften" doch nicht dadurch, sondern allein durch dasjenige, *was* sie darüber aussagen. Andernfalls wäre auch Theologie, sofern sie *über* Empirisches aussagt, zu den empirischen Wissenschaften zu zählen und damit beispielsweise von den Naturwissenschaften gar nicht mehr zu unterscheiden, was indessen offenkundig absurd ist.

Dies jedoch ist wichtig für die Idee einer philosophischen Erkenntnistheorie als einer nichtempirischen Wissenschaft vom Empirischen. Läge das Kriterium für ihren Charakter in dem, *wovon* sie handelt, *worüber* sie aussagt, so könnte sie nur eine empirische Wissenschaft sein und somit nicht Philosophie. Weil das Kriterium dafür jedoch in Wahrheit ausschließlich in dem liegt, *was* sie aussagt, so ist auch die Möglichkeit weiter gesichert, es könne diese Wissenschaft, obwohl sie vom Empirischen handelt, doch eine nichtempirische Wissenschaft und somit Philosophie sein.

Damit aber zeigt sich im Rahmen dieser formalen Überlegungen auch noch, worauf jene empiristisch-materialistische These der Wissenschaftstheorie letztlich hinausläuft. Sie behauptet, neben den Naturwissenschaften seien nur noch Formalwissenschaften wie Logik und Mathematik als Wissenschaften möglich. Damit leugnet sie die Möglichkeit, es könnten die Versuche der Philosophie, sich ihnen gegenüber als eigene Wissenschaft aufzubauen, zu etwas anderem führen als zu dogmatischer Metaphysik.

Ohne Zweifel haben solche philosophischen Versuche oft genug tatsächlich in solche Metaphysik geführt; und jeder weitere Versuch der Philosophie, der auf dogmatische Metaphysik hinausläuft und damit scheitert, ist geeignet, diese Wissenschaftstheorie in ihrer empiristisch-materialistischen Überzeugung zu bestärken.

Dennoch legt Wissenschaftstheorie damit zu Unrecht die Philosophie von vornherein auf jene dritte Möglichkeit der Metaphysik als einzige Möglichkeit fest. Sie verneint damit ohne jede Begründung gerade jene vierte Möglichkeit einer nichtempirischen Wissenschaft vom Empirischen, die prinzipiell besteht und bestehen bleibt, mag Philosophie bei dem Versuch, sie zu verwirklichen, auch noch so oft in jene dritte Möglichkeit der Metaphysik zurückfallen. Indem jedoch die Verneinung dieser vierten Möglichkeit selbst nur rein dogmatisch erfolgt, enthüllt jene empiristisch-materialistische These der Wissenschaftstheorie, daß sie selbst nichts anderes ist als Metaphysik, indem sie nämlich nur das negative Gegenstück zu ihr bildet. Denn in jener falsch gestellten Alternative zwischen Wissenschaft als empirischer Naturwissenschaft oder als nichtempirischer Formalwissenschaft, wodurch die Möglichkeit der Philosophie als Wissenschaft verstellt wird, kommen beide überein.

Damit wird im Rahmen dieser rein formalen Überlegungen ein Zusammenhang deutlich, auf den schon Kant in seinen *Prolegomena* verwiesen hat durch jenen vielzitierten Satz: „Die Erinnerung des David Hume war eben dasjenige, was mir vor vielen Jahren zuerst den dogmatischen Schlummer unterbrach und meinen Untersuchungen im Felde der spekulativen Philosophie eine ganz andere Richtung gab." [3] Das heißt nämlich nichts anderes, als daß die empiristisch-materialistische Dogmatik von Hume ihn aus seinem Schlummer in der transzendent-metaphysischen Dogmatik der alten Scholastik geweckt hat. Und *was* ihm dabei zu Bewußtsein kam, *wozu* er dadurch geweckt wurde, war eben die Einsicht: Diese beiden Arten von Dogmatik spielen sich gegenseitig in die Hände; jede trägt auf ihre Weise dazu bei, den Anschein aufrecht zu erhalten, als bestehe für Philosophie als eigene Wissenschaft von vornherein überhaupt keine Möglichkeit. Und die „ganz andere Richtung", die Kant aus dieser Einsicht heraus dann einschlug, führte ihn auch, wie er selbst es im Titel der *Prolegomena* ausdrückt, zur „Metaphysik als Wissenschaft", und das heißt genauer: zu der von ihm selbst so genannten „Transzendentalphilosophie".

In ihr tritt Philosophie zum ersten Mal mit Bewußtsein darüber auf, daß sie sich als eine eigenständige Wissenschaft nur zu begründen vermag, sofern es ihr durch die Tat gelingt, jene Alternative zwischen empirischer Naturwissenschaft und nichtempirischer Formalwissenschaft, worin Empirismus und Metaphysik dogmatisch übereinkommen, als falsch gestellt zu erweisen. Und in ihr liegt auch tatsächlich der

[3] Akad.-Ausg., Bd. 4, S. 260.

Versuch vor, die dadurch verleugnete Möglichkeit der Philosophie als nichtempirischer Wissenschaft vom Empirischen zumindest in Ansätzen zu verwirklichen. Nicht zufällig bildet daher diese Kantische Transzendentalphilosophie für eine Erkenntnistheorie als philosophische Wissenschaft bis heute immer noch die bei weitem ergiebigste Quelle, aus der auch diese Einführung in die Erkenntnistheorie immer wieder wird schöpfen können.

Noch einmal sei jedoch ausdrücklich betont: Alle diese Überlegungen sind vorerst nur formaler Art. Das heißt, sie zeigen lediglich: Gegenüber jener dritten Möglichkeit dogmatischer Metaphysik ergibt sich rein kombinatorisch diese vierte Möglichkeit, deren Verwirklichung nicht ebenfalls schon von vornherein solche Metaphysik wäre. Als bloß formale Überlegungen zeigen sie indessen noch in keiner Weise, ob diese Möglichkeit sich tatsächlich verwirklichen läßt, und wenn ja, auf welche Weise. Denn die Rubrik einer „nichtempirischen Wissenschaft vom Empirischen", die wir für sie rein kombinatorisch eröffnet haben, könnte ja auch leer bleiben, und daran kann auch das faktische Bestehen einer Kantischen Transzendentalphilosophie zunächst überhaupt nichts ändern.

Denn oft genug wird auch diese Transzendentalphilosophie selbst als bloße Metaphysik verworfen. Und das ist auch nicht weiter verwunderlich. Denn eine solche philosophische Erkenntnistheorie ist als eine nichtempirische Wissenschaft vom Empirischen zwar nicht von vornherein unmöglich, wohl aber hat sie schon allein ihrer Idee nach zunächst einmal einen geradezu paradoxen Charakter. Zwar wird man zugestehen: Als eine Wissenschaft *von Empirischem*, von der Erkenntnis als einem empirischen Faktum, wäre sie nicht schon von vornherein Metaphysik. Wie aber könnte sie als *nichtempirische* Wissenschaft in ebenfalls nichtmetaphysischer Weise ausgerechnet diesem Empirischen einen nichtempirischen Sinn abgewinnen, durch den allein sie nichtempirische Wissenschaft dieses Empirischen würde?

### § 5. Das Problem der Erkenntnis als eines Empirischen, das entweder wahr oder falsch ist

Dem Erkennen als empirischem Faktum einen nichtempirischen Sinn abzugewinnen, das wäre offenbar allein insofern möglich, als sich zeigen ließe: Dieses Empirische selbst, das Auftreten wahrer oder falscher Erkenntnisgebilde in unserer Welt, stellt etwas dar, das prinzipiell weder durch jene empirischen Wissenschaften vom Empirischen erklärt werden kann noch gar durch jene Formalwissenschaften als nichtempirische Wissenschaften von Nichtempirischem; eine solche Erklärung vermag vielmehr allenfalls eine eigentümlich nichtempirische Wissenschaft vom Empirischen zu liefern, eben Erkenntnistheorie als philosophische Wissenschaft. Wie also lautet die Frage, worauf Erkenntnistheorie die Antwort ist? Welches Problem wirft das Empirische in unserer Welt, das wir Erkenntnis nennen, durch sein Erscheinen auf, daß es eine Lösung nur durch solche nichtempirische Theorie dieses Empirischen finden kann, also nur durch Philosophie?

Um zu zeigen, daß in diesem Sinne ein Erkenntnisproblem tatsächlich besteht, sei noch einmal auf jene Wissenschaftstheorie als angewandte Logik zurückverwiesen, die das gerade leugnet. Jene Beispiele aus Schriften von Frege, Popper und Stegmüller haben gezeigt: Ihrer Meinung nach ist der Ursprung von Erkenntnisgebilden, die entweder wahr oder falsch sind, jenes „Denken" oder „Fassen" solcher Gedanken, allenfalls noch ein Problem für die empirische Psychologie. Und wie ebenfalls gezeigt, steht dahinter jene empiristisch-materialistische Überzeugung, zu den nichtempirischen Formalwissenschaften stellten die empirischen Wissenschaften die einzige wissenschaftliche Alternative dar, eine Überzeugung, die sich bereits als dogmatisch erwiesen hat und damit selber als eine Spielart von Metaphysik.

Als solche Metaphysik geht Empirismus aber noch viel weiter. Es ist in diesem Zusammenhang nämlich wichtig, sich vor Augen zu halten: Nach empiristischer Überzeugung soll nur das „Denken" oder „Fassen" von Gedanken etwas Empirisch-Psychisches und damit Gegenstand der empirischen Psychologie sein und keineswegs etwa auch diese dabei gedachten oder gefaßten wahren oder falschen Gedanken selbst. Jenen sogenannten „Psychologismus" der Gedanken, wie er vielfach in der zweiten Hälfte des 19. Jh. vertreten wurde[1], will die Wissenschaftstheorie damit keineswegs etwa erneuern. Es bleiben vielmehr die durchschlagenden Argumente, die zum Beispiel Frege[2] und Husserl[3] gegen diesen Psychologismus ins Feld geführt und ihn damit überwunden haben, nach wie vor in Kraft. Daß jedoch das „Denken" von Gedanken etwas Psychisches, die gedachten Gedanken dagegen etwas Nichtpsychisches sein sollen, dies führt bereits bei Frege und bis

---

[1] Vgl. z. B. J. St. Mill, *System der deduktiven und induktiven Logik*, 4. Aufl., Braunschweig 1877.

[2] Vgl. die *Grundlagen der Arithmetik* (1884), 3. Aufl., Darmstadt 1961.

[3] Vgl. die *Prolegomena zur reinen Logik* (1900) (= *Logische Untersuchungen* [Bd. 1]), 2. Aufl. 1913, Nachdruck Tübingen 1968.

heute immer wieder dazu, daß man diese Gedanken jenseits der empirischen Realität zu einer eigenen nichtempirischen Realität hypostasiert und damit einen Platonismus der Gedanken vertritt.

Das heißt jedoch: Es geht jene empiristisch-materialistische Dogmatik, daß neben nichtempirischen Formalwissenschaften nur empirische Wissenschaften möglich seien und somit auch das Denken von Gedanken nur als etwas Empirisches zum Gegenstand empirischer Wissenschaft werden könne, Hand in Hand mit einer transzendent-metaphysischen Dogmatik anderseits. Und zumindest der Verdacht liegt nahe, daß auch hier zwischen jener empiristisch-materialistischen und dieser transzendent-metaphysischen Dogmatik ein innerer Zusammenhang besteht: Nur weil der Ursprung unserer Erkenntnisgebilde, die entweder wahr oder falsch sind, unerklärlich bleiben muß, solange man das dabei zugrundeliegende Denken lediglich als etwas Empirisch-Psychisches auffaßt, nur deshalb sieht man sich auch zu der Auffassung gezwungen: Diese Gebilde entsprängen nicht etwa als Erzeugnisse des Denkens selbst, sondern bestünden als eine eigene Realität von wahren oder falschen Gedanken, die solchem Denken immer schon fertig vorgegeben sind, die solches Denken immer nur rein rezeptiv erfaßt.

Das zeigt sich zum Beispiel deutlich bei Frege. Seiner Meinung nach sind die Gebilde, die wir zunächst einmal als entweder wahr oder falsch ansprechen, nämlich die Sätze[4] nur insofern wahr oder falsch, als sie Erkenntnisse und damit Urteile formulieren, denen Denken als Fassen von Gedanken zugrunde liege (K, S. 344 f.). Und was im eigentlichen Sinne entweder wahr oder falsch ist, seien jeweils nur diese Gedanken selbst. Sie sind nach Frege nicht allein von allem Physischen der „Außenwelt", sondern insbesondere auch von allem Psychischen der „Innenwelt" prinzipiell verschieden und deshalb auch beidem gegenüber als ein eigenes „drittes Reich" anzuerkennen (K, S. 351, S. 353).

Wahrheit oder Falschheit kommt nach Frege also schon dem einzelnen Gedanken selbst, gleichviel ob oder wie er gefaßt wird, und keineswegs etwa dadurch zu, daß oder wie er gefaßt wird. Gedanken werden, indem wir sie fassen, keineswegs von uns erzeugt, das lehnt Frege vielmehr immer wieder ausdrücklich ab (K, S. 359). Sie sind in ihrem „dritten Reich" als etwas Wahres oder Falsches vielmehr immer schon fertig vorgegeben, zu dem wir als Fassende immer erst nachträglich „hinzutreten" (K, S. 354 Anm.). Und nur je nachdem, welchen Gedan-

---

[4] G. Frege, *Der Gedanke*, in: *Kleine Schriften*, hrsg. I. Angelelli, Darmstadt 1967 (zitiert als K), S. 344.

ken wir fassen, bekommen wir dabei eine Wahrheit oder eine Falschheit zu fassen.

Diese Theorie Freges von den Gedanken verwundert indessen nicht, wenn man beachtet: Das Denken selbst als Erfassen solcher Gedanken versteht er immer wieder als einen „psychischen" oder „seelischen" Vorgang (N I, S. 156 f., S. 273). Denn die Gedanken selber können dann nichts Psychisches sein, weil dieses jeweils etwas Subjektiv-Privates ist. Gedanken müssen vielmehr, da jeder von ihnen als dieser selbige von mehreren, ja im Prinzip von allen Subjekten gefaßt werden kann, etwas Intersubjektiv-Objektives sein (K, S. 351, S. 353), das eher dem Physischen vergleichbar ist, den Dingen in der Außenwelt.

Aber auch von diesem Physischen müssen die Gedanken sich nach Frege prinzipiell unterscheiden. Zwar gehören sie wie die physischen Dinge zum Intersubjektiv-Objektiven und damit zu dem, was prinzipiell allen Subjekten zugänglich ist. Doch sind die Gedanken gerade ein solches Intersubjektiv-Objektives, das im Unterschied zum Physischen der Dinge nicht wahrgenommen werden kann (K, S. 351). Damit aber vereinigen Freges Gedanken alle wesentlichen Merkmale, die auch Platon seinen Ideen zuspricht.

Von hier aus ist es nun interessant zu sehen: Es kann die Wissenschaftstheorie, die heute immer noch daran festhält, Denken sei etwas Empirisch-Psychisches, ebenfalls nicht umhin, einen solchen Platonismus zu vertreten. Ein Beispiel dafür liegt bei Stegmüller vor. Es wird als solches allerdings nur verständlich, wenn man sich klarmacht: Die Gebilde, die Frege „Gedanken" nennt, sind letztlich nichts anderes als das, was man auch „Tatsachen" bzw. „Sachverhalte" nennt (vgl. unten S. 142). Vorläufig läßt sich das an folgender Äquivalenz verdeutlichen.

Man kann zum Beispiel den angefangenen Satz „Daß es regnet . . ." in der Weise vollenden, daß man im ganzen sagt „Daß es regnet, ist wahr"; und dies bedeutet dann soviel wie „Daß es regnet, ist ein wahrer Gedanke". Genau denselben Sinn dieses vollständigen Satzes aber kann man auch erzielen, indem man jenen begonnenen Satz „Daß es regnet . . ." in der Weise vollendet, daß man im ganzen sagt „Daß es regnet, ist eine Tatsache". Und dieser Äquivalenz genau entsprechend definiert Frege: „Eine Tatsache ist ein Gedanke, der wahr ist" (K, S. 359). Falsche Gedanken wären dann, wie man zu sagen pflegt, bloße Sachverhalte, die nicht bestehen, während die Tatsachen gerade bestehende Sachverhalte sind.

Von diesen Tatsachen und Sachverhalten, also letztlich von Freges „Gedanken" muß nun Stegmüller zugestehen, man könne heute nicht umhin, sie neben den konkreten physischen Dingen als „nichtkonkrete

Entitäten" anzusetzen. Es sei unumgänglich, auf diese Weise genau wie Frege mit seinem „dritten Reich" der Gedanken einen „Platonismus" oder einen „platonistischen Hyperrealismus" zu vertreten, der sich nur durch einen „Trick" der Notation umgehen, jedoch nicht eigentlich vermeiden lasse (a. a. O., Bd. 1,. S. 253 f., S. 260). Auch bei Stegmüller aber ist dies keineswegs verwunderlich, sofern man sich daran erinnert: Er betrachtet ebenfalls das Denken jener wahren oder falschen Gedanken bzw. dieser Tatsachen und Sachverhalte als etwas Empirisch-Psychisches und weist es der empirischen Psychologie zur Behandlung zu (a. a. O., Bd. 1, S. 1). Nur hält Stegmüller selber trotz des Platonismus, in den er auf diese Weise gerät, an seinem Empirismus streng fest. Frege dagegen hat sich auf Grund von konsequenten Überlegungen die Unhaltbarkeit dieser Auffassung allmählich klargemacht und sie in seiner Spätzeit aufgegeben.

In dem Aufsatz *Der Gedanke* kommt er am Ende zu dem Ergebnis, es könne solches Denken „nichts Sinnliches", sondern nur etwas „Nichtsinnliches" sein (K, S. 360). Da nach Frege aber das Sinnliche als Psychisches zusammen mit dem Physischen das gesamte Empirische erschöpft, heißt dies: Es muß solches Denken als etwas „Nichtsinnliches" auch etwas „Nichtempirisches" sein, das dementsprechend auch von keiner empirischen Wissenschaft behandelt werden kann. Interessanterweise nähert Frege sich damit in seiner Spätzeit immer mehr einem Kantischen Standpunkt. Mit diesem Denken als etwas Nichtsinnlichem und Nichtempirischem gelangt er mit Argumenten zumindest im Ansatz wieder zu so etwas wie einem „nichtempirischen" oder „transzendentalen" Subjekt solchen Denkens. Und damit wäre er wie Kant in der Lage, einen Platonismus der Gedanken zu vermeiden.

Dieser Ansatz, der im folgenden noch weiter behandelt wird, ist schon allein deshalb so interessant, weil Frege, der doch sicherlich mit zu den Begründern der modernen Logik und Wissenschaftstheorie gehört, damit zugleich auch als ihr Überwinder gelten muß: Von jener empiristisch-materialistischen Dogmatik, an der sie bis heute festhält, hat er selbst sich noch zu befreien vermocht. Als solch ein Überwinder aber wird er bis heute nicht zur Kenntnis genommen: Stegmüller zum Beispiel, der ausdrücklich am Denken als einem empirisch-psychischen Vorgang festhält, lehnt trotz des Platonismus, in den er damit letztlich gerät, es ebenso ausdrücklich ab, dergleichen wie ein nichtempirisches „denkendes Bewußtsein" oder „transzendentales Subjekt" anzuerkennen (a. a. O., Bd. 2, S. 15).

Aus all dem ist vorläufig wenigstens so viel zu ersehen: Jenes Empirische, das in unserer Welt als entweder wahres oder falsches

Erkenntnisgebilde auftritt, ist weder aus Empirisch-Psychischem noch gar aus Empirisch-Physischem zu erklären. Deshalb besteht immer wieder zumindest die Neigung, solche Erkenntnisgebilde, statt sie als dieses wahre oder falsche Empirische selbst zu erklären, vielmehr in transzendent-metaphysischer Dogmatik zu etwas Nichtempirischem zu hypostasieren. Da dies jedoch wenig befriedigen kann, wird man sich hier durchaus bestärkt fühlen dürfen in jener Idee der Erkenntnistheorie als einer eigenen philosophischen, nämlich nichtempirischen Wissenschaft dieses Empirischen, zumal wenn auch nach Kant noch ein Denker vom Range Freges zuletzt diese Richtung eingeschlagen hat.

Doch bevor wir diesem Lösungsweg weiter folgen, müssen wir das Erkenntnisproblem selbst noch weiter entfalten. Bisher ergab sich lediglich: Es können wahre oder falsche Erkenntnisgebilde, obwohl sie in unserer Welt als etwas Empirisches auftreten, doch offenbar nichts Psychisches sein, geschweige denn etwas Physisches. Gerade wenn wir mit Frege von Erkenntnisgebilden ausgehen, sofern sie in einer sprachlichen Formulierung auftreten, die sie schriftlich oder mündlich „in das sinnliche Gewand des Satzes . . . kleidet" (K, S. 345), so ist doch wahr oder falsch gerade nicht dieses Sinnlich-Physische von Schrift oder Laut: „Alle sinnlich wahrnehmbaren Dinge sind von dem Gebiete dessen auszuschließen, bei dem überhaupt Wahrheit in Frage kommen kann" (ebd.). Auch wenn es sprachlich formuliert und durch solche sinnlich-physische Vermittlung als etwas Empirisches auftritt, ist das wahre oder falsche Erkenntnisgebilde selbst doch keineswegs einfach ein solches Sinnlich-Physisches unter anderem Sinnlich-Physischem. Es ist vielmehr „an sich . . . etwas Unsinnliches" (ebd.), das eben deshalb eines solchen „sinnlichen Gewandes" bedarf, um selber als ein ebenfalls Empirisches überhaupt auftreten zu können.

Ein Problem aber stellen diese Erkenntnisgebilde nicht nur dadurch dar, daß sie als etwas Empirisches weder Physisches noch Psychisches sind, sondern daß sie auch weder aus Physischem noch aus Psychischem entstehen oder erzeugt werden können. Im Hinblick auf die herrschende empiristisch-materialistische Dogmatik, etwa in der heutigen Wissenschaftstheorie, ist es wichtig, daß auch dafür gerade Frege schon entscheidende Argumente entwickelt.

Denjenigen Empirikern und Empiristen, die da glauben oder hoffen, es könnte so etwas wie ein wahres oder falsches Erkenntnisgebilde jemals aus dem Physischen „von Nervenfasern, Ganglienzellen, Reizen, Erregungen, Fortpflanzung von Erregungen" entstehen oder erklärt werden, hält Frege mit treffender Ironie entgegen: „An einem Flusse stehend, bemerkt man oft Wirbel im Wasser. Wäre es nun nicht absurd, für einen solchen Wirbel den Anspruch zu erheben, er gelte oder er sei wahr, oder auch, er sei falsch? Und wenn nun die Atome oder Moleküle in meinem Hirn auch noch tausendmal lustiger und toller durcheinandertanzten als die Mücken am schönen Sommerabend, wäre es nicht ebenso absurd, zu behaupten, dieser Tanz gelte oder sei wahr?" (N I, S. 156).

Und im Sinne dieser Ausführungen Freges gilt es heute anzufügen: Mag man auch noch so weit ins Mikroskopische des Physischen vordringen, wo dann vielleicht Elektronen oder gar elektromagnetische Wellen oder was auch immer „tanzen" möge — von solchem physisch Seienden kann es prinzipiell niemals sinnvoll werden, zu behaupten, es sei wahr oder falsch.

Dasselbe aber gilt für das Psychische, das Frege in der Regel unter der Bezeichnung „Vorstellungen" zusammenfaßt. Auch aus solchen psychischen Vorstellungen können Erkenntnisgebilde, die wahr oder falsch sind, nicht entstehen oder erklärt werden: Auch „kunstvollste Vorstellungsgebilde" aus „Vorstellungsverknäuelungen" sind „ebensowenig wahr als falsch, sondern einfach Vorgänge, wie das Wirbeln des Wassers ein Vorgang ist ... Vorstellung mit Vorstellung verknüpft gibt wieder eine Vorstellung", ein psychisch Seiendes, „und alle Künstlichkeit und Vielfältigkeit der Assoziationen kann daran nichts ändern" (N I, S. 156 f.).

Konfrontiert man die Vertreter empirischer Wissenschaften, etwa Physiologen oder Psychologen mit dieser grundsätzlichen Einsicht in den besonderen Status und damit auch in die besondere Problematik von Erkenntnisgebilden, die entweder wahr oder falsch sind, so pflegen sie in aller Regel auf folgende Weise zu reagieren: „Zugegeben, wir sind vorerst nicht in der Lage, den Ursprung und das Wesen solcher wahren oder falschen Erkenntnisgebilde zu erklären. Doch man warte nur ab, eines Tages wird uns auch das noch gelingen!" Gegenüber dieser Reaktion aber haben wir allen Grund, fest zu bleiben. Denn jene grundsätzliche Einsicht besagt nichts Geringeres, als daß wir dies überhaupt nicht abzuwarten brauchen; mit dieser Einsicht steht von vornherein fest, daß dies aus prinzipiellem Grunde niemals wird gelingen können.

Aus ihr heraus gilt es hier vielmehr, die Empirie als solche selbst vor folgende Alternative zu stellen: Daß es etwas gibt, das wahr oder falsch ist, Erkenntnis, ist *entweder* eine Illusion. Dies jedoch wird gerade Empirie wohl schwerlich behaupten wollen, weil sie damit nichts Geringeres als sich selbst, ihr eigenes Unternehmen, in Abrede stellte. *Oder* dies ist keine Illusion, dann aber gibt es dieses entweder

Wahre oder Falsche, Erkenntnis, nicht als ein bloß Seiendes wie Empirisch-Physisches oder Empirisch-Psychisches und damit auch nicht als etwas, womit Empirie es überhaupt zu tun bekommen könnte, geschweige denn als etwas, dessen Ursprung und Wesen sie zu erklären vermöchte.

Sofern Empirie nur immer bleibt, was sie ist, eben Empirie, kann sie es auch immer nur mit bloß Seiendem zu tun bekommen, von dem es immer nur Sinn hat zu fragen, ob es ist oder nicht ist, existiert oder nicht existiert. Niemals aber kann es ihr gelingen, als Empirie zu erklären, daß neben diesem bloß Seienden in der Empirie auch Erkenntnis, und das heißt solches Empirische auftritt, von dem es nicht nur Sinn hat zu fragen, ob es ist oder nicht ist, sondern von dem es, wenn es ist, auch noch Sinn hat zu fragen, ob es wahr oder falsch ist.

Freilich weicht Frege auch aufgrund solcher Überlegungen wieder in seinen Platonismus der Gedanken aus. Daß solche Erkenntnisgebilde, die entweder wahr oder falsch sind, weder aus Physischem noch aus Psychischem entstehen oder erzeugt werden können, daraus folgt jedoch noch keineswegs, sie könnten als solche Gedanken, wie Frege meint, überhaupt nicht entstehen oder erzeugt werden, sondern müßten vielmehr, wie Platons Ideen, in einem „dritten Reich" schon immer fertig vorliegen und wären lediglich vom Denken als etwas Empirisch-Psychischem rezeptiv zu erfassen.

Gleichwohl kündigt sich bereits in diesem Zusammenhang die Revision an, die Frege später vornehmen wird und auf die bereits kurz hingewiesen wurde. Daß dieses Erfassen wahrer oder falscher Gedanken selber etwas Empirisch-Psychisches sei, dahinter setzt Frege schon hier ein deutliches Fragezeichen: „Das Erfassen ... ist doch ein seelischer Vorgang! Ja! Aber ein Vorgang, der schon an der Grenze des Seelischen liegt und deshalb vom rein psychologischen Standpunkte aus nicht vollkommen wird verstanden werden können, weil etwas wesentlich dabei in Betracht kommt, was nicht mehr im eigentlichen Sinne seelisch ist: der Gedanke; und vielleicht ist dieser Vorgang der geheimnisvollste von allen. Wie das zugeht, ist eine Frage für sich. Diese Frage ist in ihrer Schwierigkeit wohl noch kaum erfaßt. Meistens begnügt man sich wohl damit, das Denken durch eine Hintertür in das Vorstellen einzuschmuggeln, so daß man selbst nicht weiß, wie es eigentlich hineingekommen ist." (N I, S. 157 mit Anm.)

Auch daran wird wieder deutlich, wieweit sich Frege damit einem Kantischen Standpunkt nähert. Er sagt hier, das Denken als Erfassen wahrer oder falscher Gedanken sei zwar ein seelischer Vorgang. Er liege jedoch *schon an der Grenze* des Seelischen, ja er sei eigentlich in das Seelische *nur durch eine Hintertür hineingeschmuggelt,* also gerade nichts eigentlich Seelisches mehr, und könne deshalb auch vom rein psychologischen Standpunkt aus nicht vollkommen verstanden werden. Dies jedoch erinnert bis in Einzelheiten der Formulierung hinein an jene vielzitierte Stelle in den *Prolegomena,* wo Kant von seiner transzendentalphilosophischen Erkenntnistheorie sagt, „daß hier nicht von dem Entstehen der Erfahrung die Rede sei, sondern von dem, was in ihr liegt. Das erstere gehört zur empirischen Psychologie und würde selbst auch da ohne das zweite, welches zur Kritik der Erkenntnis und besonders des Verstandes gehört, niemals gehörig entwickelt werden können" (Akad.-Ausg., Bd. 4, S. 304).

Dies jedoch, was *in der Erfahrung* liegt und dort durch transzendentalphilosophische Erkenntnistheorie auch ermittelt wird, ist jenes nichtempirische oder transzendentale Subjekt. Und als etwas Nichtempirisches kann es eben auch durch keine empirische Wissenschaft ermittelt werden, auch nicht durch Psychologie, sondern nur durch eine selber nichtempirische Wissenschaft wie Transzendentalphilosophie. Diese aber ist deshalb noch keineswegs transzendente Metaphysik. Denn sie handelt ja gerade vom Empirischen, von der Erfahrung, nur eben nicht auf empirische Weise, wie es die empirischen Wissenschaften —letztlich erfolglos — versuchen.

Wenn somit Kant in den *Prolegomena* von seiner Transzendentalphilosophie ebenfalls sagt: „Mein Platz ist das fruchtbare *Bathos* der Erfahrung" (a. a. O., S. 373), das heißt die fruchtbare *Tiefe* der Erfahrung, so darf man das nicht mißverstehen. Er will damit keineswegs sagen, seine Philosophie dringe etwa als *empirische* Wissenschaft und somit auf *empirische* Weise in die *empirische* Tiefe der Erfahrung besonders weit vor. Mit der *Tiefe* der Erfahrung meint er vielmehr eine *nichtempirische* Tiefendimension dieses wahren oder falschen Empirischen, welche Philosophie allein in nichtempirischer Weise, durch eine nur ihr selber eigentümliche Methode der Reflexion auf dieses Empirische in ihm selbst ermittelt.

Indem sie also zu etwas Nichtempirischem führen soll, das 'in der Erfahrung', das 'im Empirischen' liegt, ist zumindest ihrer Idee nach solche Philosophie auch nicht transzendent im Sinne schlechter Metaphysik, sondern sie ist lediglich transzendental: Sie geht vom Empirischen aus, doch nicht, wie transzendente Metaphysik, über dieses Empirische hinaus, sondern recht eigentlich in das Empirische hinein. Sie überschreitet das Empirische der Erfahrung keineswegs in ein nichtempirisches *Jenseits,* wie transzendente Metaphysik, sondern sie dringt vielmehr ein — *sit venia verbo* — in sein nichtempirisches *Inseits,* in die nichtempirische interne Struktur der Erfahrung selbst, in jene Subjektivität als deren Grund und Ursprung. Sie führt damit zu einer nichtempirischen Reflexion auf dieses Empirische, eben zu nichtempirischer Wissenschaft vom Empirischen, die Kant als rational-argumentierende gerade „Metaphysik als Wissenschaft" oder besser „Transzendentalphilosophie" nennt.

Diese interessante Übereinstimmung zwischen Frege und Kant aber weckt sogleich einen weiteren Verdacht: Nicht nur führt jene empiristische Vormeinung vom Denken als etwas Empirisch-Psychischem geraden Weges in jenen Platonismus der Gedanken; vielmehr bedeutet dieser Empirismus, ganz abgesehen von seinen unhaltbaren transzendent-metaphysischen Folgen, für sich selbst auch noch eine gänzlich verfehlte Konzeption des Subjekts der Erkenntnis. Offenbar ist das Subjekt, aus welchem wahre oder falsche Erkenntnisgebilde jeweils entspringen, in erster Linie die der alltäglichen Erfahrung, für empirische Erkenntnis und Wissenschaft, auch für die Psychologie, prinzipiell nicht erfaßbar. Und der Grund, warum das offenbar für sie unmöglich bleibt, tritt besonders an den behandelten Stellen bei Frege deutlich zutage.

Empirische Erkenntnis und Wissenschaft ist ihrem Wesen nach immer wieder lediglich mit bloßen Seinsgebilden befaßt, mit physischen Dingen und Ereignissen oder mit psychischen Empfindungen, Vorstellungen usw. So etwas wie Erkenntnisgebilde dagegen sind keineswegs bloße Seinsgebilde, sondern gerade Sinngebilde oder auch Geltungsgebilde, und das heißt eben Gebilde, die entweder wahr oder falsch sind. Von einem bloßen Seinsgebilde wie einem physischen Ding oder Ereignis kann man nur fragen, ob es ist oder nicht, bzw. ob es stattfindet oder nicht; und auch von einem psychischen Seinsgebilde wie etwa einer Rotempfindung, die Frege Vorstellung nennt, kann man nur fragen, ob sie ist oder nicht, vorliegt oder nicht. Von keinem solchen bloßen Seinsgebilde aber hat es Sinn zu fragen, ob es darüber hinaus, daß es ist, auch noch entweder wahr oder falsch ist [5].

An einem scheinbaren Gegenbeispiel läßt sich dies weiter erhärten. Denn sprechen wir nicht öfters auch ein bloß Seiendes als etwas Wahres oder Falsches an, beispielsweise wenn wir etwas als „falsches Gold" im Unterschied zu „wahrem Gold" bezeichnen? Solche Redeweisen lassen sich indessen leicht als bloße Metaphern entlarven. Denn „wahres" Gold bedeutet hier soviel wie „echtes" oder „wirkliches" Gold, so

[5] Vgl. dazu schon Leibniz, *Hauptschriften zur Grundlegung der Philosophie*, Bd. I, 3. Aufl., Hamburg 1966, S. 15 f.

daß auch nur „wahres" Gold überhaupt Gold, „falsches" Gold dagegen schlechterdings kein Gold ist. — Ein falscher Satz hingegen ist ebenso Satz wie ein wahrer; eine falsche Behauptung oder eine falsche Aussage ist nicht weniger Behauptung oder Aussage als eine wahre; entsprechend ist auch falsche Erkenntnis ebenso Erkenntnis wie wahre[6]. Daß sie ist, nämlich als Erkenntnis, gilt dabei in jedem Falle schon als selbstverständlich und bleibt deshalb vergleichsweise uninteressant; interessant ist dabei vielmehr, daß sie das, was sie ist, Erkenntnis, als etwas Wahres oder Falsches ist. Eben darin hat sie nämlich allem bloß Seienden gegenüber ihre Sonderstellung. Denn kein bloß Seiendes ist das, was es ist, zum Beispiel Gold, etwa als Wahres oder Falsches.

Gebilde, welche zusätzlich zu jener Frage, ob sie sind, auch noch die Frage, ob sie wahr oder falsch sind, zulassen, haben eben deshalb jenen bloßen Seinsgebilden eine nur ihnen selber eigentümliche Dimension voraus. Darum bezeichnen wir sie auch diesen Seinsgebilden gegenüber eigens als Sinn- oder Geltungsgebilde. Und eben deshalb ist auch der Versuch, das Auftreten solcher Sinngebilde aus physischer oder psychischer Empirie zu erklären, von vornherein zum Scheitern verurteilt, weil er als solcher, als empirischer Versuch es nur mit bloßen Seinsgebilden zu tun haben kann und daher solche Sinngebilde von vornherein verfehlen muß.

Sie als bloße Seinsgebilde zu behandeln, heißt letztlich die Subjekte selbst, die sich auf diese Weise, in Sinngebilden, als solche Subjekte äußern, wie bloße Objekte, heißt Personen wie Sachen behandeln. Da jedoch Subjekte offenbar keine bloßen Objekte sind, weder physische noch psychische, muß einer solchen empirischen Behandlung eben diese Subjektivität empirischer Sinngebilde gerade entgehen. Und genau in dieser Hinsicht spricht dann auch jene Hypostasierung wahrer oder falscher Gedanken zu einem Platonismus eine deutliche Sprache: Für den besonderen Sinn- oder Geltungscharakter empirischer Sinngebilde, der dieser empirischen Behandlung in der Immanenz der Empirie entgeht, soll deren Hypostasierung in der Transzendenz der Metaphysik dann aufkommen. Oder anders ausgedrückt: Da der Versuch zur Verdinglichung dieser Sinngebilde in der Immanenz der Empirie nicht

---

[6] Die Sprachentwicklung geht hier freilich dahin, „Erkenntnis" und „wahre Erkenntnis" mehr und mehr gleichzusetzen. Sie ist jedoch als eine irreführende Fehlentwicklung zu kritisieren, da Erkenntnis grundsätzlich den Status einer Behauptung oder Aussage besitzt. Und wie diese auch als falsche jeweils Aussage oder Behauptung sind, so muß deshalb Erkenntnis gleichfalls auch als falsche grundsätzlich Erkenntnis sein.

gelingen kann, als Verdinglichungsversuch jedoch nicht aufgegeben wird, muß er zwangsläufig in die Transzendenz und damit zu schlechter Metaphysik führen.

## B. UNHALTBARE LÖSUNGSVERSUCHE

### I. Die Abbildtheorie

§ 6. Der Gegensatz von Deutlichkeit und Undeutlichkeit eines Abbilds

Nun gibt es allerdings nicht nur solche Versuche, die vor dem Problem, das Empirische wahrer oder falscher Erkenntnisgebilde empirisch zu erklären, in jenen Platonismus ausweichen. Es gibt daneben durchaus auch noch andere, die sich ein solches Ausweichen verbieten und es somit unternehmen, tatsächlich eine rein empirische Erklärung zu liefern. Diese Versuche lassen sich in sachlich-systematischer Hinsicht unter dem Begriff der „Abbildtheorien" zusammenfassen. Sie sind in verschiedenen Varianten überliefert, je nach dem Medium, worin unsere Erkenntnis von Gegenständen als „Abbild" dieser Gegenstände auftreten soll, in erster Linie unsere alltägliche Erfahrung als Wahrnehmung von Objekten.

Unter ihnen gibt es zwei Grundtypen, die den beiden Grundarten des empirisch Seienden entsprechen, dem Physischen und dem Psychischen. Der eine, den man als materialistisch wird bezeichnen müssen, faßt nach dem bekannten Modell einer „tabula rasa" das Medium und damit das Subjekt von Erkenntnis als etwas Physisches auf. Danach wäre unsere Wahrnehmung von Objekten als der Ursprung unserer Erfahrung etwa mit dem jeweiligen „Netzhautbild" von diesen Objekten gleichzusetzen. Das Modell für diese Art von Versuch ist spätestens seit Platons Vergleich der Seele mit einer Wachstafel im Dialog *Theaitetos* (191 A) bekannt; und die Formulierung einer entsprechenden Theorie liegt beispielsweise bei Marx vor, wenn er etwa sagt, das „Sehen" von etwas „ist ein physisches Verhältnis zwischen physischen Dingen".[1]

Der andere der beiden Grundtypen faßt das Medium und damit das Subjekt von Erkenntnis als etwas Psychisches auf. Danach wäre unsere Wahrnehmung von Objekten als der Ursprung unserer Erfahrung zwar nicht mit dem physischen Netzhautbild gleichzusetzen, wohl aber mit dem, was als psychisches Abbild diesem physischen entspricht, und

---

[1] Marx, *Das Kapital* I, S. 86 (Marx/Engels-Ausg., Berlin 1962, Bd. 23).

was unter vielerlei Namen geläufig ist, wie zum Beispiel als „Sinnesempfindung", „Sinneseindruck", „Sinnesdatum" oder auch einfach als „Vorstellung". Theorien dieser Art treten seit der frühen Ideenlehre Platons immer wieder auf. Er setzt nicht nur das Verhältnis der Dinge zu ihren Ideen, sondern auch das der Erkenntnis zu den erkannten Dingen bzw. Ideen grundsätzlich als das Verhältnis eines Abbilds zu seinem Urbild an. Entsprechend kann er die Sinneseindrücke von Dingen dann als „unreine" Abbilder auffassen, das Denken von Ideen dagegen jeweils als „reines" Abbild (z. B. *Phaidon* 65 A—66 A, 74 A—75 C, 76 D—E, 83 E).

Indessen ist hier keine Geschichte der Erkenntnistheorie beabsichtigt, sondern eine sachlich-systematische Einführung in diese philosophische Disziplin. Deshalb brauchen wir auf die zahlreichen und komplizierten Ausgestaltungen von Abbildtheorie nicht einzugehen, die historisch aufgetreten sind. Wir können uns in sachlich-systematischer Hinsicht vielmehr auf eine grundsätzliche Überlegung beschränken, welche zeigt: Der Ursprung unserer Erkenntnis von Objekten kann auch als Abbildung solcher Objekte, gleichviel in welchem empirischen Medium, nicht verständlich werden.

Diese grundsätzliche Überlegung hat meines Wissens als erster Kant angestellt, und man kann sagen: Sie bildet den Ausgangspunkt für seine gesamte Konzeption der Erkenntnistheorie, von dem aus sich auch immer wieder dafür argumentieren läßt, daß sie weitgehend haltbar ist. Um in ihrer Bedeutsamkeit auch hervorzutreten, bedarf diese Überlegung indessen einer weiteren Entfaltung, da Kant sich ihrer so sicher ist, daß er sie nur selten und dann auch nur in Kürze andeutet.

Deshalb sei aus dieser grundsätzlichen Überlegung vorerst nur eine Teilüberlegung herausgegriffen, die nach Kant auch Frege wiederaufgenommen hat. Sie läßt sich folgendermaßen entfalten: Dem Versuch, Erkenntnis eines Objektes als Abbild dieses Objektes aufzufassen, liegt als Motiv eine zweifellos richtige Einsicht zugrunde, nämlich daß Erkenntnis kein bloßes Seinsgebilde sein kann. Sie muß vielmehr, weil sie darüber hinaus, daß sie ist, auch noch wahr oder falsch ist, allen bloßen Seinsgebilden gegenüber ein Sinn- oder Geltungsgebilde sein. Das heißt: Sie muß ein Gebilde von einer eigentümlichen Dimension, eben der Sinn- oder Geltungsdimension sein, die genau als diejenige Dimension bestimmt ist, innerhalb derer die Wahrheit und Falschheit den Gegensatz, in dem sie zueinander stehen, überhaupt erst bilden können.

Genau in dieser Hinsicht nun kommen Erkenntnisgebilde offenbar mit Abbildern überein, weil solche Abbilder ebenfalls über jene bloße Seinsdimension hinaus eine solche weitere Sinn- oder Geltungsdimension zu besitzen scheinen. Denn auch bei einem Abbild läßt sich in einem anscheinend vergleichbaren Sinne fragen, ob es darüber hinaus, daß es ist, auch noch etwas anderes, nämlich deutlich oder undeutlich ist.

Eben darin liegt der Grund, der es nahelegt, die Erkenntnisgebilde, die wahr oder falsch sind, als Abbilder aufzufassen, die deutlich oder undeutlich sind, und mithin Wahrheit als Deutlichkeit und Falschheit als Undeutlichkeit solcher Abbilder zu verstehen. Und diese Idee liegt auch allen vorkantischen Wahrheitstheorien zugrunde, die Wahrheit als „Übereinstimmung", „Adäquatheit" oder „Korrespondenz" der Erkenntnis mit ihrem Gegenstand auffassen möchten, lauter Kennzeichnungen der Wahrheit, welche zeigen, daß auch dabei — ob nun explizit oder implizit — eine Theorie der Erkenntnis als Abbild vorliegt, worauf noch einzugehen sein wird[2].

## § 7. Der Gegensatz von Wahrheit und Falschheit einer Erkenntnis

Mag indessen das Motiv, die Wahrheit oder Falschheit einer Erkenntnis als Deutlichkeit oder Undeutlichkeit eines Abbilds aufzufassen, auch noch so verständlich sein, diese Auffassung ist aus einem prinzipiellen Grunde unhaltbar, was dann entsprechend auch für alle jene Theorien der Wahrheit als „Übereinstimmung", „Adäquatheit" oder „Korrespondenz" gilt. Denn nicht nur „Deutlichkeit", sondern auch „Übereinstimmung", „Adäquatheit" und „Korrespondenz" sowie die zugehörigen Gegensätze sind allesamt eine Sache der Quantität oder des Grades. Ein Abbild kann das abgebildete Objekt mehr oder weniger deutlich abbilden, kann mit ihm mehr oder weniger übereinstimmen, ihm mehr oder weniger adäquat sein oder korrespondieren. Aus eben diesem Grunde aber ist es zum Beispiel nach Frege ausgeschlossen, es könne wahre Erkenntnis eines Objekts etwa lediglich ein deutliches Abbild dieses Objekts sein, denn die „Wahrheit verträgt kein Mehr oder Minder" (K, S. 344). Im selben Sinne sagt bereits der frühe Kant: „vero nihil verius . . . concipi potest", zu etwas Wahrem ist nicht etwas noch Wahreres vorstellbar[1]. Und später bemerkt er dann nur noch kurz und explizit: „Wahrheit hat keine Grade."[2] Dasselbe aber muß dann auch für die Falschheit gelten.

[2] Vgl. unten S. 161 ff.
[1] *Nova dilucidatio*, Akad.-Ausg., Bd. 1, S. 400.
[2] *Reflexion* (= R) 2210, Akad.-Ausg., Bd. 16, S. 272.

Der Unterschied einer Erkenntnis gegenüber einem bloßen Abbild, der sich hier bereits abzuzeichnen beginnt, tritt aber noch schärfer hervor, wenn man diese Überlegung folgendermaßen weiterführt: Ein Abbild, so hat sich gezeigt, kann mehr oder weniger deutlich sein. Dafür aber läßt sich gleichbedeutend sagen, es kann mehr oder weniger undeutlich sein: „mehr oder weniger deutlich" heißt soviel wie „mehr oder weniger undeutlich". Zwischen Deutlichkeit und Undeutlichkeit besteht eben nur ein gradueller, quantitativer und damit relativer Unterschied. Eine Erkenntnis aber kann keineswegs mehr oder weniger wahr sein, so daß sich etwa auch dafür gleichbedeutend sagen ließe, damit sei sie auch mehr oder weniger falsch.

In alltäglicher Umgangssprache freilich pflegen wir so zu sprechen, beispielsweise wenn wir urteilen: Was er sagt, ist „mehr oder weniger wahr", ist „eine Halbwahrheit" oder ist „mehr oder weniger falsch" und dgl. Was damit aber allenfalls gemeint sein kann, ist lediglich dies, daß jemand mehreres behauptet habe, aber nur ein Teil davon sei wahr bzw. falsch. Ausdrücke wie „mehr oder weniger" beziehen sich dabei lediglich auf eine größere oder geringere Zahl von Behauptungen, nicht jedoch auf einen höheren oder niedrigeren Grad ihrer Wahrheit oder Falschheit.

Einerlei ob jemand nun mehr oder weniger behauptet — die jeweilige Wahrheit oder Falschheit seiner Behauptung bleibt sich dabei gleich, weil sie recht eigentlich überhaupt keine Sache der Quantität oder des Grades sind, sondern eine Sache der Qualität. Zwischen Wahrheit und Falschheit besteht kein bloß quantitativer und damit relativer Unterschied, so daß etwa Erkenntnis als eine mehr oder weniger wahre zugleich auch eine mehr oder weniger falsche wäre. Zwischen Wahrheit und Falschheit einer Erkenntnis besteht vielmehr ein qualitativer und damit absoluter Unterschied, der durch einen quantitativen und damit relativen Unterschied wie den von Deutlichkeit und Undeutlichkeit eines Abbildes prinzipiell nicht wiederzugeben ist.

Erst diese voll entfaltete Überlegung zeigt, wie recht Kant hat, wenn er [3] sowohl die Philosophie Lockes (A 271, B 327) als auch die „Leibniz-Wolffische Philosophie" kritisiert: Als explizite oder implizite Abbildtheorien haben sie „allen Untersuchungen über die Natur und den Ursprung unserer Erkenntnis einen ganz unrechten Gesichtspunkt angewiesen", weil wahre oder falsche Erkenntnis „nicht bloß die Form der Deutlichkeit oder Undeutlichkeit . . . betrifft" (A 44, B 61 f.).

---

[3] In der *Kritik der reinen Vernunft*, im folgenden kurz *Kritik* genannt und zitiert als A (= 1. Aufl.) und B (= 2. Aufl.).

Dies aber läßt sich durch folgende Überlegung noch weiter erläutern. Statt mit dem qualitativen und absoluten Unterschied von Wahrheit und Falschheit einer Erkenntnis ist der bloß quantitative und relative Unterschied von Deutlichkeit und Undeutlichkeit eines Abbildes eher vergleichbar mit einem Unterschied wie dem von Wärme und Kälte. Denn dieser bildet ebenfalls nur scheinbar einen qualitativen und absoluten Unterschied, in Wirklichkeit aber lediglich den quantitativen und relativen Unterschied einer größeren oder kleineren Temperatur.

Das heißt dann aber weiter: Es gibt hier jeweils ein Substrat, in diesem Fall die Temperatur als Molekularbewegung, wovon ein Mehr soviel wie Wärme bedeutet und ein Weniger soviel wie Kälte. Und genau entsprechend gibt es auch bei einem Abbild ein solches Substrat, in diesem Fall ganz allgemein die Struktur irgendeines Materiellen, von der im Hinblick auf die bestimmte Struktur des Abzubildenden ein Mehr soviel wie Deutlichkeit heißt und ein Weniger soviel wie Undeutlichkeit.

Dies jedoch gilt keineswegs für Erkenntnisgebilde, die wahr oder falsch sind. Zwar bedeutet letzteres durchaus: Sowohl wahre als auch falsche Erkenntnisgebilde sind grundsätzlich *Sinn*gebilde; nicht nur „wahr", sondern auch „falsch" bedeutet grundsätzlich soviel wie *„sinnvoll"*. Und das heißt: Wahrheit sowohl wie Falschheit ist gleicherweise *Sinn*, so wie Wärme als auch Kälte gleicherweise Molekularbewegung sind. Während aber solche Wärme eben ein Mehr und solche Kälte eben ein Weniger an Molekularbewegung ist, wäre es abwegig, wollte man etwa auch Wahrheit als ein Mehr an Sinn und Falschheit als ein Weniger an Sinn auffassen. Wahre Erkenntnis ist keineswegs etwa mehr Erkenntnis als falsche.

Dies läßt sich schon allein am Beispiel der Negation erhärten, die als rein formallogische Operation erkenntnistheoretisch noch ganz unverdächtig ist. Eine Erkenntnis zu negieren, heißt, den qualitativ-absoluten Gegensatz zu ihr zu erzeugen: die entsprechende Falschheit, wenn sie wahr ist, bzw. die entsprechende Wahrheit, wenn sie falsch ist. Sinn jedoch ist beides gleicherweise, das Wahre ebenso wie das Falsche. Wahres zu negieren, bedeutet keineswegs, Sinn etwa zu vermindern oder gar zu tilgen, und Falsches zu negieren, bedeutet ebensowenig, Sinn etwa allererst zu stiften oder zu steigern. So gewiß es auch hier ein Selbiges als das Gemeinsame beider gibt, die Erkenntnis selbst als *Sinn*, so gewiß gibt es dies doch nicht so wie Moleküle in Bewegung (Temperatur) oder wie Materielles von bestimmter Struktur (Abbild). Erkenntnis als Sinn gibt es nicht als ein physisches oder psychisches

Substrat, von dem ein Mehr dann Wahrheit bedeutete und ein Weniger Falschheit.

Gerade hieran zeigt sich vielmehr schon bei diesen ersten erkenntnistheoretischen Überlegungen: Abbildtheorie der Erkenntnis verdinglicht dieses Sinngebilde zu einem bloßen Seinsgebilde und verkennt sein Wesen damit prinzipiell. Allem äußeren Anschein zum Trotz gehören auch Abbilder noch ganz in den Bereich der bloßen Seinsgebilde. Demzufolge können Sinngebilde wie die wahren oder falschen Erkenntnisgebilde auch in keiner Weise als Abbilder oder Abbildungen verständlich werden. Eine Abbildtheorie, die in irgendeinem Normalsinn von „Abbild" ihren Namen verdient, vermag daher Erkenntnis prinzipiell nicht zu erklären.

Immer deutlicher zeigt sich damit vielmehr die eigenartige Stellung, die wahre oder falsche Erkenntnisgebilde als Sinngebilde gegenüber bloßen Seinsgebilden einnehmen. Und deren Eigenart erfordert es offenbar, zu ihrer Erklärung auch ein Prinzip von eigener Art in Anspruch zu nehmen. Auf diese Weise wird in ersten Zügen verständlich, warum Kant im Zusammenhang mit seiner Kritik an der Abbildtheorie immer wieder mit Nachdruck hervorhebt: Es könne unsere Erkenntnis, die wahr oder falsch wird, und zwar bereits die Wahrnehmung als Ursprung unserer Erfahrung von Objekten kein einfaches Gebilde sein, sondern nur ein komplexes. An ihr müsse jeweils zweierlei beteiligt sein, nicht nur Sinnlichkeit, sondern auch noch Verstand, nicht nur Sinneseindruck, sondern auch noch Begriff, die es prinzipiell zu unterscheiden gelte (A 44, B 61 f.).

Daran ist zunächst bemerkenswert, daß Kant also keineswegs behauptet, es sei am Zustandekommen unserer Wahrnehmung als Erfahrung von Objekten etwa überhaupt nichts von der Art dessen beteiligt, was die Abbildtheorie als mehr oder weniger deutliche Abbilder dieser Objekte auffaßt. Die auch nach Kant beteiligten Sinneseindrücke — sie treten bei ihm unter verschiedenen Namen auf wie „Empfindungen", „Erscheinungen", „Anschauungen", öfters auch einfach als „Vorstellungen" — können vielmehr durchaus so aufgefaßt werden. Ganz im Gegenteil ist er sich voll im klaren darüber: Ohne die Beteiligung der Sinnlichkeit und der Eindrücke, die in ihr auftreten, kann so etwas wie Wahrnehmung von Objekten nicht verständlich werden.

Denn wahrnehmende Subjekte und wahrgenommene Objekte sind endliche, gegeneinander beschränkte Wesen, die sich als jeweils Andere gegenüberstehen. Deshalb müßte Wahrnehmung, als ursprüngliche empirische Erkenntnis solcher Subjekte von solchen Objekten, geradezu „Offenbarung" oder höhere „Eingebung" sein, bei der es nicht mit rechten Dingen zugeht[4], würden wir zu dieser Erkenntnis solcher Objekte nicht auch von diesen Objekten in unserer Sinnlichkeit etwas empfangen[5].

Wohl aber behauptet Kant: Wahrnehmung als Erkenntnis von Objekten könne in solchen Sinneseindrücken von Objekten, die sich als deutliche oder undeutliche Abbilder solcher Objekte verstehen lassen, noch nicht aufgehen, eben weil ihre Wahrheit oder Falschheit als Deutlichkeit oder Undeutlichkeit nicht verständlich werden kann. Zu solchen Eindrücken in der Sinnlichkeit müsse vielmehr noch etwas anderes hinzukommen, das Kant den Verstand mit seinen Begriffen nennt. Daher sein vielzitierter Grundsatz: „Anschauungen ohne Begriffe sind blind" (A 51, B 75). Das heißt: Bloße Sinnlichkeit ohne Verstand, bloße Sinneseindrücke ohne Begriffe, sind noch kein Sehen von etwas, bilden noch keine Erkenntnis, für die etwas zum Gegenstand wird.

Deshalb fügt Kant jener schon angeführten Kritik an der Abbildtheorie noch hinzu, daß Theorie der Erkenntnis „nicht bloß die Form der Deutlichkeit und Undeutlichkeit, *sondern den Ursprung und den Inhalt derselben betrifft*" (A 44, B 61 f.). Das heißt: Wahre oder falsche Erkenntnis hat ihren „Ursprung" darin, daß mit der Sinnlichkeit sich auch noch Verstand, daß mit der Anschauung sich auch noch Begriff „vereinigt" (A 51, B 75); sie besitzt eben deshalb auch einen „Inhalt", der sich in Sinnlichkeit und Sinneseindruck nicht erschöpft, sondern Verstand und Begriff noch mit umfaßt.

Indessen ist mit der Entdeckung, es müsse zusätzlich zur Sinnlichkeit auch noch Verstand am Zustandekommen von Erkenntnis beteiligt sein, noch nicht allzuviel gewonnen. Und in der Tat hat man bereits lange vor Kant, ja schon seit den Anfängen der abendländischen Philosophie bei den Griechen geltend gemacht, Erkenntnis könne in Sinnlichkeit nicht aufgehen, sondern Verstand müsse zumindest Anteil daran haben. Kants originelle Entdeckung und damit seine säkulare Leistung für die Erkenntnistheorie besteht vielmehr in folgendem: Er macht sich zumindest in Ansätzen klar, *auf welche Weise* zur Sinnlichkeit auch noch Verstand, zur Anschauung auch noch Begriff hinzukommen müsse, damit Erkenntnis entspringe, das heißt, *in welcher Art* von Vereinigung der Sinnlichkeit mit dem Verstand, der Anschauung mit dem Begriff, Erkenntnis allein bestehen könne.

---

[4] Vgl. *Prolegomena*, Akad.-Ausg., Bd. 4, S. 282; R 4668, Akad.-Ausg., Bd. 17, S. 632.
[5] Vgl. dazu unten S. 59 f.

Zu dieser Einsicht gelangte Kant offenbar, indem er sich davon überzeugte: Es können zwei überlieferte Auffassungen der Rolle des Verstandes beim Erkennen nicht zutreffen, von denen er zumindest die zweite in seiner Frühzeit selber vertreten hatte [6]. Kants Kritik der ersten dieser beiden Auffassungen bildet noch ein Teilstück seiner Kritik an der Abbildtheorie. Soweit man im Rahmen dieser Theorie am Erkennen als Abbilden außer Sinnlichkeit auch noch Verstand beteiligt sieht, erblickt man die Rolle, welche dieser Verstand dabei spielt, konsequenterweise bloß darin, daß er dasjenige, was in der Sinnlichkeit immer wieder nur undeutlich auftritt, lediglich verdeutlicht.

Die erste ausgearbeitete Fassung einer solchen Abbildtheorie des Erkennens liegt uns in Platons früher Ideenlehre vor. Danach sind die Sinnendinge Aggregate von Sachgehalten, die als bloße Abbilder von Ideen schon je für sich vergleichsweise undeutlich sind. Ihre Undeutlichkeit aber steigert sich noch weiter, da diese Sachgehalte in den Dingen jeweils bis an die Grenze ihrer Unterscheidbarkeit vermischt sind. In den Sinneseindrücken, welche die Seele als Abbilder von diesen Dingen empfängt, steigert sich aber diese Undeutlichkeit noch einmal durch die Unzuverlässigkeit unserer Sinnesorgane. Demnach entsteht mit diesem Maximum an Undeutlichkeit solcher Sinneseindrücke von Dingen in der Seele auch ein Maximum an Erkenntnisbedürftigkeit dieser Dinge.

Daher bedarf es nach Platon des Verstandes, dem durch „Wiedererinnerung" jener Ideen, der reinen, unvermischten Urbilder jener vermischten Sachgehalte, ein Wissen maximaler Deutlichkeit möglich ist. Überhaupt nur dadurch wird in der Seele auch Erkenntnis von Dingen als gedankliche Entmischung des Vermischten ermöglicht, als Verdeutlichung des Undeutlichen. Das „Wahre" so verstandener Erkenntnis ist dann auch in der Tat der Steigerung fähig und kann schließlich im Superlativ auftreten (z. B. *Phaidon* 65 E 2), weil Platon mit dieser „Wahrheit" (aletheia) recht eigentlich „Deutlichkeit" meint (*Phaidon* 65 B 1—5) [7].

---

[6] Diese wird im nächsten Kapitel behandelt.

[7] Deshalb ist es auch weitaus genauer, diese griechische „aletheia" mit Heidegger durch „Unverborgenheit" zu übersetzen statt durch „Wahrheit". Deshalb ist aber auch Heideggers eigene Theorie von Erkenntnis und Wahrheit in *Sein und Zeit* (§ 44), die durchwegs den Sinn dieser „Unverborgenheit" übernimmt, ebenso unhaltbar wie jene. Denn zum einen kann etwas sehr wohl mehr oder weniger „unverborgen" oder „entborgen" sein, nicht jedoch mehr oder weniger wahr, womit „Unverborgenheit" als Interpretation von „Wahrheit" ausscheidet. Zum andern ist dabei „unverborgen" oder „entborgen" das bloß Seiende, ein Ding, während „Wahrheit" nur als „Wahrheit der

Diese Auffassung von der Rolle des Verstandes aber ist keineswegs etwa schon dadurch überwunden, daß man ihn nicht mehr platonisch als ein materiales Vermögen versteht, welches in den Ideen über die zu entmischenden Sachgehalte grundsätzlich immer schon verfügt, sondern ihn als ein bloß formales Vermögen auffaßt, welches diese Sachgehalte durch „Abstraktion" aus der Vermischung alleine gewinnen muß, ohne die Hilfe von Ideen. Als solche Abstraktionstheorien treten Abbildtheorien dann seit Aristoteles [8] und bis in die Neuzeit auf, wo allererst Kant von einem grundsätzlichen Einwand ausgeht, der Abbildtheorie sowohl in ihrer platonischen als auch in ihrer aristotelischen Form voll trifft.

Und dieser Einwand lautet: Auch die zusätzliche Annahme der Mitwirkung eines Verstandes vermag die Erkenntnis als wahre oder falsche solange nicht zu erklären, als dabei der Verstand nur als Prinzip der Verdeutlichung von Undeutlichem verstanden wird, eben weil Wahrheit oder Falschheit als Deutlichkeit oder Undeutlichkeit nicht verständlich werden können. Denn genau besehen ist ein so aufgefaßter Verstand nur scheinbar als ein eigenes Prinzip gegenüber der Sinnlichkeit angesetzt; in Wirklichkeit ist er dagegen bloß als eine höhere, gesteigerte Form von Sinnlichkeit selber mißverstanden. Denn der Unterschied von Undeutlichkeit und Deutlichkeit ist eben lediglich ein gradueller und daher auch nur ein Unterschied innerhalb ein und derselben Dimension der Sinnlichkeit selbst.

Deshalb sagt Kant sowohl im Hinblick auf die eher aristotelische Konzeption von Locke als auch im Hinblick auf die eher platonische von Leibniz: Solche Theorien unterscheiden eigentlich noch überhaupt

---

Erkenntnis" zu verstehen ist. Jener griechische Sinn von „aletheia" als „Deutlichkeit" setzt sich selbst dort noch gelegentlich durch, wo dann „aletheia" des „logos", des Satzes zum Thema wird, zum Beispiel bei Aristoteles, wenn er sagt: ὁμοίως οἱ λόγοι ἀληθεῖς ὥσπερ τὰ πράγματα (De interpretatione, Kap. 9, 19 a 33). G. Patzig meint wörtlich zu übersetzen: „Die Sätze sind entsprechend wahr, wie es die Dinge sind" (Sprache und Logik, Göttingen 1970, S. 39). Und diese Behauptung des Aristoteles bereitet ihm dann solche Verständnisschwierigkeit, daß er sie nur als eine „nicht sehr glücklich geprägte Formel" (ebd.) zu werten vermag. Keinerlei Schwierigkeit aber entsteht bei der wörtlichen Übersetzung: „Die Sätze sind entsprechend deutlich wie die Dinge", sofern man sich nur klarmacht, daß hier noch einmal der alte Sinn durchschlägt, der in erster Linie eine aletheia (Deutlichkeit) von Seiendem bezeichnet und eben deshalb zur Bezeichnung der aletheia (Wahrheit) von Sätzen zunächst einmal ungeeignet ist.

[8] Vgl. z. B. Zweite Analytiken, Buch II, Kap. 19, 99 b 15—100 b 17.

nicht prinzipiell, weder Verstand von Sinnlichkeit noch Sinnlichkeit von Verstand. Sie lassen beides vielmehr letztlich indifferent noch zusammenfallen, weil ihnen je nach Ausgangspunkt die Sinnlichkeit nur als verworrener Verstand gilt (wie bei Leibniz) oder der Verstand nur als geordnete Sinnlichkeit (wie bei Locke): „Anstatt im Verstande und der Sinnlichkeit zwei ganz verschiedene Quellen von Vorstellungen zu suchen, die aber nur in Verknüpfung objektiv gültig [d. h. wahr oder falsch] von Dingen urteilen können, hielt sich ein jeder dieser großen Männer nur an eine von beiden . . . indessen daß die andere nichts tat, als die Vorstellungen der ersteren zu verwirren oder zu ordnen" (A 271, B 327).

## II. Die Schlußtheorie

### § 8. Das Schließen als die Rolle des Verstandes beim Erkennen

Erkenntnis als ein wahres oder falsches Sinngebilde, so hat sich gezeigt, bleibt als ein bloß deutliches oder undeutliches Seinsgebilde, nämlich als ein bloßes Abbild prinzipiell unverständlich. Und daran vermag auch die Ansetzung eines Verstandes grundsätzlich nichts zu ändern, solange man in ihm nur ein Prinzip der Verdeutlichung undeutlicher Sinneseindrücke erblickt. Ein so aufgefaßter Verstand ist vielmehr grundsätzlich nichts anderes als Sinnlichkeit und damit außerstande, über deren deutliche oder undeutliche Seinsgebilde hinaus das grundsätzlich andere wahrer oder falscher Sinngebilde zu erklären.

Von der Rolle des Verstandes beim Erkennen sind indessen auch noch andere Auffassungen vertreten worden, die durchaus Ernst machen mit dem Verstand als einem prinzipiell anderen Vermögen gegenüber der Sinnlichkeit. Insofern unterscheiden sie sich grundsätzlich von den bisher besprochenen Abbildtheorien und hätten von daher auch grundsätzlich die Möglichkeit, über Deutlichkeit und Undeutlichkeit bloßer Seinsgebilde hinauszukommen und damit Wahrheit oder Falschheit der Erkenntnis als Sinngebilde zu erklären.

Unter ihnen findet sich jedoch zumindest eine Auffassung, die als Versuch, den Ursprung wahrer oder falscher Erkenntnisgebilde zu erklären, ebenfalls mißlingen muß. Zwar setzt sie den Verstand durchaus als ein der Sinnlichkeit gegenüber prinzipiell anderes Vermögen an; die Art jedoch, wie er zur Sinnlichkeit hinzutreten soll, um mit ihr zusammen wahre oder falsche Erkenntnis zu bilden, bestimmt sie in einer Weise, die solche Erkenntnis gerade als ursprüngliche nicht zu erklären vermag.

Eben diese Auffassung aber hat dann auch noch eine Kehrseite, mit der zusammen sie eine Problematik ausmacht, die neben der Abbildtheorie als die fundamentale Problematik der neuzeitlichen Erkenntnistheorie anzusprechen ist. Denn beide Seiten dieser Auffassung führen mitten hinein in die bekannte und berüchtigte 'Problematik der Existenz unserer Außenwelt'. Die scheinbare Unlösbarkeit dieser Problematik aber läßt bis in unser Jahrhundert hinein das Unternehmen der Erkenntnistheorie im ganzen als fragwürdig erscheinen. Und das letztlich nur, weil die Ansätze zu ihrer Lösung, welche Kant gelungen waren, nicht durchgeführt und ausformuliert worden sind.

Diese Auffassung besagt: Unsere wahre oder falsche Erkenntnis, in erster Linie unsere Erfahrung als Wahrnehmung von Objekten, bestehe in einem Schluß. Das heißt: Solche Erkenntnis entspringe dadurch, daß wir durch unseren Verstand aus dem, was uns dabei in unserer Sinnlichkeit gegeben ist, auf solche Objekte schließen. Und ohne Zweifel unterscheidet diese Auffassung sich grundsätzlich von jener Abbildtheorie: Indem sie den Verstand als ein der Sinnlichkeit gegenüber prinzipiell anderes Vermögen ansetzt, wäre sie auch grundsätzlich in der Lage, gerade das Wahre oder Falsche unserer Erkenntnis zu erklären. Denn die Erkenntnis, die durch einen Schluß entspringt, nämlich eine Konklusion oder ein Schlußsatz, stellt tatsächlich ein Gebilde dar, das entweder wahr oder falsch ist.

Beispiele für diese Auffassung finden sich spätestens bei Descartes, der etwa in der sechsten seiner *Meditationen* wiederholt die Erfahrung von Objekten als ein „concludere" kennzeichnet, als ein „Schließen" aus Sinneseindrücken oder Sinnesempfindungen [1]. Und interessanterweise ist selbst Kant noch in seiner *Dissertation* von 1770 der Auffassung, unsere Erfahrung von Objekten („experientia") sei etwas, das unser Verstand („intellectus") aus sinnlich Gegebenem („e sensitive datis") durch Schließen erziele („argumentando", „concludendo") [2].

Doch vermag auch diese Auffassung, und zwar gerade insofern sie den Verstand gegenüber der Sinnlichkeit als ein besonderes Vermögen ansetzt, den Ursprung wahrer oder falscher Erkenntnis nicht zu erklären. Denn die Redeweise von „Schließen" und „Schluß" als einer eigentümlichen Verstandesleistung ist dann wörtlich zu nehmen. Schließen jedoch heißt Schließen aus Prämissen. Diese aber haben selbst

---

[1] Descartes, *Werke*, hrsg. v. Ch. Adam und P. Tannery, Paris 1897—1913, Bd. 7, S. 7, S. 96, S. 102, S. 104.
[2] Akad.-Ausg. Bd. 2, S. 393 f., S. 405.

bereits, wie der aus ihnen erschlossene Schlußsatz, den Charakter eines Satzes oder Urteils, das wahr oder falsch ist. Es wird mithin gerade der Ursprung wahrer oder falscher Erkenntnisgebilde, den es zu erklären gilt, von dieser Auffassung der Erkenntnis als Schluß so wenig erklärt, daß sie ihn vielmehr lediglich in die Prämissen dieses Schlusses zurückverlegt, wo er weiterhin auf Erklärung wartet. Und es ist wichtig, sich vor Augen zu halten, daß diese Auffassung damit schon von vornherein hinfällig ist und nicht etwa erst wegen der unhaltbaren Folgen, die sich dann weiter aus ihr ergeben und im folgenden zu betrachten sind.

## § 9. Äußere Erfahrung als ein Schluß aus innerer Erfahrung. Außenweltproblem und Solipsismus

Nimmt man nämlich weiterhin wörtlich, unsere Erfahrung als Wahrnehmung von Objekten entspringe als Schluß, so ergibt sich: Die Redeweise, dieser Schluß erfolge „aus Sinnesdaten" („e sensitive datis"), ist dann umgekehrt gerade nicht wörtlich zu nehmen. Denn ein Schluß erfolgt aus Prämissen, und das heißt aus wahren oder falschen Sätzen oder Urteilen; Sinnesdaten aber sind gerade noch keine Urteile und damit auch keine Prämissen, denn Empfindungen oder Eindrücke in der Sinnlichkeit sind noch nichts, das wahr oder falsch wäre. Soll daher die Redeweise von einem Schluß überhaupt einen haltbaren Sinn besitzen, so kann damit nur gemeint sein, daß dieser Schluß nicht einfach aus Sinnesdaten selbst und als solchen erfolgt, sondern aus entsprechenden Urteilen.

Unter solchen Urteilen wiederum, die den Sinnesdaten „entsprechen", können eigentlich nur Urteile *über* diese Sinnesdaten selbst verstanden werden, also Urteile, in denen ein Subjekt jeweils über seine subjektiv-private sinnliche Innenwelt urteilt. Wären sie nämlich bereits Urteile über intersubjektive Objekte der Außenwelt, so würde sich daran nur ein weiteres Mal erweisen, daß diese Auffassung schon von vornherein hinfällig ist. Denn damit hätte sie nicht nur den Ursprung von Erkenntnis allgemein, sondern im besonderen auch den Ursprung der Erkenntnis von Objekten der Außenwelt, statt ihn als Schluß zu erklären, vielmehr in die Prämissen dieses Schlusses lediglich zurückverlegt, wo er weiterhin der Erklärung bedürfte: Was sie als einen Schluß überhaupt erst herleiten möchte, Erkenntnis von Objekten der Außenwelt, hätte diese Auffassung in den Prämissen dieses Schlusses schon vorausgesetzt.

Soll sie daher als ein Versuch, gerade den Ursprung unserer Erkenntnis von Objekten der Außenwelt zu erklären, überhaupt noch in Betracht kommen, so kann die Auffassung, unsere ursprüngliche Erfahrung als Wahrnehmung solcher Objekte komme als ein Schluß „aus Sinnesdaten" zustande, nur einen Schluß *aus Urteilen über* solche Sinnesdaten meinen. Damit aber muß die Existenz der Außenwelt zumindest problematisch werden.

Denn dabei sind die Sinnesdaten als bekannte Wirkungen in der Innenwelt aufgefaßt, aus denen die Dinge der Außenwelt als die zunächst unbekannten Ursachen dieser Wirkungen allererst erschlossen werden sollen[1]. Jedoch ein Schluß von Wirkungen, die bekannt sind, auf bestimmte Ursachen derselben, die nicht bekannt sind, ist prinzipiell unsicher, ungewiß, problematisch: Dieselben Wirkungen könnten prinzipiell auch andere Ursachen haben. Dies jedoch kann hier zweierlei bedeuten: Nicht nur könnten dieselben Sinnesdaten prinzipiell auch andere Dinge der Außenwelt zur Ursache haben als die bestimmten Dinge, auf die man dabei schließt; sie könnten auch durch prinzipiell anderes verursacht sein, nämlich überhaupt nicht durch Außenwelt, sondern nur durch Innenwelt selbst[2], so daß auch Außenwelt aus ihnen überhaupt nicht zu erschließen wäre.

Der Sinn dieser Schlußtheorie wie auch ihre Konsequenzen treten jedoch in voller Deutlichkeit erst hervor, wenn man sich klarmacht: Ihr zufolge sollen auch und gerade die ursprünglichsten Fälle der Wahrnehmung von Außenwelt jeweils ein Schluß sein[3]. Man tut deshalb gut daran, einen möglichst einfachen und jedermann geläufigen Fall solcher Wahrnehmung dazu heranzuziehen, also beispielsweise das Sehen eines Objekts, etwa eines Steins. Die Formulierung einer solchen Wahrnehmung zeigt: Sie hat die Form des wahren oder falschen Urteils „Dies ist ein Stein" und betrifft tatsächlich ein ganz bestimmtes Objekt in der Außenwelt, diesen Stein. Also läge darin nach jener Theorie auch tatsächlich ein Schluß auf etwas Bestimmtes als Ursache vor.

Als solch ein Schluß aber würde Wahrnehmung nicht nur einerseits *auf* ein bestimmtes Objekt in der Außenwelt als Ursache schließen, sondern andererseits auch *aus* Sinnesdaten der Innenwelt als Wirkungen. Um den Sinn dieser Auffassung voll zu verdeutlichen, müßte man daher versuchen, jenes Beispiel einer Wahrnehmung umzuformulieren.

---

[1] Vgl. z. B. Descartes, a. a. O., Bd. 7, S. 102 f., S. 104 f. und besonders deutlich S. 224 f.

[2] Vgl. z. B. a. a. O., Bd. 7, S. 96 f.

[3] Vgl. besonders a. a. O., Bd. 7, S. 224 f.

Denn cs hat lediglich die Form eines Urteils und nicht einmal annähernd die eines Schlusses. Man müßte diese Wahrnehmung so umformulieren, daß der Schluß, den sie nach dieser Auffassung ja bilden soll und daher implizit auch enthalten muß, wenigstens einigermaßen explizit wird.

Und das wäre auch folgendermaßen möglich. Die ursprüngliche Formulierung jenes Beispiels einer Wahrnehmung lautete „Dies ist ein Stein", womit gemeint war „Dies, *was ich sehe*, ist ein Stein". Aus dieser Formulierung eines bloßen Urteils aber geht die Formulierung eines Schlusses im genannten Sinne dadurch hervor, daß man nicht mehr sagt „Dies, was ich sehe, ist ein Stein", sondern „Aus dem, was ich sehe, schließe ich auf einen Stein".

Damit aber ist nicht mehr gesagt, dasjenige *selbst*, was ich sehe, *sei* ein Stein, denn sonst hätte ich nicht gerade daraus eigens noch auf einen Stein zu schließen. Ein Stein kann danach nicht das Gesehene selbst sein, sondern nur etwas anderes, auf das man lediglich *aus* Gesehenem noch *schließen* kann und das eben deshalb auch etwas anderes sein könnte als ein Stein.

Nicht mehr besagt dies also: Das Gesehene selbst ist ein Stein, sondern dies besagt vielmehr nur noch soviel wie: Es *verbirgt* sich *hinter* dem *Gesehenen* als Ursache *vermutlich* ein Stein; *hinter* dem, was gesehen wird, steht als Ursache selbst nicht mehr *gesehen* und *wirklich* ein Stein, sondern dahinter steht nur *verborgener-* und damit auch nur *möglicher*weise, eben nur *erschlossener*weise ein Stein. Gerade deshalb aber könnte diese Ursache auch ebensogut in etwas anderem bestehen, ja sie könnte sogar überhaupt nicht in der Außenwelt liegen, sondern in der Innenwelt selbst, wie es etwa bei Träumen oder Halluzinationen von einem Stein der Fall ist. Wenn also Wahrnehmung von Außenwelt ein Schluß von Innenwelt auf Außenwelt ist, so bleibt die Existenz von Außenwelt, die ja tatsächlich nur wahrnehmbar, und das heißt jetzt: nur erschließbar ist, prinzipiell ungewiß.

Die eigentliche Konsequenz dieser Auffassung aber ist letztlich der Solipsismus. Denn was man danach in der Wahrnehmung zum Gegenstand gewinnt, ist streng genommen immer wieder nur die eigene private Innenwelt der Sinnesdaten selbst; von so etwas wie Außenwelt haben wir in der Wahrnehmung nicht etwa eine bloß unsichere, sondern eigentlich überhaupt keine Erfahrung. Und spätestens von Berkeley wird diese Konsequenz dann auch ausdrücklich gezogen [4].

---

[4] Vgl. *Prinzipien der menschlichen Erkenntnis*, Hamburg 1957, z. B. die §§ 18 ff.

Statt also unsere Wahrnehmung als Erfahrung von Außenwelt, in der wir Steine und dergleichen sehen, als solche selbst in ihrem Ursprung zu erklären, statt dessen führt diese Auffassung der Wahrnehmung als Schluß aus Prämissen vielmehr dazu, solche Wahrnehmung gerade zu leugnen und damit zu behaupten: Was wir in der Wahrnehmung sehen, sind gar nicht solche Steine in der Außenwelt, sondern nur subjektiv-private Sinnesdaten, beispielsweise Rotempfindungen in unserer Innenwelt [5].

Eine solche Theorie jedoch, die im Verlaufe ihrer Ausbildung dahin gelangt, den von ihr selbst gewählten Gegenstand, den sie als Theorie erklären will, statt dessen vielmehr zu leugnen, hebt eben damit sich als eine sinnvolle Theorie selber auf.

Daß an irgendeiner Stelle dieser Schlußtheorie ein fundamentaler Fehler vorliegen muß, zeigt sich indessen am deutlichsten daran, wie gewaltsam bereits Descartes, der sie als erster ausarbeitet, mit dieser Theorie gegen normalen und uns allen geläufigen Sprachgebrauch verstoßen muß. Daß es Dinge der Außenwelt sind, was wir zum Beispiel sehen, diese ganz normale und selbstverständliche Redeweise sieht Descartes sich gezwungen aufzugeben und durch die gänzlich anormale und unverständliche zu ersetzen, es sei jeweils eine Empfindung der Innenwelt, was man zum Beispiel sehe [6].

Daß Descartes aber eher diese fundamentale Fragwürdigkeit auf sich nimmt, man könne beispielsweise so etwas wie eine Rotempfindung sehen, als daß er seine Schlußtheorie aufgibt, dies deutet darauf hin: Es muß der Grund für solch eine fragwürdige Theorie der Erkenntnis in einer fundamentalen Schwierigkeit des Erkenntnisproblems selber liegen. Und in der Tat: Diese Cartesianische Schlußtheorie gibt Kant, der sie 1770 selbst noch vertrat, 1781 bereits auf. Mit der Schwierigkeit jedoch, die zu dieser Schlußtheorie führte, hat auch er bis zuletzt noch zu kämpfen.

[5] Hierfür ist es wichtig zu beachten: Bereits Descartes geht zunächst durchaus davon aus, daß wir Außenwelt wahrnehmen. Erst aufgrund der Art von Theorie, die er dann über die Erfahrung von Außenwelt zu entwickeln versucht, sieht er sich dann immer mehr genötigt, diesen für uns alle selbstverständlichen Ausgangspunkt aufzugeben und die Innenwelt für das eigentlich Wahrgenommene und einzig Wahrnehmbare zu erklären. Denn zunächst führt Descartes es geradezu als eines der Wesensmerkmale der Körper und damit der Außenwelt ein, daß sie wahrnehmbar sind (vgl. „aptum est . . . percipi", a. a. O., Bd. 7, S. 20. Vgl. damit S. 28).

[6] Vgl. a. a. O., Bd. 7, S. 24 f., S. 27 f., S. 92 f.

*III. Folgerungen aus den Schwierigkeiten beider Theorien*

§ 10. Das Problem der Unmittelbarkeit und Ursprünglichkeit
äußerer Erfahrung als Wahrnehmung

Bereits in der 1. Auflage der *Kritik* weist Kant entschieden zurück,
daß Wahrnehmung als äußere Erfahrung von Objekten ein Schluß sei
(A 371), und kritisiert dann Berkeley als den konsequentesten Vertreter dieser Theorie (B 71, B 274). Gegenüber einer solchen Theorie mit
solchen Konsequenzen hält Kant jetzt von vornherein an dem Normalsinn fest, den wir alle, noch bevor wir eine philosophische Erkenntnistheorie ins Auge fassen, mit der Wahrnehmung als äußerer Erfahrung von Objekten der Außenwelt verbinden. Danach kommt solchen
materiellen Objekten „eine Wirklichkeit zu, die nicht geschlossen werden braucht, sondern *unmittelbar* wahrgenommen wird" (A 371, kursiv
vom Verf.).

Jedoch mit dieser negativen Einsicht, was äußere Erfahrung als
Wahrnehmung von Objekten nicht ist, nämlich daß sie kein Schluß
und damit keine vermittelte, sondern *unmittelbare* Erkenntnis ist, hat
Kant keineswegs auch schon positiv gezeigt, worin denn solche Wahrnehmung als unmittelbare empirische Erkenntnis empirischer Objekte
nun eigentlich besteht. Nur wenn er in der Lage wäre, auf diese Frage
selbst eine hinreichende Antwort zu geben und damit jene verfehlte
Theorie nicht nur zu negieren, sondern durch eine eigene und haltbare
positiv zu ersetzen, nur dann könnte Kant seine Erkenntnistheorie als
eine „Widerlegung des Idealismus", wie er sie seit der 2. Auflage der
*Kritik* selber nennt, auch tatsächlich in Anspruch nehmen (B 274 ff.).

Doch mit einer solchen Durchführung und Ausformulierung seiner
eigenen Theorie ist Kant nicht mehr zu Ende gekommen. Dies zeigt
sich unter anderem auch daran: Das Problem dieser „Widerlegung des
Idealismus" hat ihn noch bis in seine spätesten *Reflexionen* hinein geradezu verfolgt, und selbst hier bleibt es noch fraglich, inwieweit ihm
die Lösung tatsächlich gelungen ist[1].

Zwar wird durch jene Einsicht in die Unhaltbarkeit dieses „Idealismus", womit im wesentlichen jene Schlußtheorie gemeint ist, der Aus-

---

[1] Noch in der allerletzten Phase der *Reflexionen* finden sich seitenlange
Versuche zur Lösung dieses Problems, die größtenteils von Kant als „Widerlegung des Idealismus" und ähnlich betitelt sind, was Kant in den *Reflexionen*
nur selten, nämlich nur bei wichtigen, weil noch ungelösten Problemen tut
(vgl. Bd. 18, S. 610—623, S. 625 ff., S. 633, S. 643).

gangspunkt weiter gesichert: Mit ihrer Frage nach dem Ursprung von Erkenntnisgebilden, die entweder wahr oder falsch sind, hat Erkenntnistheorie in erster Linie bei der äußeren Erfahrung anzusetzen, weil diese als Wahrnehmung von Objekten unmittelbar und damit ursprüngliche empirische Erkenntnis empirischer Gegenstände ist. Doch eben diese befestigte Einsicht in die Unmittelbarkeit und Ursprünglichkeit dieser äußeren Erfahrung wirft nun eine Fülle schwieriger Fragen auf, aus welcher vorerst nur einige herausgegriffen seien.

Die Schlußtheorie hatte seit Descartes gerade umgekehrt die innere Erfahrung von Sinnesdaten als unmittelbare Erkenntnis aufgefaßt und die äußere als daraus durch Schluß nur vermittelte. Wenn demgegenüber nun die äußere Erfahrung unmittelbar ist, was ist dann die innere? Etwa ebenfalls unmittelbar und damit gleich ursprünglich wie die äußere, oder etwa genau umgekehrt durch äußere vermittelt und damit von ihr abgeleitet? [2]

Die Schlußtheorie hatte ferner die innere Erfahrung, gerade weil sie ihr als eigentlich unmittelbar galt, auch als Wahrnehmung im eigentlichen Sinne aufgefaßt. Ist demgegenüber nun gerade die äußere Erfahrung unmittelbar und damit Wahrnehmung, was ist dann die innere Erfahrung? Etwa keine Wahrnehmung, ausgerechnet sie, die man doch „Introspektion" zu nennen pflegt?

Mit seinem Versuch, auf diese Fragen eine Antwort zu finden, steht Kant nämlich insbesondere vor einer fundamentalen Schwierigkeit. Bei aller Gegnerschaft zur Schlußtheorie kann er doch nicht umhin, ihr in einem wesentlichen Punkt zuzustimmen: Der äußeren Erfahrung als empirischer Erkenntnis müssen auch nach Kant, wie schon bemerkt, auf jeden Fall Sinnesdaten zugrunde liegen. Eben darin aber hatte diese Theorie gerade einen der Gründe dafür erblickt, daß diese äußere Erfahrung ein Schluß sei und demnach nur mittelbare Erkenntnis, während Kant vielmehr daran festhält, daß sie als Wahrnehmung unmittelbare Erkenntnis ist.

Wie also kann äußere Erfahrung, wenn ihr als Wahrnehmung doch Sinnesdaten zugrunde liegen, überhaupt unmittelbare Erkenntnis sein? Wie läßt es sich erklären, daß sie trotz vermittelnder Sinnesdaten doch unmittelbare Erkenntnis ist?

Jene Frage nach der Rolle des Verstandes beim Erkennen erweist sich damit ebenso sehr als eine Frage nach der Rolle der Sinnlichkeit

---

[2] Selbst in der 'Widerlegung des Idealismus' in der 2. Auflage der *Kritik* schwankt Kant noch zwischen diesen beiden Möglichkeiten, bis er sich schließlich für die letztere entscheidet, vgl. z. B. B 276 mit B 277.

beim Erkennen, weil diese Frage eben letztlich nur nach der Art und Weise fragt, wie Erkenntnis durch Vereinigung beider entspringe. Ist diese Erkenntnis jedoch eine unmittelbare, so ist eben nicht nur die Rolle des Verstandes, sondern auch die der Sinnlichkeit dabei so zu denken, daß diese Unmittelbarkeit der Erkenntnis dadurch, statt verlorenzugehen, vielmehr verständlich werde. Muß deshalb der Verstand dabei eine prinzipiell andere Rolle spielen als die des Schließens aus Sinnesdaten, so müssen deshalb umgekehrt auch diese Sinnesdaten dabei so zugrunde liegen, daß dadurch die Unmittelbarkeit von Erkenntnis nicht beeinträchtigt, sondern erklärt wird.

Um den Ansatz zur Lösung dieses Problems, der bei Kant vorliegt, auch als solchen verständlich zu machen, empfiehlt sich ein Umweg über Frege. Anscheinend ohne diesbezügliche Kantkenntnis und mit eigener Terminologie ist er sachlich überzeugend zu genau demselben Lösungsansatz gekommen, weil er unbeirrt von dem normalen Sprachgebrauch ausging, wonach es nur von Objekten der Außenwelt, nicht jedoch von Sinnesdaten der Innenwelt Sinn hat, zu sagen, man könne sie sehen. Dies läßt sich an den Überlegungen zeigen, die Frege in seinem Aufsatz *Der Gedanke* dazu anstellt[3].

## § 11. Die prinzipielle Unzulänglichkeit der Rezeptivitätsauffassung von Wahrnehmung

Im Rahmen seiner Theorie der Gedanken sieht Frege sich zu einer Theorie der Wahrnehmung deshalb genötigt, weil ein wahrer oder falscher Gedanke als dieser selbige von mehreren, ja im Prinzip von allen Subjekten gefaßt werden kann. Dieser Tatbestand aber muß es zunächst einmal nahelegen, solche Gedanken mit den Dingen in der Außenwelt in eine Reihe zu stellen.

Denn „der von der Philosophie noch unberührte Mensch kennt zunächst Dinge, die er sehen, tasten, kurz mit den Sinnen wahrnehmen kann, wie Bäume, Steine, Häuser". Und es gehört zur wohlbegründeten Überzeugung dieses Menschen, „daß ein anderer denselben Baum, denselben Stein, den er selbst sieht und tastet, gleichfalls sehen und tasten kann", daß solche Dinge also intersubjektive Objekte sind.

Dennoch muß gerade er sich bald auch davon überzeugen: Unter solchen wahrnehmbaren Dingen in der Außenwelt sind dergleichen

---

[3] Vgl. *Kleine Schriften* (zitiert als K), hrsg. v. I. Angelelli, Darmstadt 1967, S. 342 ff.

wie Gedanken nicht zu finden, weil keines von ihnen das, was es ist, zum Beispiel Baum, als etwas Wahres oder Falsches ist: „Zu diesen Dingen gehört ein Gedanke offenbar nicht". Wie aber kann er dann „trotzdem den Menschen als derselbe gegenüberstehen wie ein Baum?" (K, S. 351).

Denn daß er auf keinen Fall wie ein Ding in der „Außenwelt" vorliegt, dies wiederum muß zunächst einmal nahelegen, den Gedanken der „Innenwelt" zuzurechnen. Denn „auch der unphilosophische Mensch sieht sich bald genötigt, eine von der Außenwelt verschiedene Innenwelt anzuerkennen". Zu ihr gehören beispielsweise seine „Gefühle", wie etwa seine „Schmerzen", aber auch seine „Sinneseindrücke" oder „Empfindungen", wie zum Beispiel der Sinneseindruck oder die Empfindung „des Grünen" (vgl. K, S. 351, S. 356 f.). Und das führt weiter zu der Frage, wie diese psychische Innenwelt von so etwas wie „Grünempfindungen", die Frege der Kürze halber „Vorstellungen" nennt, sich von der physischen Außenwelt der Dinge unterscheidet.

Bei dem Versuch, diese Frage zu beantworten, sieht er sich gezwungen, auf die Wahrnehmung einzugehen. Und dabei formuliert er auf Anhieb eine Einsicht, deren Bedeutung kaum überschätzt werden kann: „Wodurch unterscheiden sich die Vorstellungen von den Dingen der Außenwelt?", die man wahrnehmen kann: „Vorstellungen können nicht gesehen oder getastet, weder gerochen, noch geschmeckt, noch gehört werden", kurz: Vorstellungen können nicht wahrgenommen werden (K, S. 351). Mit dieser Grundeinsicht jedoch, die freilich noch weiterer Begründung bedarf, hat Frege sich von vornherein vor jenem Irrweg bewahrt, der in die Problematik der Existenz der Außenwelt führt oder gar in den Solipsismus.

Diese Einsicht bedeutet zunächst in sprachlicher Hinsicht: Sinnvoll ist es, zum Beispiel unser Sehen und Hören von Dingen in der Außenwelt, diese ursprünglichste Gestalt unserer äußeren Erfahrung, als Wahrnehmung zu kennzeichnen; genau dies ist ja tatsächlich unser normaler und uns allen verständlicher Sprachgebrauch. Eben damit aber ist es dann sinnlos, den Ausdruck „Wahrnehmung" als Gattungsbegriff zu benutzen, um auch noch von so etwas wie „innerer Wahrnehmung" (Wahrnehmung von „Innerem", von Vorstellungen der „Innenwelt") zu sprechen, von der dann nachträglich jene ursprüngliche Wahrnehmung als „äußere Wahrnehmung" zu unterscheiden wäre. Soll unser normaler Sprachgebrauch als ein sinnvoller festgehalten werden, so ist und bleibt der Ausdruck „Wahrnehmung" ein echter Artbegriff, der keine andere „Art von Wahrnehmung" neben sich duldet. Der Ausdruck „Wahrnehmung" bedeutet für sich allein schon das, was der dann überflüssige Zusatz „äußere Wahrnehmung" auszudrücken versucht, so daß „innere Wahrnehmung" dann geradezu den Widerspruch einer „inneren äußeren Wahrnehmung" bedeuten muß.

Daß Frege sich dabei tatsächlich vom normalen Sprachgebrauch leiten läßt, zeigt das Beispiel, welches er dazu anführt: „Ich mache mit einem Begleiter einen Spaziergang. Ich sehe eine grüne Wiese; ich habe dabei den Gesichtseindruck des Grünen. Ich habe ihn, aber ich sehe ihn nicht" (ebd.). Solche Beispiele sind bei Frege im Sinne der folgenden Umschreibung zu verstehen: Ich mache mit einem Begleiter einen Spaziergang entlang einer grünen Wiese. Und da auch er die deutsche Sprache beherrscht, kann ich ihm verständlich sagen: ich sehe eine grüne Wiese. Und er wird mich auch dann noch verstehen, wenn ich hinzufüge: ich habe dabei den Gesichtseindruck des Grünen. Hier aber liegt die Betonung bereits auf dem „habe". Denn von einer solchen Vorstellung kann man zwar noch sagen: ich habe sie, aber nicht mehr: ich sehe sie.

Daß solche sprachlichen Erwägungen durchaus geeignet sind, einen Zugang zu entsprechenden sachlichen Erwägungen zu eröffnen, zeigt sich daran: Frege gelingt es damit in plausibler Weise, einen Unterschied herauszustellen, den vor ihm schon von der Sache her Kant gesehen, aber nicht klar genug hervorgehoben hat [1]. Wenn Frege nämlich feststellt, daß wir immer, wenn wir in der Außenwelt etwas *sehen,* dabei in unserer Innenwelt eine Vorstellung *haben,* doch *ohne* sie selber zu sehen, so bedeutet dies in Kantischer Redeweise: Immer dann, wenn wir durch solche Wahrnehmung in der Außenwelt Dinge zu *Gegenständen* besitzen, sind uns dabei Vorstellungen *gegeben,* die wir jedoch dabei gerade *nicht* zu Gegenständen besitzen, die uns dabei gerade *niemals* gegenständlich werden.

Bevor wir auf diesen Unterschied näher eingehen, verfolgen wir zunächst, wohin Frege wie auch Kant von hier aus gelangen.

Daß sie beide das Problem der Wahrnehmung auf diese Weise von vornherein richtig stellen, bedeutet für beide zunächst, daß sich damit sofort ein weiteres Problem stellt, gleichviel ob sie es nun bemerken oder nicht. Wenn es nämlich richtig ist, daß aller Wahrnehmung von Dingen in der Außenwelt Vorstellungen in der Innenwelt zwar zugrunde liegen, aber selber gerade nicht wahrgenommen, nicht gegenständlich werden, so erhebt sich sofort die Frage: Können überhaupt solche Vorstellungen auch selber gegenständlich werden, und wenn ja: auf welche Weise?

[1] Vgl. z. B. A 89 f., B 121 f., A 108 f.

Kant hat dieses Problem gesehen und versucht, es durch seine Theorie des „Wahrnehmungsurteils" zu lösen[2]. Mit diesem Versuch hatte Kant es aber unter anderem deshalb so schwer, weil er sich dabei nicht genügend von der Idee einer „inneren Wahrnehmung" zu befreien vermochte. Frege dagegen hat dieses Problem, wenn auch vielleicht gesehen, so doch nicht weiter verfolgt. Gerade er aber wäre dabei Kant gegenüber im Vorteil gewesen, weil er sich von vornherein darüber im klaren war, daß Vorstellungen nicht wahrnehmbar sind und mithin die Rede von „innerer Wahrnehmung" oder gar von „Introspektion" eine sinnlose und irreführende Redeweise ist.

Wohl haben wir Erfahrung sowohl von Außenwelt wie auch von Innenwelt und damit sowohl äußere als auch innere Erfahrung. Aber nur äußere Erfahrung ist Wahrnehmung, so daß Frege zumindest negativ genau wußte, was innere Erfahrung nicht sein kann: Dergleichen wie Vorstellungen in der Innenwelt können nicht durch irgendeine Art von Wahrnehmung gegenständlich werden.

Der Grund, warum das nicht möglich ist, liegt im Wesen der Wahrnehmung selbst. Er tritt hervor, wenn man weiter verfolgt, wohin jene Theorie der Wahrnehmung, zu der Kant sowohl wie Frege richtig ansetzen, schließlich führen muß.

Wenn unsere Wahrnehmung von Dingen der Außenwelt aufgrund von Sinneseindrücken erfolgt, die als Vorstellungen der Innenwelt angehören, so bedeutet das umgekehrt: Diese Sinneseindrücke oder Vorstellungen sind selbst und als solche gerade noch keine Wahrnehmungen, sie führen uns noch nicht aus der Innenwelt heraus in die Außenwelt. Zwar bleibt es nach Frege richtig, daß Sinneseindrücke dabei zugrunde liegen: „Zur Sinneswahrnehmung gehört doch wohl als notwendiger Bestandteil der Sinneseindruck und dieser ist Teil der Innenwelt." Aber solche „Sinneseindrücke ... allein eröffnen uns nicht die Außenwelt . . . Das Haben von Gesichtseindrücken ist noch kein Sehen von Dingen ... Das Haben von Gesichtseindrücken ist zwar nötig zum Sehen der Dinge, aber nicht hinreichend".

Auf diese Weise wird er sich darüber klar, daß dabei etwas anderes „noch hinzukommen muß", etwas, das eben deshalb auch „nichts Sinnliches" sein kann, sondern etwas „Nichtsinnliches" sein muß, nämlich das Denken, das „uns Gedanken fassen" läßt (K, S. 360). Damit kommt Frege letztlich ebenso wie Kant zu dem Grundsatz: „Anschauungen ohne Begriffe sind blind" (A 51, B 75). Mit ihm meint nämlich

---

[2] Vgl. dazu G. Prauss, *Erscheinung bei Kant. Ein Problem der 'Kritik der reinen Vernunft'*, Berlin 1971.

auch Kant nichts anderes, als daß man durch bloßes Haben von Gesichtseindrücken noch überhaupt nicht sieht, daß dazu vielmehr der Begriff noch hinzukommen muß, der aber aus dem Denken des Verstandes entspringt und von daher ebenfalls etwas Nichtsinnliches ist.

Diese Gemeinsamkeit mit Kant gewinnt indessen ihre volle Deutlichkeit erst, wenn man beachtet, was genau eigentlich Frege veranlaßt, in der Wahrnehmung zusätzlich zu den Vorstellungen auch noch das Denken anzusetzen und damit dieses Denken jenen sinnlich-psychischen Vorstellungen gegenüber als etwas Nichtsinnliches und Nichtpsychisches anzuerkennen. Der Grund dafür liegt ausschließlich darin, daß Frege sich bei seinen Überlegungen zur Wahrnehmung folgendes klarmacht: Wenn unsere Wahrnehmung zwar aufgrund von Vorstellung erfolgt, aber trotzdem nicht Wahrnehmung von solcher Innenwelt ist, sondern Wahrnehmung von Außenwelt, so muß sie im Vollsinn des Wortes ein „Schritt" sein (K, S. 358), der von Innenwelt nur in dem Sinne ausgeht, daß er gerade über sie hinaus- und auf Außenwelt ausgeht. Deshalb spricht Frege auch treffend von unseren Wahrnehmungen als „Ausflügen in die Außenwelt" (ebd.). Damit macht er selber deutlich: Jener „Schritt", von dem er spricht, ist recht eigentlich als ein Überschritt zu verstehen, mit dem ich meine Innenwelt überschreite und mir Außenwelt, „mir eine Umwelt erobere" (ebd.).

Dieselbe Einsicht aber liegt bereits bei Kant vor, die er an einer Stelle vermutlich gegen die Schlußtheorie und deshalb negativ wie folgt formuliert: So gewiß die Wahrnehmung auf Anschauungen in der Innenwelt beruht, so gewiß gilt doch von ihr als Wahrnehmung der Außenwelt, daß sie „bei diesen Anschauungen . . . *nicht stehen bleiben kann*"[3], indem sie etwa, wie die Schlußtheorie meint, eigentlich diese Innenwelt selber wahrnähme, woraus entsprechende Außenwelt dann nur noch zu erschließen, aber nicht mehr selber wahrzunehmen wäre. Sie muß vielmehr, mit Frege positiv gewendet, auch nach Kant darin bestehen, diese Innenwelt von Anschauung, und zwar jeweils von vornherein, auf Außenwelt hin zu überschreiten.

Und eben darin, daß Wahrnehmung nur eine solche ursprüngliche Überschreitung der Innenwelt in die Außenwelt sein kann, liegt für Frege der Grund, das „Entscheidende" an der Wahrnehmung dem Denken als etwas „Nichtsinnlichem" zuzuschreiben (K, S. 360). Denn schlechterdings unbegreiflich müßte es bleiben, wie das bloß Sinnliche, wie bloße Innenwelt von Eindrücken, die wir nur haben, aus sich her-

---

[3] B XVII, kursiv vom Verf.

aus jemals sich selbst in die Außenwelt zu überschreiten vermöchte. Solche Wahrnehmung muß, mit Kant zu reden, auf einem Verstand beruhen, durch den wir „a priori auf Objekte gehen" (A 79, B 105), von vornherein auf Außenwelt ausgehen. In genau dem Maße jedoch, in dem sie nicht nur jene Sinnesdaten, sondern auch noch dieses Denken enthält, kann solche Wahrnehmung auch nicht einfach in Rezeptivität aufgehen, sondern muß darüber hinaus vielmehr wie dieses Denken selbst jeweils als Spontaneität und Intentionalität, als ein ursprüngliches Zielen auf Außenwelt entspringen (vgl. K, S. 358 f.).

Eben daran aber zeigt sich eine weitere Unzulänglichkeit jener Schlußtheorie, die sie bei aller Unterschiedlichkeit zur Abbildtheorie doch mit ihr teilt, nämlich die Auffassung der Wahrnehmung als bloßer Rezeptivität. Daß sie dieselbe als Wahrnehmung von Außenwelt zurücknimmt und nur als Wahrnehmung von Innenwelt gelten läßt[4], liegt unter anderem auch daran, daß ein Rezipieren von Dingen der Außenwelt ins wahrnehmende Subjekt freilich unverständlich wäre, ein Rezipieren von Sinnesdaten der Innenwelt dagegen verständlich ist. Und soweit solche Wahrnehmung nach der Schlußtheorie auch Denken enthält, ist es dabei nichts anderes als rezeptives Auffassen dieser Daten selbst[5]; soweit hingegen dieses Denken über diese Daten hinausgeht und wenigstens einigermaßen spontan auf Außenwelt ausgeht, liegt gerade keine Wahrnehmung dieser Außenwelt selbst, sondern nur ein Schließen auf Außenwelt vor[6].

Wahrnehmung läßt sich demgegenüber als Wahrnehmung von Außenwelt aufrechterhalten, sofern man sich nur klarmacht: Jenes Denken, welches sie auf jeden Fall enthält, ist in ihr als ursprüngliche Spontaneität und Intentionalität am Werk. In dieser Einsicht jedoch, in der Frege mit Kant der Sache nach übereinkommt, liegt nicht nur eine Überlegenheit beider gegenüber der Schlußtheorie wie auch der Abbildtheorie. In ihr liegt auch noch die Möglichkeit, jenen Platonismus der wahren oder falschen Gedanken zu überwinden, der Frege von Kant zunächst trennt. Muß nämlich Frege jenes Denken in der Wahrnehmung ohnehin als ein spontanes Zielen auf Außenwelt anerkennen, so ist zumindest von hier aus jeglicher Grund entfallen, es als ein bloß rezeptives „Fassen" oder „Erfassen" von Gedanken anzusetzen, die in jenem „dritten Reich" schon immer fertig vorgegeben seien. Wahre oder falsche Gedanken könnte Frege dann durchaus in

---

4  Vgl. dazu oben S. 42, Anm. 5.
5  Vgl. Descartes, a. a. O., Bd. 7, S. 24, S. 99.
6  Besonders deutlich a. a. O., Bd. 7, S. 28, S. 224 f.

weiterem Einvernehmen mit Kant als Erzeugungen dieses spontanen Denkens selbst auffassen.

Und in der Tat führt Frege die Wahrnehmung, die durch das in ihr enthaltene Denken jeweils etwas Wahres oder Falsches ist, nicht etwa darauf zurück, daß dieses Denken dabei auf Gedanken in jenem „dritten Reich" zielte, sondern erstmals darauf, daß es als Spontaneität und Intentionalität über Innenwelt hinaus auf Außenwelt zielt. Bei aller Wahrnehmung als einer solchen Überschreitung[7] gehen wir stets das Risiko ein, die Dinge in der Außenwelt, auf die wir dabei zielen, in wahrer Wahrnehmung zu erzielen oder auch in falscher Wahrnehmung zu verfehlen, so daß uns dabei „der Zweifel nie ganz verläßt", weil wir dabei ständig „der Gefahr des Irrtums" ausgesetzt sind (K, S. 358).

Um diese Überlegungen von Kant und Frege noch weiterverfolgen zu können, gilt es jedoch zunächst noch einmal genauer auf ihren Ausgangspunkt einzugehen. Denn von ihm her läßt sich durch weitere Differenzierung ein Begriffsschema entfalten, das geeignet ist, jenes Problem einer Lösung zuzuführen: Wie kann äußere Erfahrung, die als Wahrnehmung einerseits auf subjektiv-privaten Sinnesdaten der Innenwelt beruht, doch anderseits unmittelbare Erkenntnis von intersubjektiven Objekten der Außenwelt sein?

## § 12. Der erkenntnistheoretische Sinn der Ausdrücke des „Bekommens" und „Habens" von etwas

Wie schon bemerkt, geht Frege davon aus: Sowohl Sinnesdaten als „Vorstellungen" wie auch Schmerzen als „Gefühle" gehören alle jeweils der „Innenwelt" eines einzelnen Subjekts an und sind als solche selbst nicht wahrnehmbar. Dies bedeutet, daß nach Frege insbesondere auch

---

[7] Damit beginnt sich erstmals abzuzeichnen: Der Versuch, einen wenigstens annähernd genauen und eindeutigen Begriff der Wahrnehmung zu gewinnen, führt in der Tat letztlich dazu, daß im eigentlichen Sinne dieses Wortes nur Außenwelt wahrgenommen werden kann, nicht jedoch Innenwelt, weil sie dabei gerade überschritten wird. Dies bedeutet dann weiter, daß zum Beispiel auch Schmerzen, obwohl wir oft genug so sprechen, nicht wahrgenommen werden können. Auch dies jedoch erweist sich als vernünftig. Denn was sollte es wohl bedeuten, Schmerzen wahrzunehmen? Etwa Schmerzen zu sehen, oder zu hören, oder gar Schmerzen zu riechen, zu schmecken oder zu tasten? Auch wird damit ja keineswegs in Abrede gestellt, daß wir Schmerzen empfinden können. Wohl aber wird dadurch, und das ist ein weiterer Vorteil,

dann, wenn ein solches Subjekt zum Beispiel eine grüne Wiese sieht, dieses Subjekt dabei die „Vorstellung des Grünen" zwar *hat*, aber nicht *sieht*. Und dies bedeutet in der Redeweise Kants: Immer dann, wenn wir durch solche Wahrnehmung in der Außenwelt Dinge zu *Gegenständen* besitzen, sind uns dabei Vorstellungen *gegeben*, die wir jedoch dabei gerade *nicht* zu Gegenständen besitzen, die uns dabei gerade *niemals* gegenständlich, oder die von uns dabei selber gerade *nicht* erkannt werden.

Die Notwendigkeit, diese begriffliche Differenzierung weiterzuführen, wird geradezu unausweichlich, wenn man beachtet, daß eine bestimmte Art von Ausdrücken hier immer wiederkehrt. Frege sagt, daß wir beim Sehen von Dingen in der Außenwelt unsere Vorstellungen in der Innenwelt selbst nicht sehen, sondern nur *haben*. Dafür könnte man ebensogut sagen, daß wir sie dabei nur *besitzen*, weil damit gemeint ist, daß solche Vorstellungen, wie schon gesagt, unserer Innenwelt nur *angehören*, oder schließlich mit Kant, daß sie uns in unserer Sinnlichkeit nur *gegeben* sind.

Ausdrücke wie „haben", „besitzen", „angehören", „gegeben sein" aber sind alles Ausdrücke des Eigentums oder Besitzes, die als solche im Hinblick auf Gegebenheit und Gegenständlichkeit von etwas, worum es hier geht, noch nicht hinreichend differenzieren. Solche Ausdrücke sind von sich aus keineswegs schon darauf festgelegt, daß man in seiner Innenwelt oder Sinnlichkeit jene Vorstellungen nur *gegeben* habe oder besitze, ohne daß sie *gegenständlich* oder *erkannt* wären. Denn auch von solchem, was gegenständlich oder erkannt ist, nämlich von Dingen, die wir in der Außenwelt wahrnehmen, läßt sich zum Beispiel ohne weiteres sagen, daß wir sie dabei *zu Gegenständen* haben oder besitzen.

Von daher verwundert es nicht, daß man ohne Schwierigkeit sogar sagen kann, diese Dinge seien als *Gegenstände* uns *gegeben*. Und tatsächlich pflegt man in erkenntnistheoretischen Texten immer wieder zu sagen, die wahrgenommene Außenwelt sei 'das Gegebene', während damit doch eigentlich nur gemeint sein kann, daß sie dabei 'das Gegenständliche' ist. Denn offenbar kommt es darauf an, der Tatsache Rechnung zu tragen, daß man gerade dann, wenn man in der Wahrnehmung ein Ding zum Gegenstand hat, auch noch etwas anderes, die Vorstellung hat, jedoch gerade nicht zum Gegenstand.

wenigstens einigermaßen klar das Problem gestellt, was solches Empfinden als eine innere Erfahrung eigentlich ist, wenn es nicht wie äußere Erfahrung eine Wahrnehmung ist.

Es empfiehlt sich daher, zur Differenzierung dieses Verschiedenen, wofür Freges „Haben" ersichtlich nicht ausreicht, zusätzlich jene Kantischen Ausdrücke heranzuziehen und zwischen dem, was man gegeben hat, und dem, was man gegenständlich hat, zu unterscheiden. Um diesen Unterschied klar vor Augen zu stellen, sei folgende Tabelle eröffnet, in der von vornherein die Begriffe „gegeben" und „gegenständlich" voneinander abgesondert sind, indem jeder von ihnen eine eigene Rubrik darin bestimmt:

| gegeben | gegenständlich bzw. erkannt |
|---------|------------------------------|
| Innenwelt | Außenwelt |

Auf diese Weise dienen sie ganz im Sinne von Frege und Kant gerade dazu, zwischen den Dingen der Außenwelt und den Vorstellungen der Innenwelt in bestimmter Hinsicht zu unterscheiden. Und als Grund, der zu dieser begrifflichen Differenzierung zwingt, sei der Tatbestand festgehalten: Es hat offenbar einen wichtigen Sinn, von etwas zu sprechen, das uns gegeben ist, ohne uns gegenständlich zu sein, und das sind eben jene Sinnesdaten der Innenwelt, wie sie der Wahrnehmung von Außenwelt zugrunde liegen.

Die Wichtigkeit dieses Sinns von Gegebenheit wird sich im folgenden noch weiter daran verdeutlichen, daß keineswegs etwa auch das Umgekehrte gilt: Im Rahmen dieser angefangenen Tabelle wird es keinen Sinn haben, von etwas zu sprechen, das uns gegenständlich sein kann, ohne uns irgendwie gegeben zu sein. Damit erwiese sich die Gegebenheit von etwas gegenüber der Gegenständlichkeit von etwas als fundamentaler, indem sie nämlich für die letztere eine Vorbedingung bildete, insofern uns etwas gegenständlich überhaupt nur werden könnte, wenn uns erst einmal etwas gegeben wird.

Dazu gilt es aber, zunächst dem Sinn dieser Gegebenheit selbst noch weiter nachzugehen. In einem ganz eigentümlichen Sinne von „Haben" oder „Besitzen" ist es offenbar möglich, beim Wahrnehmen von Gegenständen in der Außenwelt jene Vorstellungen in der Innenwelt zwar *gegeben* zu haben, aber selbst nicht *gegenständlich* zu haben. Der besondere Sinn dieses Habens von Vorstellungen als bloß Gegebenem in der Innenwelt läßt sich weiter verdeutlichen, indem man einmal untersucht: Inwiefern ist es eigentlich berechtigt, daß solche Vorstellungen heute in der philosophischen Literatur immer häufiger in einer Weise gekennzeichnet werden, die keineswegs selbstverständlich ist, nämlich als etwas „Privates" [1]? Dieser Ausdruck dürfte zunächst verständlich sein, sofern auch er ja lediglich als ein weiteres Glied in der Reihe jener Ausdrücke des Habens oder Besitzens auftritt. Gleichwohl wird anderseits an ihm offenkundig: Es sind letztlich alle diese Ausdrücke des Habens oder Besitzens, wenn sie in erkenntnistheoretischen Zusammenhängen für so etwas wie Vorstellungen verwendet werden, zunächst einmal Metaphern, Übertragungen aus einem prinzipiell anderen Bereich.

Von daher fragt es sich: Inwiefern sind diese Metaphern keine leeren Metaphern? Das heißt: Inwiefern entspringt bei solcher Übertragung ein eigener Sinn, der das, worauf übertragen wird, in seiner Eigenart trifft. Denn jener Ausdruck „privat" hat seinen eigentümlichen Sinn im Zusammenhang von Gesamtausdrücken wie „Privatbesitz" oder „Privateigentum". Und in diesem Sinne dient er auch tatsächlich dazu, einen bestimmten Subjektbezug von etwas zu bezeichnen, von etwas allerdings, das selbst gerade ein Objekt in der Außenwelt, und das heißt, etwas Intersubjektives ist.

Solche Objekte aber, die als Intersubjektives den Subjekten gegenüber etwas Anderes sind, können deshalb nicht nur prinzipiell von allen Subjekten wahrgenommen werden, wie schon bemerkt; sie können deshalb vor allem auch prinzipiell von jedem Subjekt genommen werden, und das heißt eben: in Besitz oder zum Eigentum genommen werden. Von daher kann es wichtig sein, zum Ausdruck zu bringen, ein bestimmtes Objekt sei der Besitz oder das Eigentum eines bestimmten Subjekts und keines anderen, eben „privater" Besitz, „privates" Eigentum. Vor allem aber kann deshalb ein Objekt, selbst wenn es bereits Besitz oder Eigentum eines Subjekts ist, auch prinzipiell Besitz oder Eigentum eines anderen Subjekts werden, indem es verloren geht oder verkauft wird, oder indem es etwa gestohlen oder geraubt wird. Deshalb bedarf so etwas wie Privateigentum, sofern es Bestand haben soll, auch einer Sicherung, die wir als Legislative von Gesetzen und als Exekutive durch Polizei usw. kennen.

Behält man nun diesen Sinn im Auge, der sich mit allen diesen Einzelheiten hinter dem Ausdruck „privat" verbirgt, so muß es auf den ersten Blick ganz unbegreiflich bleiben, wie man auch so etwas wie die Vorstellungen in der Innenwelt eines Subjekts jemals sinnvoll als

---

[1] Diese Kennzeichnung hat sich vermutlich im Anschluß an Wittgenstein verbreitet; vgl. seine *Philosophischen Untersuchungen*, 1. Aufl., Frankfurt 1960, z. B. Nr. 243, Nr. 246.

etwas „Privates" bezeichnen könne. Denn geradezu lächerlich wäre es, wollte man auch den Besitz von so etwas wie Vorstellungen sichern, indem man etwa eine Legislative oder gar Exekutive einsetzte, damit solche Vorstellungen oder Sinnesdaten oder Empfindungen der Innenwelt eines Subjekts nicht geraubt oder gestohlen werden. Ebenso lächerlich käme uns ein Subjekt vor, das glaubte, solche Vorstellungen aus seiner Innenwelt an andere Subjekte verlieren oder gar verkaufen zu können. Verlieren kann man so etwas wie Vorstellungen nicht in dem Sinne, daß sie etwa nur den Besitzer wechselten, selbst aber blieben, was sie sind, sondern allein in dem Sinne, daß sie selber schlechthin aufhören zu sein.

Bei näherem Zusehen aber wird deutlich, daß solche Vorstellungen, nur weil dies alles nicht auf sie zutrifft, sich keineswegs jenem Sinn von „privat" etwa entziehen. Im Gegenteil, es zeigt sich vielmehr, daß sie ihn sogar in einzigartiger Weise erfüllen. Und dies wiederum bedeutet, daß sie auch jene Übertragung, die Metapher des Ausdrucks „privat", nicht nur nicht ausschließen, sondern geradezu fordern.

Setzt man nämlich Objekte der Außenwelt und Vorstellungen der Innenwelt im Hinblick auf den Sinn von „privat" erst einmal zueinander in Vergleich, so zeigt sich sofort: Verglichen mit Vorstellungen in der Innenwelt können Objekte in der Außenwelt nur in einem ganz beschränkten Sinne privat sein. Denn sie sind und bleiben jeglichem Subjekt gegenüber ein Anderes als es selbst. Sofern sie überhaupt den Privatbesitz eines Subjektes bilden, sind Objekte deshalb immer nur relativ privat, nämlich nur relativ auf dieses Subjekt.

Das heißt dann aber weiter: Objekte sind niemals etwa absolut privat, weil sie prinzipiell auch zum Besitz eines anderen Subjektes werden können. Vorstellungen der Innenwelt eines Subjektes dagegen sind gerade umgekehrt etwas absolut Privates und nicht etwas nur relativ Privates. Sind sie nur überhaupt gegeben, so sind sie immer nur einem einzelnen Subjekt in seiner Sinnlichkeit oder Innenwelt als etwas gegeben, das prinzipiell niemals in die Sinnlichkeit oder Innenwelt eines anderen Subjektes übergehen kann und genau in diesem Sinne eben absolut privat ist.

Demnach kann jene Übertragung des Ausdrucks „privat" von Objekten der Außenwelt auf Vorstellungen der Innenwelt auch nicht als eine leere Metapher gelten, weil es dadurch gelingt, den zunächst einfachen Sinn von „privat" zu einem Oberbegriff zu erheben und zu dem zweifachen Sinn von relativ und absolut privat zu spezifizieren. Es gilt vielmehr lediglich noch anzufügen: Dieser Ausdruck „privat", der in seinem nunmehr spezifizierten Sinne von „absolut privat" nur in der Erkenntnistheorie von Bedeutung ist, bedarf hier dann unter einem weiteren Gesichtspunkt auch noch einer weiteren Spezifikation. Denn nicht nur meine, sondern auch die Vorstellungen aller anderen Subjekte sind jeweils etwas absolut Privates. Jedoch sind dabei meine Vorstellungen für mich selbst etwas Subjektiv-Privates, ein Ausdruck, der gelegentlich schon verwendet wurde. Und daß dieser Doppelausdruck keineswegs überflüssig ist, zeigt sich daran, daß es durchaus auch Objektiv-Privates gibt. Denn alle Vorstellungen anderer Subjekte sind für diese Subjekte selber gleichfalls etwas jeweils Subjektiv-Privates, für mich dagegen etwas Objektiv-Privates, so wie umgekehrt auch meine Vorstellungen für mich selbst etwas Subjektiv-Privates sind, für alle anderen Subjekte dagegen gleichfalls etwas Objektiv-Privates.

## § 13. Die Notwendigkeit der Unterscheidung zwischen Gegebenheit und Gegenständlichkeit von etwas

Der Sinn von Freges Feststellung, daß wir beim Sehen von Dingen in der Außenwelt Vorstellungen in der Innenwelt nur *haben*, aber selbst nicht *sehen*, ließ sich durch die Kantische Redeweise weiter verdeutlichen, daß wir solche Vorstellungen dabei nur *gegeben*, aber selbst nicht *gegenständlich* haben. Als Sinn dieser Gegebenheit wiederum hat sich inzwischen weiter herausgestellt, daß wir solche Vorstellungen dabei als etwas absolut Privates besitzen. Versucht man nun, auch dies in Kantischer Redeweise, und das heißt: speziell mit Hilfe des Ausdrucks „gegeben" zu formulieren, so tritt eine vereinzelte und zunächst unauffällige Stelle bei Kant mit ihrem besonderen und wichtigen Sinn hervor. Von diesen Vorstellungen oder Sinnesdaten, die er auch Erscheinungen nennt, sagt nämlich Kant, sie seien „das einzige", was „uns unmittelbar gegeben werden" könne (vgl. A 108 f.).

Damit bietet sich für unseren Differenzierungsversuch von Kant her ein weiterer Ausdruck an, nämlich „unmittelbar". Bei seiner Übernahme gilt es indessen von vornherein genau darauf zu achten, wie solch ein Ausdruck sinngemäß zu verwenden ist. Denn „unmittelbar" bedeutet doch lediglich soviel wie „nicht mittelbar" oder „nicht vermittelt"; und fragt man dann weiter, was eigentlich „vermittelt" oder „mittelbar" bedeutet, so bleibt letztlich nur die Antwort: soviel wie „nicht unmittelbar". Von diesen Ausdrücken ist somit jeder lediglich als Negation des anderen zu verstehen und bedarf daher, um seinen Sinn voll entfalten zu können, grundsätzlich einer Ergänzung durch andere Ausdrücke.

Wenn ich beispielsweise jemandem einen Bleistift gebe, indem ich ihn aus meiner Hand in seine lege, so kann ich sagen, dieser Bleistift sei unmittelbar an ihn übergegangen. Dabei bezieht dieses „unmittelbar" sich auf „übergegangen", und mit einem solchen unmittelbaren Übergehen ist gemeint: Es war dabei keine dritte, keine den Übergang vermittelnde Hand beteiligt. Oder wenn jemand sagt, das Haus, in dem er wohnt, stehe unmittelbar neben dem Haus von Herrn Meier, so meint er damit, daß kein anderes Haus mehr dazwischen steht, daß also diese Häuser eben unmittelbar und nicht etwa durch ein dazwischen stehendes Haus nur mittelbar benachbart sind. Hier beziehen „unmittelbar" bzw. „mittelbar" sich auf „benachbart". Wenn daher jemand sagt, dies oder jenes sei unmittelbar[1], so kann jeder, der verstehen möchte, nur zurückfragen: unmittelbar *was?*

Dieser Ergänzungsbedürftigkeit kommt Kant auch von vornherein nach. Er sagt an jener Stelle nicht etwa, eine Vorstellung „sei unmittelbar" oder sie sei „etwas Unmittelbares" oder gar „das Unmittelbare". Kant sagt vielmehr, sie sei uns „unmittelbar gegeben", und das heißt: jeweils dem Subjekt unmittelbar gegeben, das sie als etwas absolut Privates „hat". Und durch die Kennzeichnung „unmittelbar gegeben" wird der rein erkenntnistheoretische Sinn von „absolut privat" auch tatsächlich genau getroffen. Denn beides bringt jeweils zum Ausdruck, daß etwas nicht nur wie ein relativ Privates „mir gehört", so wie ein Bleistift „mir gehört", sondern daß etwas als ein absolut Privates „zu mir gehört", in meiner Sinnlichkeit gleichsam Teil meiner selbst und eben darin mir „unmittelbar gegeben" ist.

Diesen rein erkenntnistheoretischen Sinn der „absolut privaten" oder „unmittelbar gegebenen" Vorstellungen in der Innenwelt bekommt nun aber der Ausdruck „privat", wie im vorigen gezeigt, allererst durch seine Übertragung auf diese Innenwelt selbst. Denn vor seiner Übertragung betrifft er im Zusammenhang von Ausdrücken wie „Privateigentum" oder „Privatbesitz" gerade Dinge in der Außenwelt; für sie aber bringt er, wie sich dann aus der Perspektive seiner Übertragung mit herausstellt, lediglich den Sinn von „relativ privat" zum Ausdruck. Durch seine Übertragung von dieser Außenwelt auf jene Innenwelt jedoch wird der Ausdruck „privat" zu einem Gattungsbegriff erhoben, unter dem dann dem Artbegriff „relativ privat" der andere Artbegriff „absolut privat" als Gegensatz gegenübertritt.

---

[1] Beispiele dafür finden sich nicht nur, wo man sie am ehesten suchen würde, nämlich bei Hegel, sondern auch, wo man sie am wenigsten vermuten würde, nämlich bei Wittgenstein; vgl. z. B. a. a. O., Nr. 243.

Von diesen Gegensätzen aber ist nur der eine, nur der Begriff „absolut privat" im Sinne von „unmittelbar gegeben" ein erkenntnistheoretischer Begriff und damit ein Begriff der Theoretischen Philosophie. Hingegen kennzeichnet der Begriff „relativ privat" als der andere dieser beiden Gegensätze, zu dem sich der ursprüngliche Begriff „privat" nunmehr sogar spezifiziert, auch nur um so spezifischer den Sinn von „Privateigentum" oder „Privatbesitz" und erweist sich mithin auch nur um so deutlicher als ein Begriff der Praktischen Philosophie.

Soll hier jedoch ein echter Gegensatz bestehen, so muß es auch umgekehrt möglich sein, zu dem erkenntnistheoretischen Begriff „unmittelbar gegeben", der die Vorstellungen der Innenwelt kennzeichnet, durch Negation den dazu gegensätzlichen Begriff zu bilden, der dann wiederum die Dinge der Außenwelt betreffen und sie nun ebenfalls in einem rein erkenntnistheoretischen Sinne kennzeichnen müßte. Und in der Tat sind Dinge in der Außenwelt genau dasjenige, was uns „nicht unmittelbar gegeben", das heißt, was uns „vermittelt gegeben" wird, ja was uns auch prinzipiell niemals unmittelbar, sondern nur vermittelt gegeben werden kann, und zwar vermittelt durch eben jene selber unmittelbar gegebenen Vorstellungen.

Nur indem *unmittelbar*, das heißt in unserer Innenwelt gleichsam als Teil unserer selbst, uns *Vorstellungen* gegeben werden, nämlich nur dadurch *vermittelt*, kann überhaupt so etwas wie ein Ding der Außenwelt, das heißt etwas Anderes als wir selbst, uns gegeben werden. Durch eben die *Vorstellungen*, die uns *unmittelbar* gegeben sind, werden uns *vermittelt* gerade *Dinge* gegeben, und allein dadurch ist dies auch überhaupt möglich.² Es demgegenüber für möglich zu halten, auch ein solches Ding könne uns unmittelbar gegeben werden, heißt, es für möglich zu halten, so ein Physisches wie eine Wiese könne zu einem Psychischen wie einer Grünempfindung werden, Außenwelt könne in der Innenwelt auftreten, anderes meiner selbst könne als Teil meiner selbst bestehen.

Die weitere begriffliche Differenzierung, die aus dem Gegensatz der vermittelten Gegebenheit der Dinge gegenüber der unmittelbaren Gegebenheit der Vorstellungen entspringt, hat demnach als erstes den Vorteil: Sie beugt von vornherein jener Gefahr vor, bei erkenntnistheoretischen Versuchen in einen Solipsismus zu geraten, einer Gefahr,

---

² Aber wohlgemerkt: Sie werden dadurch auch nur *gegeben* und nicht etwa schon *gegenständlich* oder *erkannt*, und zwar die Dinge der Außenwelt ebensowenig wie die Vorstellungen der Innenwelt.

der jene Schlußtheorie nicht zuletzt deshalb erlag, weil sie über eine solche begriffliche Differenzierung offenbar noch nicht verfügte.

Diese Differenzierung zwischen unmittelbar und vermittelt Gegebenem zeigt indessen noch einen weiteren Vorteil, wenn man noch einmal auf ein erkenntnistheoretisches Lehrstück zurückblickt, das im vorigen schon kurz erwähnt worden ist. Unsere äußere Erfahrung ist als Wahrnehmung, davon muß ausgegangen werden, tatsächlich empirische Erkenntnis von empirischen Objekten der Außenwelt und nicht etwa eine Art höhere „Eingebung" oder „Offenbarung" über Außenwelt, wie Kant es treffend ausdrückt. Dies aber kann nur daran liegen, daß wir für solche Wahrnehmung von diesen Objekten der Außenwelt selbst etwas empfangen, jene Vorstellungen in unserer Innenwelt oder Sinnlichkeit, auch Sinnesdaten, Sinneseindrücke, Sinnesempfindungen, Erscheinungen oder Anschauungen genannt.

Legt man nun aber auch dafür jene neue begriffliche Differenzierung zugrunde, so muß der Sinn dieses Lehrstücks zunächst einmal fragwürdig werden. Denn daß solche Objekte uns prinzipiell niemals unmittelbar, sondern immer nur vermittelt gegeben werden können, bedeutet: Als ein Physisches können sie prinzipiell niemals als etwas Psychisches auftreten. Was aber soll es dann eigentlich heißen, daß wir dennoch „etwas von ihnen empfangen" und sogar empfangen müssen, wenn anders unsere Wahrnehmung von ihnen nicht dergleichen wie „Eingebung" oder „Offenbarung" von oben sein soll? Müßte dann nicht vielmehr gerade umgekehrt gelten, daß wir eben deshalb von ihnen gar nichts empfangen können?

Denn daß Physisches nicht als Psychisches auftreten kann, dies gilt prinzipiell, das heißt nicht etwa nur für die Objekte oder Dinge selbst, sondern ebenso auch für ihre Teile und Eigenschaften: Daß ich von ihnen etwas empfange, kann auch nicht heißen, daß etwa Teile von ihnen oder, wie Kant einmal sagt, auch nur „ihre Eigenschaften . . . in meine Vorstellungskraft hinüberwandern".[3] Erst recht aber ist dann die Redeweise: Was wir vom Objekt empfangen, sei eine Vorstellung oder Empfindung, nicht in dem Sinne wörtlich zu nehmen, daß aus der Außenwelt etwa Empfindungen selbst in unsere Innenwelt „hinüber wandern". Denn Empfindungen als etwas Psychisches kann es nun wiederum allein in unserer Innenwelt selbst geben.

Für diese prinzipielle Schwierigkeit gibt es offenbar nur eine Lösung. Das einzige, was man von einem physischen Objekt der Außenwelt empfangen kann, und das weder ein solches Objekt bzw. Teil oder

---

[3] *Prolegomena*, Akad.-Ausg., Bd. 4, S. 282.

Eigenschaft eines Objekts ist noch etwa selbst schon eine Empfindung, ist offenbar die Wirkung von einem Objekt. Doch so gewiß es Sinn hat, zu sagen, man könne eine solche Wirkung empfangen, so gewiß kann auch damit nicht so etwas wie ein „Hinüberwandern" dieser Wirkung gemeint sein.

Denn auch eine solche Wirkung, und das heißt ein Ereignis, ist selber prinzipiell nichts anderes als ein physisches Ding, das wir nur deshalb ein Ereignis und somit eine Wirkung nennen, weil es gerade einer Ver-änderung unterliegt. Von einem Objekt eine Wirkung zu empfangen, kann vielmehr nur heißen: Ein Objekt wirkt in der Weise auf uns ein, daß dadurch überhaupt nichts, weder Physisches noch gar Psychisches selbst, wie eine Empfindung, etwa einfach in uns „hinüber wandert", sondern daß solche physische Einwirkung auf uns als Auswirkung in uns selbst eine solche Empfindung lediglich *hervorruft*. Und dies in dem Sinne, daß solche Empfindung, als etwas der Innenwelt oder Sinnlichkeit Eigentümliches, auch allererst in dieser Sinnlichkeit selbst, und wenn auch nicht spontan, so doch jedenfalls *neu* in ihr entsteht.

Das heißt jedoch: Genau soweit dabei noch Wirkung als Ereignis und mithin Physisches vorliegt, kann prinzipiell noch keine Empfin-dung als Psychisches vorliegen, und umgekehrt kann genau soweit dabei als Auswirkung davon schon Empfindung als Psychisches vor-liegt, nicht mehr Wirkung als ein physisches Ereignis vorliegen. Sofern sie nur immer auftritt, ist Empfindung als Vorstellung etwas der Sinnlichkeit oder Innenwelt eines Subjekts Eigentümliches und in eben diesem Sinne etwas ihm unmittelbar, als Teil seiner selbst Gegebenes. Und demgegenüber bleibt alles Physische als ein durch eben dieses Psychische nur vermittelt Gegebenes auch ein prinzipiell Anderes.

Deshalb ist auch die Erklärung dieses Psychischen als Auswirkung der Einwirkung von Physischem für empirische Wissenschaften wie Physik und Physiologie ein prinzipiell unlösbares Problem, weil sie als solche selbst immer wieder nur diese Wirkungszusammenhänge ver-folgen, in diesem Physischen aber eben auch niemals auf Psychisches wie eine Empfindung stoßen können. Auch dieses Problem hat bemer-kenswerterweise Frege, der außer Mathematiker und Logiker von seiner Ausbildung her auch Naturwissenschaftler war, besonders klar gesehen (vgl. K, S. 355 ff.).

Mag nun aber diese Unterscheidung zwischen unmittelbar und ver-mittelt Gegebenem auch noch so sehr einleuchten — man kann nicht ohne weiteres dazu übergehen, die angefangene Tabelle durch entsprechende weitere Einsetzungen fortzuführen. Es gilt zuvor vielmehr einem Bedenken Rechnung zu tragen, denn diese Unterscheidung besagt doch: Von Dingen zu behaupten, sie seien uns gegeben, könne nur den Sinn haben, daß sie uns vermittelt gegeben, und nicht etwa, daß sie uns unmittelbar gegeben sind. Dagegen aber muß sich das Bedenken regen: Dies läuft doch eigentlich dem ganz ursprünglichen Befund zuwider, wonach wir eben diese Dinge doch unmittelbar in der Wahrnehmung haben. Und was soll dies anderes bedeuten, als daß wir sie in dieser Wahrnehmung unmittelbar gegeben haben?

Indessen zeigt die Redeweise, in der dieses Bedenken auftritt, lediglich noch einmal: Solche Ausdrücke wie „haben" sind von sich aus noch in keiner Weise eindeutig, sondern in ihrem Sinn vielmehr flexibel. Von daher können sie insbesondere in erkenntnistheoretischen Zusammenhängen nur Verwirrung stiften, solange ihr Sinn nicht eindeutig festgelegt wird. Gewiß läßt sich sagen, daß wir 'irgendwie' auch die Dinge in der Wahrnehmung unmittelbar haben. Doch gerade auf die Bestimmung dieses unbestimmten 'irgendwie' kommt es an. Denn mit Frege läßt sich ebenfalls sagen, daß wir in der Wahrnehmung auch Vorstellungen 'irgendwie' haben, ja daß wir auch diese Vorstellungen, wie sich dann weiter herausstellte, in der Wahrnehmung 'irgendwie' unmittelbar haben.

Spätestens hier indessen muß man sich entscheiden, weil ja nicht beides zutreffen kann, da dies letztlich einen Widerspruch bedeuten müßte. Eben daran zeigt sich ein weiterer Vorteil der Differenzierung, die im vorigen entwickelt wurde, weil sie diesen Widerspruch nicht nur überhaupt vermeidet, sondern weil sie zudem durch die Art und Weise, wie sie ihn vermeidet, eine weitere erkenntnistheoretische Einsicht vermittelt.

Denn daß wir in der Wahrnehmung auch Vorstellungen 'irgendwie' unmittelbar haben, dies konnte nur bedeuten, daß wir sie dabei, wie gezeigt, unmittelbar gegeben haben. Daß wir dagegen auch die Dinge in der Wahrnehmung 'irgendwie' unmittelbar haben, dies kann nur bedeuten, daß wir sie dabei unmittelbar gegenständlich haben, bzw. daß wir sie dabei unmittelbar erkennen. Gewiß sind auch die Dinge in der Wahrnehmung 'irgendwie' unmittelbar, aber eben nicht unmittelbar gegeben, sondern unmittelbar gegenständlich bzw. unmittelbar erkannt. Und gewiß sind auch Vorstellungen in der Wahrnehmung 'irgendwie' unmittelbar, aber eben nicht unmittelbar gegenständlich oder erkannt, sondern unmittelbar gegeben.

Erst damit kann man dazu übergehen, jene angefangene Tabelle dementsprechend fortzuführen:

| unmittelbar | gegeben | gegenständlich bzw. erkannt |
|---|---|---|
|  | Innenwelt | Außenwelt |

Durch diese begriffliche Differenzierung zwischen Unmittelbarkeit im Sinne von unmittelbarer Gegebenheit von etwas und im Sinne von unmittelbarer Gegenständlichkeit bzw. Erkenntnis von etwas wird aber nicht nur jener Widerspruch vermieden. Durch sie wird ebenfalls erreicht, daß jetzt auch im Rahmen philosophischer *Theorie* sich *ergibt*, was ohnehin bereits vor jeder solchen Reflexion ein von uns allen unbezweifeltes, wenn auch noch unreflektiertes Faktum ist: Die Dinge der Außenwelt sind in der Wahrnehmung unmittelbare Gegenstände dieser Erkenntnis bzw. diese Wahrnehmung ist unmittelbare Erkenntnis dieser Gegenstände.

Und diese beiden Ergebnisse können zusammen als Bestätigung dafür in Anspruch genommen werden, daß genau die Art von begrifflicher Differenzierung, aus der sie sich ergeben, offenbar auch erforderlich ist. Gerade in Ermangelung derselben verfehlt jene Schlußtheorie den differenzierten Sinn von Unmittelbarkeit in der Wahrnehmung und verstrickt sich damit in die für sie unlösbare Problematik der Außenwelt, ja letztlich in den Solipsismus, womit sie sich als Theorie selbst *ad absurdum* führt.

Dies läßt sich indessen vermeiden, indem man sich klarmacht: In der Wahrnehmung als Ursprung äußerer Erfahrung bestehen zwischen den Dingen unserer Außenwelt und den Vorstellungen unserer Innenwelt offenbar Verhältnisse, deren besondere Komplexität auch die besondere Differenzierung von Begriffen erfordert, wie sie bisher in jener Tabelle entwickelt wurden.

Dies wird sich im folgenden noch weiter verdeutlichen. Vorerst sei nur auf einige Punkte verwiesen, die in erster Linie die Dinge betreffen. Wenn sich in dieser Tabelle für die Dinge ergibt, sie seien in der Wahrnehmung als äußerer Erfahrung unmittelbar erkannt bzw. unmittelbar gegenständlich, so ist es wichtig, sich nicht nur vor Augen zu halten, was damit behauptet, sondern auch, was damit nicht behauptet wird. Daß diese Dinge „unmittelbar gegenständlich" bzw. „unmittelbar erkannt" sind, bedeutet nämlich keineswegs, daß die Gegenständlichkeit bzw. die Erkenntnis dieser Dinge etwa überhaupt nicht vermittelt wäre. Es bedeutet vielmehr: Diese Gegenständlichkeit der Dinge ist *durch nichts Gegenständliches* bzw. diese Erkenntnis der Dinge ist *durch keine Erkenntnis* vermittelt, oder anders ausgedrückt: Es liegt hier tatsächlich der Ursprung von Erkenntnis *als solcher*, von Gegenständlichkeit *als solcher*.

Keineswegs also wird dadurch etwa verneint, daß die Wahrnehmung, die als unmittelbare Erkenntnis die Dinge zu unmittelbaren Gegenständen gewinnt, durch jene Vorstellungen vermittelt wird. Vielmehr wird dadurch lediglich verneint, daß dabei diese vermittelnden Vorstellungen selbst schon gegenständlich sind, bzw. daß dabei von solchen Vorstellungen als Gegenständen selbst schon Erkenntnis vorliegt; denn nur dann wäre die Gegenständlichkeit bzw. die Erkenntnis der Dinge, falls sie dabei überhaupt noch vorläge (Solipsismus), eine durch die Gegenständlichkeit bzw. durch die Erkenntnis dieser Vorstellungen selber lediglich vermittelte. Vielmehr ist Vorstellung dabei nur gegeben und vermag daher als solche, das heißt als selber weder gegenständliche noch erkannte gerade den Ursprung und damit die Unmittelbarkeit von Erkenntnis und Gegenständlichkeit zu vermitteln, die dann auch tatsächlich Erkenntnis oder Gegenständlichkeit von etwas ganz Anderem als von solcher Vorstellung sind.

Und daran zeigt sich sofort: Durch eben diese Differenzierung zwischen Gegebenheit und Gegenständlichkeit ist jenes Problem, an dem die Schlußtheorie scheiterte, zumindest im Ansatz gelöst: Wie kann Wahrnehmung von Dingen der Außenwelt durch Vorstellungen oder Sinnesdaten der Innenwelt vermittelt und dennoch als Wahrnehmung unmittelbar sein, nämlich unmittelbare Erkenntnis dieser Dinge als unmittelbarer Gegenstände?

Dieser ganz bestimmte Sinn, den Ausdrücke wie „unmittelbar gegenständlich" bzw. „unmittelbar erkannt" in dieser Tabelle besitzen, ergibt sich mithin daraus, daß in diesen Gesamtausdrücken sich das „unmittelbar" eben auf „gegenständlich" bzw. auf „erkannt" bezieht und auf nichts anderes. Durch diese Beziehung wird jeweils lediglich eine Vermittlung durch bereits Gegenständliches oder Erkanntes ausgeschlossen; eine Vermittlung durch solches hingegen, das selbst noch nicht gegenständlich oder erkannt ist, wird dabei durchaus zugelassen, etwa daß die Dinge der Außenwelt, wie bemerkt, durch Vorstellungen der Innenwelt „vermittelt gegeben" sind [4].

---

[4] So schließt auch jene Aussage, das Haus von Herrn Meier sei unmittelbar benachbart dem Haus von Herrn Müller, ja keineswegs aus, daß zwischen diesen beiden Häusern beispielsweise ein Baum oder Strauch steht, sondern lediglich, daß ein weiteres Haus dazwischen steht. Ausschließlich dadurch nämlich wären die genannten Häuser statt unmittelbar nur mittelbar benachbart.

Es ergibt sich damit also ferner, daß wir auch diese Kennzeichnung der Außenwelt in jene Tabelle aufnehmen können:

|  | gegeben | gegenständlich bzw. erkannt |
|---|---|---|
| unmittelbar | Innenwelt | Außenwelt |
| vermittelt | Außenwelt |  |

Ihren ganz bestimmten Sinn aber hat auch diese Kennzeichnung dadurch, daß in ihr sich das „vermittelt" ebenfalls nur auf „gegeben" bezieht. Sie besagt daher auch nicht etwa, es würden diese Dinge uns durch Gegenständliches vermittelt, womit ihre Gegenständlichkeit eine vermittelte wäre. Sie besagt vielmehr lediglich, daß uns die Dinge der Außenwelt durch etwas Gegebenes vermittelt sind, womit auch nur ihre Gegebenheit eine vermittelte ist. Und der besondere Sinn auch dieser Kennzeichnung der Dinge tritt noch deutlicher hervor, wenn man ihn mit dem besonderen Sinn der anderen Kennzeichnung der Dinge in Beziehung setzt und damit den Gesamtsinn der begrifflichen Differenzierungen in dieser Tabelle für die Dinge entfaltet.

Danach ist ein Ding der Außenwelt, das in der Wahrnehmung uns *unmittelbar gegenständlich*, von uns *unmittelbar erkannt* wird, uns für diese Erkenntnis *gegeben* gerade nicht unmittelbar — es vermag ja nicht aus seiner Außenwelt in unsere Innenwelt herüberzuwandern —, sondern durch die Vorstellungen unserer Innenwelt vermittelt. *Unmittelbar* kann ein solches Ding der Außenwelt uns prinzipiell niemals *gegeben*, sondern nur von uns *erkannt*, nur für uns *gegenständlich* werden. Ich kann mit einem solchen Ding anstellen, was immer ich will — es ist so prinzipiell ein Anderes als ich, daß mir dabei *gegeben* immer wieder nur Gehör-, Gesichts-, Geruchs-, Geschmacks- oder Tast-Empfindungen sind, die gleichsam als meine Teile unmittelbar zu mir gehören, niemals aber dieses Ding selbst, das ich vielmehr immer wieder nur zum *Gegenstand* meiner *Erkenntnis* besitze.

Eines solchen Dinges, das jeweils etwas anderes ist als wir selbst, überhaupt unmittelbar habhaft zu werden, wird uns deshalb immer nur im Hinüber einer ursprünglichen Bezugnahme möglich, eben im Bezug der Erkenntnis auf es als Gegenstand, niemals aber etwa umgekehrt im Herüber eines Gebens. Ein solches Haben von Dingen in der Wahrnehmung, das heißt in unmittelbarer *Erkenntnis* derselben als unmittelbarer *Gegenstände*, kann für uns also überhaupt nur dadurch bestehen, daß uns dabei unmittelbar *gegeben* gerade nicht diese Dinge selbst sind, sondern etwas, das umgekehrt wiederum ihnen gegenüber etwas prinzipiell anderes ist, eben die Vorstellung in unserer Innenwelt oder Sinnlichkeit, von der das Hinüber des Erkennens jeweils seinen Ausgang nimmt.

Durch die in der Innenwelt *unmittelbar* gegebenen Vorstellungen sind uns *vermittelt* gegeben die Dinge der Außenwelt, die freilich *gegenständlich* allererst *gemacht* werden müssen: Sie sind jeweils *aus* den gegebenen Vorstellungen in der Wahrnehmung als ursprünglicher und unmittelbarer Erkenntnis *zu* ursprünglichen und unmittelbaren *Gegenständen* zu *gewinnen*, nämlich jeweils durch diese Wahrnehmung selbst, die jedoch als jener spontane und intentionale Versuch auch mißlingen kann.

# C. EIN ANSCHEINEND HALTBARER LÖSUNGSVERSUCH

## I. Die Deutungstheorie

### § 14. Das Deuten als die Rolle des Verstandes beim Erkennen

Aus unserer Tabelle aber ergibt sich schließlich auch noch eine Antwort auf die Frage, worin denn nun eigentlich die Rolle besteht, die nach Frege wie nach Kant das Denken des Verstandes durch Begriffe bei der Wahrnehmung als äußerer Erfahrung spielt. Wie schon gezeigt, kann diese Rolle weder darin bestehen, daß der Verstand durch seine Begriffe die Vorstellungen der Sinnlichkeit nur verdeutlicht, wie jene Abbildtheorien meinen, weil dadurch diese äußere Erfahrung als ein Erkenntnisgebilde, das entweder wahr oder falsch ist, *überhaupt* nicht erklärt wird. Noch kann diese Rolle darin bestehen, daß der Verstand in der Wahrnehmung aus den Vorstellungen als Sinnesdaten nur schließt, wie jene Schlußtheorien meinen, weil dadurch diese äußere Erfahrung als *ursprüngliche* und *unmittelbare* Erkenntnis von Gegenständen der Außenwelt unerklärt bleibt.

Demgegenüber geht aus unserer Tabelle hervor: Es kann die Wahrnehmung ganz prinzipiell kein Schluß aus Sinnesdaten sein, weil der angeblich schließende Verstand dabei in Wahrheit diese Sinnesdaten selbst so wenig erkennt, so wenig zu Gegenständen gewinnt, daß er sie im ursprünglichen Hinüber der Wahrnehmung als unmittelbarer Erkenntnis von Dingen der Außenwelt jeweils von vornherein überschreitet und damit auch jeweils von vornherein über solche Innenwelt hinaus- und auf Außenwelt ausgeht. Und wie oben schon gezeigt, haben zumindest Kant und Frege sich dies bereits grundsätzlich klargemacht.

Doch weder bei Kant noch bei Frege findet sich ein Ausdruck, der die Wahrnehmung als diese besondere Vereinigung von Sinnlichkeit und Verstand, Vorstellung und Denken, Anschauung und Begriff, genau kennzeichnen würde. Gerade wenn doch feststeht, Wahrnehmung könne kein Schluß sein, so müßte sich der Ausdruck „Schluß" oder „Schließen" auch durch einen anderen Ausdruck ersetzen lassen, der das Wesen der Wahrnehmung, das dieser verfehlt, selber träfe. Und als angemessene Kennzeichnung der Wahrnehmung müßte dieser neue Ausdruck auch *ineinem* sicherstellen: Wahrnehmung ist nicht nur kein *Schlie-*

*ßen aus*, sondern sie ist, was dafür letztlich immer schon mit vorausgesetzt war, auch kein *Urteilen über* Sinnesdaten oder Vorstellungen.

Während nun aber Frege, wie es scheint, überhaupt nicht versucht hat, eine solche Kennzeichnung der Wahrnehmung zu finden, hat Kant zumindest einen Versuch dazu unternommen, der ihm jedoch mißlungen ist. Gleichwohl läßt sich selbst aus diesem Mißlingen, sofern man sich nur den Grund dafür klarmacht, noch genügend entnehmen, um diese angemessene Kennzeichnung zu finden.

Statt als Schluß oder Schließen versucht Kant seit der 1. Auflage der *Kritik* die Wahrnehmung als äußere Erfahrung vielmehr mit Hilfe des Ausdrucks „Bestimmung" oder „Bestimmen" zu kennzeichnen[1]. Diese Auffassung der Wahrnehmung als Bestimmung hat zunächst einmal ebenso wie die Auffassung derselben als Schluß einen Vorteil gegenüber jener Abbildtheorie. Denn anders als diese sind sie beide in der Lage, an dem Tatbestand festzuhalten, daß Wahrnehmung als Erkenntnis ein Gebilde darstellt, das entweder wahr oder falsch ist. Wie ein Schluß kann nämlich auch eine Bestimmung von 'etwas als etwas' grundsätzlich wahr oder falsch sein.

Gegenüber der Schlußtheorie hat diese Auffassung aber noch einen weiteren Vorteil: Sie wäre auch noch in der Lage, an dem Tatbestand festzuhalten, daß Wahrnehmung ursprüngliche und unmittelbare Erkenntnis ist. Denn ein Bestimmen muß als solches noch in keiner Weise ein Schließen bedeuten, das als Schließen aus Prämissen nur ein mittelbares Erkennen ist: Zwar muß alles Schließen immer auch ein Bestimmen sein, keineswegs aber etwa umgekehrt auch alles Bestimmen ein Schließen, so daß neben diesem als mittelbarem Bestimmen noch Platz bleibt für ein unmittelbares und ursprüngliches Bestimmen, das wir suchen.

So gewiß jedoch diese Auffassung der Wahrnehmung als Bestimmung jenen unlösbaren Schwierigkeiten ihrer Auffassung als Abbild oder Schluß entgeht, so gewiß trifft sie anderseits auf eine neue Schwierigkeit. Denn der Ausdruck „Bestimmung" führt in dieser Verwendung zu einer wesentlichen Zweideutigkeit, die durch den Sinn dieses Ausdrucks selbst bedingt ist und sich daher mit seiner Hilfe auch nicht bereinigen läßt.

Zwar ist dabei eindeutig, *wodurch* in der Wahrnehmung als äußerer Erfahrung bestimmt wird, nämlich durch den Begriff und damit durch das Denken des Verstandes. Zweideutig aber bleibt dabei, *was* durch diesen Begriff des Verstandes bestimmt wird. Dieselbe äußere Erfah-

[1] Vgl. z. B. B XVII; B 168 f.; A 266 f., B 322 f.; B 406; A 656, B 684.

rung als Wahrnehmung kennzeichnet Kant nämlich bald als ein Bestimmen von Dingen der Außenwelt [2] und bald als ein Bestimmen von Vorstellungen der Innenwelt [3], ohne daß man das eine zugunsten des anderen etwa einfach preisgeben könnte, weil dieses Bestimmen ja tatsächlich irgendwie beides betrifft.

Zur Klärung dieser Schwierigkeit greifen wir wieder auf das Beispiel jener Wahrnehmung eines Steins zurück. Sie hat die Form des wahren oder falschen Urteils „Dies ist ein Stein", das eine Bestimmung mit Hilfe des Begriffes „Stein" vornimmt. Von solchen Fällen äußerer Erfahrung sagt nun Kant: Der Begriff, der diese Bestimmung leistet, beziehe sich dabei „niemals auf einen Gegenstand unmittelbar, sondern auf irgendeine andere Vorstellung von demselben" (A 68, B 93), in diesem Fall auf sinnliche Anschauung. Das heißt dann aber: Der Begriff „Stein" bezieht sich in dem Urteil „Dies ist ein Stein" unmittelbar nicht auf diesen Stein, sondern auf die Anschauung, die mir dabei in meiner Sinnlichkeit unmittelbar gegeben ist. Und dies steht auch voll im Einklang damit, daß eben allein die *Erkenntnis selbst*, als das *Urteil im ganzen*, sich auf den Gegenstand unmittelbar bezieht, die jedoch als solche nur entspringt, sofern ihr nicht allein Anschauung der Sinnlichkeit, sondern auch Begriff des Verstandes zugrunde liegt.

Keines von beiden ist für sich selbst schon Erkenntnis, weder die Anschauung noch der Begriff. Von welchem dieser ihrer Bestandstücke man auch ausgeht — Erkenntnis selbst kommt jeweils nur vermittels des jeweils anderen zustande: „Gedanken ohne Inhalt sind leer. Anschauungen ohne Begriffe sind blind. Daher ist es ebenso notwendig, seine Begriffe sinnlich ... als seine Anschauungen sich [durch Begriffe] verständlich zu machen ... Nur daraus, daß sie sich vereinigen, kann Erkenntnis entspringen" (A 51, B 75 f., vgl. A 258, B 314).

Erkenntnis besteht nur als Zusammenspiel, nur in der Vereinigung dieser beiden Bestandstücke und ist damit in sich etwas Vermitteltes. Nur als eine solche interne Vermittlung entspringt jene extern-unmittelbare Beziehung auf einen Gegenstand, die dann Erkenntnis dieses Gegenstandes heißt. Indem der Begriff sich also unmittelbar nicht auf den Gegenstand, sondern auf die Anschauung als sinnliche Vorstellung bezieht, geht er mit ihr gerade die Vereinigung ein, die dann Erkenntnis ist und sich ihrerseits auf ihren Gegenstand dann unmittelbar bezieht.

Inwiefern jedoch ist diese Leistung des Verstandes, die Vereinigung des Begriffs mit Anschauung, eine *Bestimmung* solcher Vorstellung

---

[2] Z. B. in B XVII.
[3] B 142; B 168 f.; B 406; A 656, B 684; vgl. auch A 267, B 322 f.

*durch* den Begriff? Diese Frage stellt sich um so dringlicher, sofern man jenes Beispiel der Wahrnehmung eines Steins im Auge behält, welche die Form des wahren oder falschen Urteils „Dies ist ein Stein" hat, das eine Bestimmung mit Hilfe des Begriffes „Stein" vornimmt. Gerade wenn man nämlich einräumt, solcher Wahrnehmung von einem Ding in der Außenwelt liege sinnliche Vorstellung in der Innenwelt zugrunde, wird es fragwürdig, wie in solcher Wahrnehmung als einem solchen Urteil diese *Vorstellung* bestimmt werden könne. Was dabei wahrgenommen wird, oder worüber dieses Urteil spricht, ist ja keineswegs eine solche Vorstellung der Innenwelt, sondern ein Ding der Außenwelt. Und mit Hilfe des Begriffes „Stein" wird dabei auch keineswegs etwa eine solche Vorstellung als Stein bestimmt — wie sollte eine sinnliche Vorstellung in der Innenwelt auch jemals ein Stein sein können —, sondern ein Ding der Außenwelt.

Man tut gut daran, diese Schwierigkeit nicht einfach beiseite zu schieben. Sie schärft nämlich den Blick für eine Reihe weiterer Formulierungen, in denen Kant dasselbe Bestimmen noch ganz anders kennzeichnet. So sagt er zum Beispiel, daß dabei sinnliche Vorstellungen „als Gegenstände . . . gedacht werden" (A 248) oder daß man sie dabei „als ein Objekt ansehe" (A 200, B 245). Für sich allein genommen, ließen zwar auch diese Aussagen sich noch im Sinne jenes Unhaltbaren verstehen, als würden dabei diese sinnlichen Vorstellungen oder Anschauungen der Innenwelt als solche selbst bestimmt. Gleichwohl sind sie so gerade nicht gemeint. Solches Bestimmen von Anschauung zielt vielmehr darauf, nicht sie als das, was sie selbst ist, sondern „*durch sie*" (vgl. B XVII, A 50, B 74) *anderes* zu bestimmen, das sie selbst gerade nicht ist, nämlich die Dinge der Außenwelt.

Noch deutlicher wird das an Stellen, wo Kant etwa sagt, solches Bestimmen bestehe darin, „*zu* unseren Anschauungen irgend einen Gegenstand zu denken" (A 106). Daran wird endgültig klar, daß man nach Kant, um eine Wahrnehmung als äußere Erfahrung, und das heißt eine Erkenntnis wie „Dies ist ein Stein" zu erzielen, solche Anschauungen der Innenwelt „auf irgend etwas als Gegenstand *beziehen* und diesen *durch jene* bestimmen muß" (B XVII), das heißt *diesen*, der etwas *anderes* als Anschauung ist, *durch* solche Anschauung bestimmen muß. Anschauung selbst soll dabei gerade nicht das sein, was bestimmt wird, sondern das, was lediglich als eine Art von Material „genutzt" wird[4], um vermittels seiner etwas anderes als es selbst zu bestimmen.

---

[4] A 229, B 281, *Prolegomena*, Akad.-Ausg., Bd. 4, S. 291, *Grundlegung*, a. a. O., Bd. 4, S. 452.

Damit aber tritt die Zweideutigkeit dieser Verwendung des Ausdrucks „Bestimmen" deutlich hervor, weil im eigentlichen Sinne dieses Ausdrucks dabei Dinge der Außenwelt bestimmt werden sollen, weil dieses Bestimmen aber anderseits auch wieder irgendwie Vorstellungen der Innenwelt betreffen soll. Letzteres aber könnte immer wieder nur ein Bestimmen dieser Vorstellungen als solcher selbst bedeuten. Denn „Bestimmen" von „etwas als etwas" ist seinem Sinn nach darauf festgelegt, bei dem „etwas", das es „als etwas" bestimmt, jeweils stehen zu bleiben, so daß jenes Bestimmen eines anderen *zu* diesen Vorstellungen dann durch „Bestimmen" selber prinzipiell nicht mehr zum Ausdruck kommen kann.

Kant jedoch schwebt nachweislich ein Bestimmen vor, mit dem wir zwar bei Vorstellungen ansetzen, bei ihnen aber dennoch „nicht stehen bleiben", sondern mit Hilfe des Begriffs gerade über sie hinausgehen und im eigentlichen Sinne dieses Wortes etwas anderes bestimmen: nicht Vorstellungen der Innenwelt, sondern Dinge der Außenwelt (B XVII). Kant meint mithin ein ganz besonderes, nämlich ein überschreitendes Bestimmen, das jedoch der Ausdruck „Bestimmen" selber nicht zu kennzeichnen vermag, da er ein nichtüberschreitendes Bestimmen bezeichnet. Er stellt damit jedermann vor die Alternative, entweder ein Bestimmen von Außenwelt oder ein Bestimmen von Innenwelt mit ihm auszudrücken, und verweigert somit gerade die Kennzeichnung jener bestimmenden *Überschreitung* der Innenwelt *zur* Außenwelt.

Indessen gibt es einen Ausdruck, der den von Kant gemeinten Sinn einer ganz speziellen Bestimmung besitzt, nämlich den Ausdruck „deuten" oder „Deutung", der im Deutschen soviel wie „interpretieren" oder „Interpretation" bedeutet [5]. Denn solch ein Deuten ist ebenfalls ein Bestimmen, jedoch ein ganz spezielles dadurch, daß man beim Deuten von etwas gerade nicht bei diesem Etwas, das man deutet, stehen bleibt, sondern es gerade überschreitet und damit etwas prinzipiell anderes als es selbst bestimmt.

Dieser spezielle Sinn, wonach Wahrnehmung als Erfahrung von Dingen der Außenwelt eine Deutung von Vorstellungen der Innenwelt ist, wird im folgenden noch klarer hervortreten. Er läßt sich vorläufig an einem Beispiel erläutern, das Kant selbst als ein Modell dafür benutzt.

Diese Erfahrung als wahre oder falsche empirische Erkenntnis ver-

---

[5] Im Sinne von „zeigen" hingegen, in welchem „deuten" auch noch verwendet werden kann, bleibt dieser Ausdruck hier außer Betracht.

gleicht er generell mit einem ganz speziellen Fall solcher empirischer Erkenntnis, nämlich mit dem Lesen eines Textes, das als ein Deuten von Buchstaben vollzogen wird[6]. Solches Lesen nämlich ist etwas prinzipiell anderes als etwa Buchstabieren, denn was wir lesen, sind nicht Buchstaben, sondern ein Wort, ein Satz, ein Brief, und das heißt: jeweils der Sinn, den Buchstaben nur vermitteln. Lesen wir, etwa ein Wort, so sagen wir zum Beispiel „grün" und keineswegs etwa „Ge", „Er", „Ü", „En". Was wir durch solches Lesen bestimmen, und das heißt: was wir durch dieses empirische Erkennen zum empirischen Gegenstand gewinnen, sind keineswegs die Buchstaben, sondern ist ihr Sinn. Die Buchstaben werden im Lesen selbst vielmehr gerade nicht bestimmt, sondern gedeutet, und das heißt auf den dadurch eigentlich bestimmten Sinn hin überschritten.

Eben dieser Ausdruck „Deuten" trifft genau die besondere Art von Bestimmen, die Kant vorschwebt, wenn er versucht, die Wahrnehmung als Bestimmung von Vorstellung der Sinnlichkeit durch den Begriff des Verstandes angemessen zu kennzeichnen. Mit dieser Bestimmung meint er recht eigentlich eine Deutung der Vorstellung durch den Begriff, weil man in einer Wahrnehmung wie „Dies ist ein Stein", gerade indem man dabei bestimmenderweise einen Begriff wie „Stein" mit seiner Vorstellung vereinigt, nicht etwa diese Vorstellung selbst als Stein bestimmt und wahrnimmt, sondern lediglich durch sie, und das heißt durch ihre Deutung und damit durch ihre Überschreitung vielmehr ein Ding, eben jenen Stein.

Setzt dabei der Verstand mit seinem Begriff auch bestimmend bei ihr an, so erhebt er damit die Vorstellung in der Sinnlichkeit selbst doch nicht zum Gegenstand. Denn dazu müßte dieser Begriff für sich selbst schon Erkenntnis sein, was er jedoch nach Kant noch ebensowenig ist wie diese Vorstellung. Da ihm zur Erkenntnis vielmehr gerade diese Vorstellung noch fehlt (ebenso wie umgekehrt ihr der Begriff), unterwirft er sie sich zu diesem Zweck in der Deutung, läßt sich dabei aber seinerseits auf eine Verbindung mit ihr ein, die als Vereinigung von Vorstellung mit Begriff dann über bloße Vorstellung hinaus ist und als Erkenntnis etwas prinzipiell anderes, statt solcher Innenwelt vielmehr Außenwelt zum Gegenstand gewinnt. Man ist damit gerade nicht bei sich und seinen subjektiv-privaten Vorstellungen, sondern bei einem intersubjektiv-objektiven Ding.

Setzt man bei solcher Vorstellung mit einem Begriff zu einer Bestimmung auch nur an, so liegt eben damit bereits etwas vor, das als

[6] *Prolegomena*, Akad.-Ausg., Bd. 4, S. 312, vgl. A 314, B 370 f.

*Vereinigung* des Begriffes *mit* der Vorstellung über die *bloße* Vorstellung schon hinaus und beim Ding ist und somit als deutende Wahrnehmung eine ursprüngliche und unmittelbare Erkenntnis dieses Dings als unmittelbarem Gegenstand bildet, die deshalb in einem Urteil wie „Dies ist ein Stein" auch ganz angemessen zum Ausdruck kommt. Und die Vorstellungen, die in solcher Wahrnehmung als deutender Bestimmung überschritten werden, sind dabei etwas, das in solche Wahrnehmung nur eingeht, in dem Sinne, daß es dabei das eigentlich dadurch bestimmte und wahrgenommene Ding als Gegenstand nur „bezeichnet" oder „bedeutet"[7].

Genau entsprechend gehen auch Buchstaben in deutendes Lesen immer nur ein, indem sie den gelesenen und dadurch eigentlich bestimmten Sinn im Wort nur „bezeichnen" oder „bedeuten" und nicht etwa selbst das dabei Bestimmte oder Gelesene sind. Dem Lesen, das deutend über sie hinausgeht, bleiben vielmehr diese Buchstaben selber ganz unthematisch, sie werden ihm als solche niemals gegenständlich. Sie dienen dabei als ein bloßes Material von Zeichen, das Deutung sich so zur Verfügung stellt, daß sie als Lesen darüber hinweg zum Sinn, für den die Buchstaben stehen, hinüber gelangen kann.

Kants Versuche, diese besondere Art der Vereinigung von Sinnlichkeit und Verstand, Anschauung und Begriff in der Wahrnehmung als äußerer Erfahrung lediglich mit Hilfe des Ausdrucks „Bestimmung" zu kennzeichnen, scheitern daher notwendig daran: Solche Wahrnehmung wird gerade als Überschreitung der Sinnlichkeit durch den Verstand, der Anschauung durch den Begriff, von dieser Kennzeichnung eher verdeckt als aufgedeckt. Frege wiederum hat offenbar niemals versucht, für seine Auffassung der Wahrnehmung, obwohl er sich gerade über den besonderen Charakter derselben als einer solchen Überschreitung im klaren war, auch eine in dieser Hinsicht angemessene Kennzeichnung zu finden.

Daher ist es auch kein Zufall: Jene besondere Art des „Denkens", das die Wahrnehmung nach Frege überhaupt erst zu dem macht, was sie ist, wird durch genau dieselbe Kennzeichnung getroffen, die auch nach Kantischer Theorie der Wahrnehmung angemessen ist. Daß nach Frege unserer Wahrnehmung zwar Innenwelt zugrunde liegt, doch Außenwelt gegenständlich wird, heißt letztlich ebenfalls, daß wir dabei jeweils die sinnliche Vorstellung der Innenwelt durch unser Denken einer Deutung unterwerfen, durch die uns eben nicht dasjenige, was wir dabei deuten, sondern gerade etwas anderes zum Gegenstand wird.

[7] Vgl. z. B. A 190, B 235; A 495, B 523.

Die Innenwelt der Vorstellung zu deuten, heißt gerade, sie durch unser Denken auf etwas anderes, eben auf die Außenwelt der Dinge hin zu überschreiten, die es eigentlich sind, was durch solche Wahrnehmung dann wahrgenommen, was für solche Wahrnehmung dann gegenständlich wird.

Auch nach Freges Auffassung ist Wahrnehmung somit letztlich Deutung. Mit dieser aber hängt unmittelbar jene andere Auffassung Freges zusammen: Nur äußere Erfahrung ist Wahrnehmung, innere dagegen nicht; es sind nur Dinge der Außenwelt wahrnehmbar, nicht jedoch Vorstellungen der Innenwelt. Denn diese letztere Auffassung, die durch den Sprachgebrauch zwar gedeckt, im übrigen jedoch von Frege nur als These behauptet wird, läßt sich nunmehr aus der ersteren auch begründen. Wenn äußere Erfahrung als Wahrnehmung nämlich Deutung ist und mithin bei Außenwelt nur anlangt, indem sie Innenwelt überschreitet, so könnte innere Erfahrung, wäre sie ebenfalls Wahrnehmung von Innenwelt, auch bei dieser Innenwelt nur anlangen, indem sie eine andere, noch weiter zurückliegende, gleichsam eine 'noch innerere' Innenwelt durch Deutung überschritte.

Dies aber ist nicht möglich: Nicht nur weil es eine solche weitere Innenwelt, die dann in so etwas wie 'Sinnesdaten von Sinnesdaten' bestehen müßte, faktisch nicht gibt, sondern weil es sie auch prinzipiell nicht geben kann, da dies sofort einen unhaltbaren *regressus in infinitum* eröffnete. Und wie wir uns bereits an Hand jener Tabelle klargemacht haben, sind uns solche Sinnesdaten als sinnliche Vorstellungen in unserer Innenwelt eben unmittelbar gegeben, gleichsam als Teile von uns selbst; zu etwas schon Unmittelbarem aber kann es in der Tat nicht etwas 'noch Unmittelbareres' geben.

Damit aber ist es dann auch unmöglich, so wie die äußere auch die innere Erfahrung als Wahrnehmung und somit als Deutung aufzufassen. Denn solch ein Material von Sinnesdaten höherer Stufe, durch deren Deutung und Überschreitung sie Wahrnehmung der eigentlichen Sinnesdaten wäre, kann ihr aus dem genannten Grund von vornherein nicht zur Verfügung stehen. Das Wesen innerer Erfahrung, die man so leichthin als „Introspektion" oder „innere Wahrnehmung" zu bezeichnen pflegt und damit auch schon zu verstehen meint, erweist sich damit als ein schwieriges Problem, auf das im Rahmen dieser Einführung hier nur noch hingedeutet werden kann.

Schließlich ist diese Auffassung der Wahrnehmung als Deutung auch noch in der Lage, zu erklären, daß äußere Erfahrung als Wahrnehmung wahr oder falsch werden kann. Nur darin nämlich, daß solche äußere Erfahrung oder Wahrnehmung als eine Deutung, und das heißt als eine Überschreitung von Innenwelt in Außenwelt erfolgt, liegt nach Frege der Grund dafür, daß uns bei diesen „Ausflügen in die Außenwelt . . . der Zweifel nie ganz verläßt", weil wir dabei ständig „der Gefahr des Irrtums" ausgesetzt bleiben.

Das heißt: Wahrnehmung kann als sogenannte „Sinnestäuschung" auch Wahrnehmungsirrtum sein, weil sie als Deutung über Innenwelt hinaus auf ein Ding der Außenwelt zwar prinzipiell zielt, dieses Ding dabei jedoch nicht nur als wahre Erkenntnis erzielen, sondern als falsche auch verfehlen kann. Zwar intendiert sie als Erkenntnis prinzipiell nur die Erzielung eines Dings und niemals etwa seine Verfehlung, das heißt: Zwar intendiert sie als Erkenntnis prinzipiell nur Wahrheit und niemals etwa auch Falschheit. Indem sie dies jedoch gerade als Deutung intendiert, ist sie eben nicht nur Wahrheits*intention*, sondern gleicherweise auch Wahrheits*risiko*, weil solche Deutung auch Mißdeutung sein und damit irrtümlich, das heißt unintendiert zur Falschheit führen kann.

Die innere Erfahrung dagegen intendiert zwar ebenfalls Wahrheit, aber eben Wahrheit über die Innenwelt selbst. Im Gegensatz zu jener äußeren Erfahrung gilt von der inneren also sehr wohl, daß wir darin bei dieser Innenwelt „stehen bleiben", sie selbst zum Gegenstand gewinnen und somit nicht durch Deutung überschreiten. Um sie selber zu vergegenständlichen bzw. zu erkennen, überschreiten wir aber auch nicht, wie schon ausgeführt, eine 'noch innerere' Innenwelt, so daß wir Innenwelt — als wäre sie das Unding einer 'inneren Außenwelt' — daraus erst erzielen oder auch verfehlen könnten. Indem sie also nicht durch deutende Überschreitung von etwas zu ihrem Gegenstand gelangt, setzt innere Erfahrung sich dabei auch von vornherein gar keinem Risiko aus.

Ganz konsequent stellt daher Frege äußere und innere Erfahrung einander folgendermaßen gegenüber. Die äußere Erfahrung hat nach ihm als Wahrnehmung ein Wesensmerkmal darin, daß sie als Deutung und damit als Überschreitung der Innenwelt in die Außenwelt nicht nur wahr, sondern im Falle des Wahrnehmungs- oder Deutungsirrtums *auch falsch* werden kann. Demgegenüber hat nach Frege die innere Erfahrung, die keine Deutung und damit auch keine Überschreitung von Innenwelt ist, das genau entgegengesetzte Wesensmerkmal, nämlich daß sie *niemals* durch Irrtum auch falsch, sondern immer nur wahr werden kann: „Daß ich den Gesichtseindruck des Grünen habe, kann mir nicht zweifelhaft sein, daß ich aber ein Lindenblatt sehe, ist nicht so sicher. So finden wir im Gegensatz zu weit verbreiteten Meinungen in der Innenwelt Sicherheit" (K, S. 358). Damit gibt Frege von der inneren Erfahrung, obwohl er sie nur negativ als etwas charakterisiert, das keine Wahrnehmung sein kann, und ihren positiven Charakter offen läßt, doch ein Wesensmerkmal an, das auch nach Kant dem „Wahrnehmungsurteil" als der Form der inneren Erfahrung zukommt [8].

## § 15. Kritischer Rückblick auf die Schlußtheorie und Lösung ihres Außenweltproblems

Die im vorigen entwickelte Auffassung, Erfahrung von Außenwelt sei als Wahrnehmung jeweils Deutung von Innenwelt, nennen wir kurz die Deutungstheorie. Aus ihrer Perspektive werfen wir noch einmal einen vergleichenden Rückblick auf jene andern Theorien der äußeren Erfahrung, zunächst auf die Schlußtheorie. Die Deutungstheorie ist dieser Schlußtheorie schon allein dadurch überlegen, daß sie zwar alle Vorteile derselben, doch keinen ihrer Nachteile besitzt, ja daß sie sogar jeden dieser Nachteile durch einen eigenen Vorteil ersetzt.

Wie die Schlußtheorie vermag sie nämlich daran festzuhalten, daß äußere Erfahrung als Wahrnehmung im vollen Sinne ein Erkenntnisgebilde darstellt, das entweder wahr oder falsch ist. Anders als die Schlußtheorie aber braucht sie dafür den Charakter der Unmittelbarkeit und Ursprünglichkeit der äußeren Erfahrung als Wahrnehmung so wenig preiszugeben, daß vielmehr gerade sie ihn überhaupt erst zu erklären und damit sogar begründeterweise aufrechtzuerhalten vermag. Nicht nur ist Wahrnehmung als Deutung ebenso wie als Schluß ein Gebilde, das entweder wahr oder falsch wird; als Deutung wird sie dies auch ursprünglich und unmittelbar, weil jene Anschauung und jener Begriff, die sich jeweils zu ihr verbinden, für sich selbst noch keinen Erkenntnischarakter besitzen. Dadurch unterscheiden sie sich prinzipiell von jenen Prämissen als Urteilen oder Sätzen, die als wahre oder falsche selbst schon Erkenntnischarakter besitzen, so daß Wahrnehmung, als Schluß aus ihnen abgeleitet, selbst nicht mehr ursprüngliche und unmittelbare Erkenntnis wäre, sondern nur vermittelte.

Wie die Schlußtheorie vermag die Deutungstheorie ferner daran festzuhalten, daß der äußeren Erfahrung als Wahrnehmung jene Anschauungen oder sinnlichen Vorstellungen, kurz jene Sinnesdaten zu-

---

[8] Vgl. dazu oben S. 48 und Anm. 2. In der dort genannten Abhandlung bin ich im Zusammenhang mit Kants Theorie des „Wahrnehmungsurteils" ausführlich auf die innere Erfahrung eingegangen.

grunde liegen. Anders als die Schlußtheorie aber braucht sie auch dafür
den Charakter der Unmittelbarkeit und Ursprünglichkeit der äußeren
Erfahrung als Wahrnehmung so wenig preiszugeben, daß vielmehr
gerade sie ihn überhaupt erst zu erklären und damit sogar begründeterweise aufrechtzuerhalten vermag. Nicht nur ist Wahrnehmung als
Deutung ebenso wie als Schluß ein Gebilde, welches durch etwas vermittelt wird. Sie bleibt dabei dennoch ursprünglich und unmittelbar.
Denn als Deutung der vermittelnden Sinnesdaten gewinnt sie nicht
etwa schon diese Innenwelt selbst zum Gegenstand, so daß sie die Dinge der Außenwelt, falls überhaupt, nur noch dadurch vermittelt zu
Gegenständen gewinnen könnte. Als deutende Überschreitung dieser
Innenwelt gewinnt sie vielmehr allererst die Dinge der Außenwelt
selbst und diese somit ursprünglich und unmittelbar zu Gegenständen.

Wieweit indessen die Deutungstheorie der Schlußtheorie überlegen
ist, tritt in vollem Umfang erst hervor, wenn man beide auch noch im
Hinblick auf jene Problematik der Existenz unserer Außenwelt miteinander vergleicht, in die sich die Schlußtheorie verstrickt. Es läßt sich
nämlich zeigen, daß die Deutungstheorie dieser Problematik, die für
die Schlußtheorie unlösbar bleibt, zu entgehen vermag[1].

Wie schon bemerkt, sind zunächst einmal beide diese Theorien jener
Abbildtheorie darin überlegen, daß sie an der Wahrnehmung oder

[1] Bis heute verfällt man immer wieder der Meinung, man müsse eigentlich
leugnen, daß äußere Erfahrung als Wahrnehmung von Außenwelt auf Sinnesdaten beruhe. Denn man meint, sonst auch zugeben zu müssen, daß innere Erfahrung dann eigentlich unmittelbar und ursprünglich und damit äußere
Erfahrung als Wahrnehmung gerade keine unmittelbare und ursprüngliche
Erkenntnis von Außenwelt sei, eine Meinung, welche Deutungstheorie als
fundamentalen Irrtum erweist. Er findet sich bei Heidegger (vgl. *Sein und
Zeit*, z. B. S. 163 f.) ebenso wie in der angelsächsischen Tradition seit Locke
und Hume z. B. bei G. E. Moore (*Eine Verteidigung des Common Sense*,
Frankfurt 1969, vgl. S. 81 mit S. 92) und bei G. Ryle (*Der Begriff des Geistes*,
Stuttgart 1969, S. 290, S. 306 ff., S. 313—319) und deren Anhängern (vgl.
z. B. E. von Savigny, *Analytische Philosophie*, Freiburg/München 1970, S.
147—151). Trotz entschiedener Gegnerschaft zu Descartes bleiben sie alle
damit gänzlich von ihm abhängig, weil sie seinen eigentlichen Fehler nicht
sehen, der keineswegs in der Annahme zugrundeliegender Sinnesdaten besteht,
sondern allein in der Auffassung von Wahrnehmung als Schluß daraus. Ein
jeder von ihnen vermag daher auch Erkenntnistheorie, statt sie in Freiheit von
Descartes produktiv fortzusetzen, vielmehr nur noch herabzusetzen und als
Disziplin der Philosophie letztlich totzusagen, ein gänzlich unberechtigtes
Verdikt, das sich im 20. Jahrhundert bis heute nicht nur für Erkenntnistheorie,
sondern für Philosophie überhaupt geradezu lähmend auswirkt.

äußeren Erfahrung als einem wahren oder falschen Erkenntnisgebilde festzuhalten vermögen. Gerade diese Tatsache jedoch, daß solche Wahrnehmung auch falsch werden kann, war spätestens seit den *Meditationen* von Descartes immer wieder der Ausgangspunkt für eine Überlegung, die am Ende zur Auffassung der Wahrnehmung als Schluß führte und damit in jene Problematik der Außenwelt. Demnach gilt es zu zeigen, daß und wie die Deutungstheorie, obwohl auch sie jener Tatsache der möglichen Falschheit der Wahrnehmung Rechnung trägt, diese problematische Konsequenz vermeidet. Dazu sei jene Überlegung, welche als die Cartesianische Zweifelsbetrachtung [2] berühmt geworden ist, im Prinzip und in Kürze zusammengefaßt, soweit sie für den hier verfolgten Zweck von Bedeutung ist.

Daß Wahrnehmung als äußere Erfahrung auch falsch werden kann, ist uns durch die Fälle sogenannter Sinnestäuschung hinlänglich bekannt, die letztlich Fälle von Wahrnehmungsirrtum sind. Dies jedoch, daß solche Wahrnehmung grundsätzlich auch falsch werden kann, bedeutet, daß sie grundsätzlich, das heißt auch in den Fällen, wo sie wahr sein mag, niemals gewiß ist, daß es von daher vielmehr grundsätzlich Sinn hat, ihre Wahrheit zu bezweifeln. Grundsätzlich keinen Sinn dagegen hat es, zu bezweifeln, daß wir in solcher Wahrnehmung, auch in den Fällen, wo sie als Sinnestäuschung oder Wahrnehmungsirrtum falsch sein mag, jeweils eine gewisse Empfindung haben. Denn auch dabei, wie Descartes dies in den *Meditationen* ausdrückt, „scheint es mir doch, als ob ich sähe, hörte, Wärme fühlte, das kann nicht falsch sein, das eigentlich ist es, was an mir Empfinden genannt wird". [3]

Das heißt: Solches Empfinden, das eigentlich zunächst nur Sinnesdatum ist, das Descartes jedoch sogleich mit innerer Erfahrung *von* Sinnesdaten gleichsetzt, — solche innere Erfahrung kann im Gegensatz zu äußerer Erfahrung nicht falsch sein und ist damit grundsätzlich unbezweifelbar und gewiß. Und sowohl vor als auch nach Descartes waren namhafte Philosophen sich in dieser Auffassung der inneren Erfahrung einig [4].

Descartes jedoch nimmt dies zum Anlaß für einen weiteren und ganz entscheidenden Schritt: Jene äußere Erfahrung, die wahr oder falsch und im Gegensatz zur inneren Erfahrung somit *nicht gewiß* ist, faßt

---

[2] Im ganzen vgl. dazu besonders die erste und zweite der *Meditationen*.
[3] Vgl. Descartes, a. a. O., Bd. 7, S. 24.
[4] Vor Descartes vgl. z. B. Platon, *Theaitetos* 159 A ff., 179 C; Aristoteles, *De anima* 418 a 11 ff., 427 b 11 ff.; nach Descartes z. B. Kant und Frege, wie schon bemerkt.

Descartes von hier aus als *ungewiß* auf. Und diese ihre Ungewißheit wiederum versteht er dann als Ungewißheit eines Schlusses aus Prämissen: Als innere Erfahrung von Sinneseindrücken sind diese Prämissen selbst zwar gewiß, ein Schluß daraus auf bestimmte Ursachen dieser Sinneseindrücke aber ist in der Tat ungewiß.

Zur Beurteilung dieser Überlegung ist es nun wichtig, sich vor Augen zu führen, daß sie einen fundamentalen Fehler enthält [5], den trotz seiner diesbezüglichen Gegnerschaft zu Descartes (z. B. A 367 ff.) auch Kant nicht aufdeckt, geschweige denn bereinigt. Zwar trifft es zu, wie Kant bemerkt, daß diese Überlegung fälschlicherweise die innere Erfahrung als unmittelbare Erkenntnis ansetzt und die äußere als bloß vermittelte; dies jedoch ist lediglich eine Folge davon, daß sie die äußere Erfahrung fälschlicherweise als Schluß auffaßt. Der entscheidende Fehler liegt somit ausschließlich in dem Grunde selbst, aus dem Descartes sich bei dieser Überlegung zur Auffassung der Wahrnehmung als Schluß veranlaßt sieht.

Deshalb ist auch Kant mit seiner Entscheidung, die äußere Erfahrung als unmittelbare Erkenntnis festzuhalten und ihr gegenüber umgekehrt die innere Erfahrung als vermittelte anzusetzen (B 274 ff.), zwar in der Lage, die Schlußauffassung der Wahrnehmung von vornherein zu vermeiden. Dieses nun umgekehrte Verhältnis zwischen äußerer und innerer Erfahrung selbst aber wird bei ihm nicht recht verständlich [6]. Denn so wie sich das erstere Verhältnis zwischen äußerer

[5] Dies darf indes nicht mißverstanden werden. Damit wird nicht etwa behauptet, äußere Erfahrung könne überhaupt nicht als Schluß auftreten und somit überhaupt nicht ungewiß sein. Selbstverständlich kommt äußere Erfahrung oft genug als ungewisser Schluß zum Beispiel von wahrgenommenen Wirkungen auf nicht wahrgenommene Ursachen derselben zustande. Damit wird vielmehr lediglich behauptet, der *Ursprung* äußerer Erfahrung als Wahrnehmung könne nicht in einem solchen ungewissen Schluß aus wahrgenommenen Sinnesdaten als Wirkungen auf nicht wahrgenommene Ursachen derselben bestehen. Vgl. z. B. Kant: „Schlüsse, *aus* Erfahrung *gezogen*, müssen nicht mit Erfahrungen verwechselt werden" (R 2744, Akad.-Ausg., Bd. 16, S. 495, kursiv vom Verf.).

[6] Daher ist nach Kant die noch offene Stelle in unserer Tabelle durch „Innenwelt" auszufüllen, die zwar unmittelbar gegeben wird, doch immer nur vermittelt erkannt bzw. gegenständlich werden kann. Sinn und Begründung dieses Ergebnisses aber sind bis heute noch ein Problem. Einen Versuch zur Lösung habe ich in meiner Abhandlung *Erscheinung bei Kant* unternommen, dessen Wiederholung oder gar Weiterführung jedoch den Rahmen einer bloßen Einführung in Erkenntnistheorie sprengen würde.

und innerer Erfahrung seit Descartes aus jener Schlußauffassung ergab und von daher verständlich war, so müßte sich auch seine Umkehrung bei Kant aus dessen neuer Deutungstheorie ergeben und ebenfalls daraus verständlich werden.

Gerade sie jedoch hat Kant bis zuletzt nicht mehr ins reine bringen und damit auch nicht mehr erklären können, *warum* die innere Erfahrung gegenüber der äußeren, ja sogar *durch* äußere Erfahrung vermittelt sein muß [7]. Und im Zusammenhang damit hat Kant auch jenen fundamentalen Fehler nicht aufzudecken vermocht, der deshalb weiterhin und offenbar bis heute unentdeckt geblieben ist.

Diesen Fehler aber, der zu jener unhaltbaren und folgenschweren Schlußauffassung der Wahrnehmung veranlaßt, gilt es aufzudecken und zu bereinigen. Und seine Bereinigung führt auch tatsächlich, wie sich zeigen wird, statt zu jener Schlußtheorie vielmehr zur Deutungstheorie der Wahrnehmung. Daß aber schon allein seine Aufdeckung bis heute noch aussteht, ist allerdings nicht verwunderlich. Zwar handelt es sich dabei um einen rein formallogischen Fehler. Er kommt jedoch durch ein Stück Umgangssprache zustande, das nicht nur so geläufig ist, daß es uns diesen Fehler verdeckt, sondern vor allem auch so fixiert, daß er sich in dieser Umgangssprache selbst kaum bereinigen läßt, nämlich durch den umgangssprachlichen Gegensatz von „ungewiß" und „gewiß". Da jedoch Philosophie inzwischen schon öfters auf solche Irreführungen durch Umgangssprache aufmerksam geworden ist, dürfte sich auch der Blick für diesen Fehler leicht schärfen lassen.

Um ihn zu entdecken, gilt es zunächst zu fragen: Was genau ist eigentlich mit einem Begriff wie „Gewißheit" oder „gewiß" gemeint? Was müßte Wahrnehmung als äußere Erfahrung sein, wenn ihr Gewißheit zukäme? Oder umgekehrt gefragt: Was genau wird dieser Wahrnehmung eigentlich abgesprochen, wenn man feststellt, daß sie nicht gewiß ist?

Um dies zu verdeutlichen, greifen wir wieder auf unser Beispiel einer einfachen Wahrnehmung zurück, auf die Wahrnehmung eines Steins. Deren Formulierung zeigt: Sie hat die Form des wahren oder falschen Urteils „Dies ist ein Stein", und der Einfachheit halber nehmen wir zunächst einmal an, diese Wahrnehmung bzw. dieses Urteil sei wahr. Was hieße es nun, diese Wahrnehmung bzw. dieses Urteil darüber hin-

---

[7] Deshalb hat ihn auch die „Widerlegung des Idealismus" (B 274 ff.), in deren Rahmen er dies immer wieder versuchte, bis in die spätesten *Reflexionen* seiner letzten Tage hinein geradezu verfolgt, vgl. z. B. Akad.-Ausg., Bd. 18, S. 607 bis Schluß.

aus als gewiß aufzufassen? Da in der Formulierung eines Urteils wie
„Dies ist ein Stein" der Sinn solcher Gewißheit noch in keiner Weise
zum Ausdruck kommt, könnte dies wieder nur heißen, daß er lediglich
implizit darin enthalten ist. Wie also wäre eine Formulierung wie
„Dies ist ein Stein" dann umzuformulieren, um den nur impliziten
Sinn von Gewißheit darin zu explizieren?

Die Antwort darauf kann nur lauten: Wäre eine Wahrnehmung
bzw. ein Urteil wie „Dies ist ein Stein" gewiß, so kämen sie in ihrem
Vollsinn erst dadurch zum Ausdruck, daß man nicht bloß sagte „Dies
ist ein Stein", sondern statt dessen vielmehr sagte „Dies muß ein Stein
sein" oder „Dies kann nichts anderes als ein Stein sein" oder in kür-
zester Formulierung: „Dies ist notwendigerweise ein Stein", — „ein
Irrtum ist unmöglich". Solch eine Wahrnehmung oder solch ein Urteil
für gewiß zu halten, heißt mithin, sie nicht nur für wahr, sondern für
notwendig wahr zu halten [8]. Daran zeigt sich: Der entscheidende Sinn
von Gewißheit ist ein modaler Sinn. Im Hinblick auf die Modalkate-
gorien fällt so etwas wie „Gewißheit" unter die Kategorie der Notwendigkeit. Mit der Gewißheit einer Wahrnehmung oder eines Urteils
wie „Dies ist ein Stein" ist ihre Wahrheit als notwendige gemeint. Gewißheit ist hier Wahrheit im Modus der Notwendigkeit.

Schon daran aber erweist sich Umgangssprache als irreführend.
Denn der einfache Ausdruck „gewiß" täuscht vor, er habe auch einen
einfachen Sinn, während er doch in Wirklichkeit den komplexen Sinn
„notwendig wahr" besitzt.

Daran verdeutlicht sich weiter, warum der Wahrnehmung gerade
diese Gewißheit, und das heißt jetzt: gerade diese Notwendigkeit
ihrer Wahrheit — und übrigens auch ihrer Falschheit, wenn sie falsch
ist — grundsätzlich abgesprochen werden muß. Daß es auch jene Fälle
sogenannter Sinnestäuschung, nämlich die Fälle von Wahrnehmungsirrtum gibt, daran zeigt sich: Wahrnehmung kann grundsätzlich auch
falsch sein und kann eben deshalb auch in den Fällen, wo sie wahr sein
mag, doch grundsätzlich nicht notwendig wahr, nicht gewiß sein. Auch
alle jene Fälle von Sinnestäuschung oder Wahrnehmungsirrtum sehen
nämlich zunächst einmal, das heißt solange sie noch nicht als Täuschung
oder Irrtum erkannt sind, ganz wie wahre Wahrnehmung aus. Das bedeutet, wie Kant dies einmal treffend ausdrückt, daß einem einzelnen

---

[8] Daß „gewiß" soviel wie „notwendig wahr" bedeutet, klingt bei Descartes
selbst schon gelegentlich an, so z. B. in dem Ausdruck „necessario . . . verum"
(a. a. O., Bd. 7, S. 18, S. 21), der jedesmal, wie aus dem Kontext hervorgeht,
den Sinn von „haud dubie" oder „certum" weiter expliziert.

„Urteile an ihm selbst weder die Wahrheit noch der Irrtum angesehen werden kann" (A 155, B 194). Auch als wahr geltende Wahrnehmung ist daher stets der grundsätzlichen Möglichkeit ausgeliefert, als Wahrnehmungsirrtum erkannt zu werden, und umgekehrt.

Schließlich aber verdeutlicht sich daran auch noch: Jener fundamentale Fehler unterläuft als prinzipielles Mißverständnis des neuen Sinnes, den die Wahrnehmung bekommt, wenn man ihr — und sicherlich mit Recht — Gewißheit abspricht. Ohne Zweifel trifft es zu, daß im genannten Sinne Wahrnehmung niemals gewiß sein kann. Dies jedoch, daß sie nicht gewiß ist, heißt noch keineswegs, daß Wahrnehmung etwa ungewiß wäre. Genau in diesem Sinne aber wird dies immer wieder aufgefaßt [9]. Die einmal begonnene Irreführung durch Umgangssprache nämlich findet dabei ihre geradezu fatale Fortsetzung: Indem man immer wieder lediglich von dem einfachen Ausdruck „gewiß" ausgeht, wird man von ihm darüber hinweggetäuscht, daß er gleichwohl den komplexen Sinn „notwendig wahr" besitzt. Nur deshalb aber erliegt man dann auch immer wieder der Täuschung, als gäbe es zu „gewiß" nur ein einziges Gegenteil, als fiele der Sinn von „nicht gewiß" mit dem von „ungewiß" einfach zusammen, als bestünde hier eine echte Alternative.

Hält man sich dagegen vor Augen, daß „gewiß" recht eigentlich soviel wie „notwendig wahr" bedeutet, so zeigt sich sofort, daß dies keineswegs zutrifft. Als das konträre Gegenteil zu „gewiß" im Sinne von „notwendigerweise wahr" bedeutet „ungewiß" nämlich nichts anderes als bloß „möglicherweise wahr". Doch wenn Wahrnehmung nicht gewiß, nicht notwendigerweise wahr ist, so bedeutet dies noch lange nicht, daß sie deshalb etwa schon ungewiß, bloß möglicherweise wahr ist. Muß ihre Wahrheit aus dem Modus der Notwendigkeit auch ausscheiden, so heißt dies durchaus nicht, sie müsse damit in den Modus der bloßen Möglichkeit eintreten. Denn zwischen diesen beiden liegt als dritter nämlich noch der Modus der Wirklichkeit: Die Verneinung „nicht notwendig" kann außer „möglich" auch noch „wirklich" bedeuten. Die Verneinung „nicht gewiß" sogleich mit „ungewiß" im Sinne von „möglicherweise wahr" gleichzusetzen, bedeutet somit nichts Geringeres als den formallogischen Fehler, kontradiktorisches und konträres Gegenteil zu verwechseln.

Freilich ist dies auch kaum zu vermeiden, solange man sich dabei der Fixierung durch geläufige Umgangssprache überläßt: Sie beginnt bereits mit der Prägung des Ausdrucks „gewiß" und seinem scheinbar

---

[9] Vgl. Descartes, a. a. O., Bd. 7, S. 9, S. 13, S. 220, S. 233, S. 503.

einfachen Sinn und vollendet sich in der ebenso scheinbaren Alternative von „ungewiß" und „gewiß", die umgangssprachlich kaum noch zu
durchbrechen ist [10]. Denn Umgangssprache läßt für den Ausdruck „gewiß" offenbar keine sprachliche Modifikation zu, die geeignet wäre,
zwischen „gewiß" im Sinne von „notwendigerweise wahr" und „ungewiß" im Sinne von „möglicherweise wahr" den ganz spezifischen Sinn
von „wahr im Modus der Wirklichkeit" als jene dritte Möglichkeit
wiederzugeben. Einen Ausdruck, der diesen Sinn in einer Kürze formulierte, die derjenigen vergleichbar wäre, mit der die Ausdrücke
„gewiß" und „ungewiß" ihren Sinn formulieren, besitzen wir offenbar
überhaupt nicht. Wir sind vielmehr gezwungen, diesen Sinn verhältnismäßig ausführlich und umständlich als „wirklicherweise wahr" oder
als „wahr im Modus der Wirklichkeit" zu umschreiben.

Eben dieser formallogische Fehler aber, die Verwechslung von kon-
trärem und kontradiktorischem Gegenteil, ist der entscheidende, weil
fundamentale Fehler der Schlußtheorie. Denn „nicht gewiß" sofort mit
„ungewiß" gleichzusetzen und damit im Sinne von „möglicherweise
wahr" zu verstehen, genau darin liegt der Grund dafür, solche „ungewisse" und mithin nur „möglicherweise wahre" Wahrnehmung als
einen Schluß aufzufassen.

Auch dies läßt sich gut an unserem Beispiel erläutern. Wäre eine
Wahrnehmung wie „Dies ist ein Stein" gewiß, so hätte sie, wie schon
bemerkt, den impliziten Sinn, der in voller Explikation nicht „Dies ist
ein Stein" lauten könnte, sondern nur „Dies ist notwendigerweise ein
Stein". Daß sie nun aber im Gegenteil „ungewiß" sein soll, dies könnte
entsprechend nur heißen, es habe solche Wahrnehmung, wie schon
früher bemerkt, vielmehr den impliziten Sinn, der in voller Explikation nicht „Dies ist ein Stein" lauten könnte, sondern nur „Dies ist
möglicherweise ein Stein".

Eben diesen Sinn von Ungewißheit aber kann jemand, der ihn für
solch einen Normalfall wahrer Wahrnehmung ernstlich vertritt, nicht
einfach in dieser schlichten und uninterpretierten Weise vertreten, weil
diese Ungewißheit dann geradezu auf eine Lächerlichkeit hinausläuft.
Denn expliziert man diesen ihren Sinn noch weiter, so würde eine
Wahrnehmung wie „Dies ist ein Stein" soviel bedeuten wie „Dies, *was
ich hier sehe*, ist möglicherweise ein Stein". Doch jemand, der ohne An-

---

[10] Die Fixierung durch solche Umgangssprache wird bei Descartes besonders deutlich: In der falschen Alternative von „gewiß" und „ungewiß" bleibt
er stehen, obwohl er den komplexen Sinn von „gewiß", der den Ausweg aus
ihr weist, gelegentlich schon formuliert (vgl. oben Anm. 8).

laß so etwas ernsthaft sagt, darf sich nicht wundern, wenn er als Reaktion darauf zu hören bekommt: „Nun, dann sieh doch noch einmal genauer hin". Und daran zeigt sich nichts anderes, als daß es letztlich auf eine Absurdität hinausläuft, die Wahrnehmung, welche nicht gewiß ist, als ungewiß aufzufassen, weil ein Urteil wie „Dies, was ich hier sehe, ist möglicherweise ein Stein" in dieser Wörtlichkeit als Wiedergabe des Sinns von „Dies ist ein Stein" letztlich Unsinn ist[11].

Um diesem Urteil und damit auch dieser Auffassung der Wahrnehmung als ungewiß einen Sinn zu bewahren, bedarf es daher der Interpretation, was unter solcher Wahrnehmung eigentlich verstanden werden soll, einer Interpretation, die eigentlich nur auf eine Modifikation des ursprünglichen Sinns von Wahrnehmung selbst hinauslaufen kann. Denn eine Wahrnehmung wie die von diesem Stein ist in Form eines Urteils wie „Dies ist ein Stein" ihrem ursprünglichen Sinn nach Wahrnehmung von Außenwelt, Urteil über Außenwelt. Eben darin liegt der Grund dafür, daß die Auffassung von „Dies, was ich hier sehe, ist ein Stein" im Sinne von „Dies, was ich hier sehe, ist möglicherweise ein Stein" schlechterdings Unsinn ist.

Um ihn zu vermeiden, gilt es gerade, diesen ursprünglichen Sinn der Wahrnehmung als unmittelbarer Erkenntnis von Außenwelt preiszugeben. Und in eben dieser Modifikation besteht die Interpretation, mit deren Hilfe die Schlußtheorie für die Wahrnehmung, die in der Formulierung „Dies, was ich hier sehe, ist möglicherweise ein Stein" eigentlich Unsinn ist, einen Sinn zu bewahren versucht. Nicht einfach „Dieses *selbst*, was ich sehe, ist möglicherweise ein Stein" soll eine solche Wahrnehmung bedeuten, sondern „*Hinter* dem, was ich sehe, steckt möglicherweise, nämlich nicht mehr gesehen und wirklich, sondern eben nur noch erschlossenerweise ein Stein". Damit aber werden *ineinem* die Dinge der Außenwelt zum bloß Erschlossenen und die Sinnesdaten der Innenwelt zum eigentlich Gesehenen, womit dann auch Wahrnehmung als äußere Erfahrung von Dingen zu einem Schluß aus innerer Erfahrung von sinnlichen Vorstellungen wird.

In Wahrheit aber besteht zu einer solchen Interpretation und Modifikation des ursprünglichen Sinns von Wahrnehmung, und das heißt zu dieser Schlußtheorie der Wahrnehmung, keinerlei Anlaß, sofern man

---

[11] Damit wird also keineswegs etwa geleugnet, daß es Fälle gibt, in denen es sinnvoll ist zu sagen „Dies, was ich hier sehe, ist möglicherweise ein Stein". Solche Fälle gibt es sehr wohl. Vielmehr wird damit lediglich geleugnet, daß dies der eigentliche Sinn aller Normalfälle von Wahrnehmungen wie „Dies ist ein Stein" sein könnte.

sich vor Augen hält: Nur deshalb, weil sie nicht gewiß ist, muß Wahrnehmung noch keineswegs ungewiß sein; nur deshalb, weil sie nicht
notwendigerweise wahr ist, muß Wahrnehmung noch keineswegs bloß
möglicherweise wahr sein. Sie liegt vielmehr in dieser modalen Hinsicht genau in der Mitte zwischen diesen beiden Extremen, nämlich im
Modus der Wirklichkeit.

Eben diese Mitte zwischen diesen Extremen aber hält die Deutungstheorie der Wahrnehmung auch genau ein. Als Deutung und damit als
ursprüngliche Überschreitung von Sinnesdaten der Innenwelt ist Wahrnehmung unmittelbare Erkenntnis von Dingen als unmittelbaren Gegenständen der Außenwelt. Als solche aber kann sie gelingende oder
mißlingende Deutung und somit als Mißdeutung auch falsch sein. Sie
kann daher auch in den Fällen, wo sie als gelingende Deutung wahr
sein mag, doch niemals notwendigerweise wahr, niemals gewiß sein.
Deshalb ist sie aber noch längst nicht etwa ungewiß, bloß möglicherweise wahr. Ist Wahrnehmung als Deutung wahr, so ist sie damit nicht
sogleich notwendigerweise, aber auch nicht etwa bloß möglicherweise,
sondern eben faktisch, tatsächlich, wirklich wahr. Und ist Wahrnehmung als Deutung falsch, so ist sie auch damit nicht sogleich notwendigerweise, aber auch nicht etwa bloß möglicherweise, sondern eben
faktisch, tatsächlich, wirklich falsch.

Dieser Sinn von Wirklichkeit aber ist in der Formulierung einer
solchen Wahrnehmung, in einem Urteil wie „Dies ist ein Stein", bereits
so ausgeprägt, so explizit enthalten, daß aus einer solchen Formulierung geradezu eine Redundanz wird, wenn man ohne Not versucht,
den Sinn von „Dies ist ein Stein" durch „Dies ist wirklich ein Stein"
erst noch zu explizieren[12]. Bei der vorigen Erwägung, ob solche Urteile
nicht vielleicht den Sinn der Möglichkeit oder den Sinn der Notwendigkeit haben, waren Versuche entsprechender Explikation dieses
Sinnes nur deshalb erforderlich, weil solche Urteile diesen Sinn explizit
gerade nicht besitzen. Eine solche Explikation indessen ist hier bei der
Erwägung des Sinns der Wirklichkeit dieser Urteile überflüssig, redun-
dant, gerade weil sie diesen Sinn besitzen. Wahre oder falsche Wahrnehmung ist als gelingende oder mißlingende Deutung die reine
Faktizität.

Dies heißt jedoch: Genau das, was wir am Anfang zum Gegenstand

---

[12] Wohlgemerkt: ohne Not, das heißt ohne daß dies jemand bezweifelt
hätte. Eine solche Explikation wird natürlich sofort sinnvoll, sobald dies
jemand bezweifelt, — was dann aber geradezu als eine Probe auf die Schlüs-
sigkeit des vorgetragenen Arguments in Anspruch zu nehmen ist.

für Erkenntnistheorie gewählt hatten, das *Faktum* der wahren oder falschen Erkenntnis und das *Faktum* der dadurch erkannten bzw. vergegenständlichten Außenwelt, erhalten wir im Rahmen der Deutungstheorie am Ende wieder zurück, wie es sich für eine echte Theorie auch gehört: nur eben jetzt nicht mehr als *bloßes* Faktum, sondern als durch *Deutungs*theorie bereits ein Stück weit *erklärtes*. Dasselbe Faktum vermochte hingegen die Schlußtheorie, wie schon gezeigt, so wenig zu erklären, daß sie als Solipsismus es vielmehr am Ende wieder preisgeben und damit sich selbst als Theorie letztlich aufgeben mußte.

Trotz seiner vielversprechenden Ansätze ist aber auch Kant nicht in den Vollbesitz dieser Deutungstheorie gelangt und damit auch nicht zu voller Einsicht in den Sinn dieser Faktizität der Wahrnehmung. Dies zeigt sich deutlich daran, daß er die falsche Alternative zwischen Ungewißheit und Gewißheit der äußeren Erfahrung als Wahrnehmung offenbar niemals durchschaut hat. Zwar hält er schon seit der ersten Auflage der *Kritik* die Schlußtheorie und damit die These von der Ungewißheit äußerer Erfahrung für verfehlt (vgl. A 366 f.). Im Rahmen seiner eigenen Theorie jedoch vermag er ihr nur die These „einer möglichen Gewißheit" äußerer Erfahrung entgegenzusetzen (A 367, vgl. auch A 369).

Damit aber unterliegt er sofort der wichtigen und wohlbegründeten Einsicht von Descartes, daß äußere Erfahrung eben prinzipiell nicht gewiß sein könne, und hat von daher seiner falschen Gleichsetzung von „nicht gewiß" mit „ungewiß" dann nichts mehr entgegenzusetzen. Und tatsächlich wird die falsche Alternative von Gewißheit oder Ungewißheit äußerer Erfahrung auch seit der zweiten Auflage der *Kritik*, seit der ihn das Thema der „Widerlegung des Idealismus" in Atem hält, selber niemals thematisch. Nur ein einziger und äußerlicher Umstand spricht dafür, daß Kant zu der Einsicht in den besonderen modalen Sinn, der „nicht gewiß" sowohl von „gewiß" als vor allem auch von „ungewiß" unterscheidet, zumindest auf dem besten Wege war: Diese „Widerlegung des Idealismus" fügt er in der zweiten Auflage der *Kritik* in die Abhandlung der Modalkategorie der Wirklichkeit ein.

Die weitere Durchführung von Deutungstheorie der Wahrnehmung aber läuft, wie sich hier zeigt, tatsächlich auf eine solche „Widerlegung des Idealismus" hinaus, und das heißt auf eine Widerlegung der Schlußtheorie und damit auch auf eine Lösung von Außenweltproblem und Solipsismus. Mit der Einsicht, Wahrnehmung von Außenwelt sei als ursprüngliche Deutung und damit Überschreitung von Innenwelt zwar nicht gewiß, aber auch nicht ungewiß, entfällt für eine Schlußtheorie der Wahrnehmung und damit auch für Außenweltproblem und Solipsismus jeglicher Grund[13]: Was wir in faktisch wahrer Wahrnehmung als ein ebensolches Faktum sehen, hören usw., ist und bleibt Außenwelt.

Damit aber ist auch jede Möglichkeit entfallen, Außenweltproblem und Solipsismus als Belege dafür anzusehen, Erkenntnistheorie sei schon als solche selber ein verfehltes Unternehmen. Mag sie in Außenweltproblem und Solipsismus auch faktisch geraten sein, so heißt dies doch noch keineswegs, daß sie in diese Problematik zwangsläufig geraten müßte. Im Gegenteil: Daß sie als Schlußtheorie sich ablösen läßt durch Deutungstheorie, dies bedeutet nicht nur eine Rehabilitierung von Erkenntnistheorie überhaupt, sondern geradezu die Erneuerung ihrer bisher ausgezeichnetsten Gestalt[14]. Denn daß Erkenntnis ursprünglich Wahrnehmung von Außenwelt ist und darin besteht, die Innenwelt ursprünglich, und das heißt von vornherein, a priori, zu überschreiten, dieses Faktum dürfte seine weitere Erklärung wohl nur in einer Erkenntnistheorie von der Art des Kantischen transzendentalen Apriorismus finden können.

## § 16. Kritischer Rückblick auf die Abbildtheorie und Überwindung der Rezeptivitätsauffassung

Die Deutungstheorie der Erkenntnis gilt es außer mit dieser Schlußtheorie nun auch noch mit jener Abbildtheorie zu vergleichen, um zu zeigen, daß sie auch ihr grundsätzlich überlegen ist. Diese Überlegen-

---

[13] Daß tatsächlich die falsche Alternative von ungewiß oder gewiß bei Descartes den Grund und Ausgangspunkt für die verfehlte Schlußtheorie bildet, läßt sich auch noch von der inneren Erfahrung her verständlich machen: Sie ist gewiß und kann deshalb in der Tat kein Schluß und damit auch nicht nach der Art eines Schlusses vermittelte Erkenntnis sein. Dies heißt jedoch für Descartes sogleich, daß innere Erfahrung überhaupt nicht vermittelt, sondern ursprüngliche und unmittelbare Erkenntnis ist. Entsprechend aber gilt ihm dann die nicht gewisse und damit angeblich ungewisse äußere Erfahrung als Schluß und somit als vermittelte Erkenntnis. Auf diese Weise gehen nach Descartes jeweils Gewißheit und Unmittelbarkeit bzw. Ungewißheit und Mittelbarkeit von Erkenntnis miteinander einher. Wie Kant mit seiner Deutungstheorie ermittelt, verhält es sich jedoch in Wahrheit genau umgekehrt: Innere Erfahrung ist zwar gewisse, doch keineswegs unmittelbare Erkenntnis; äußere Erfahrung wiederum ist zwar unmittelbar, doch keineswegs gewiß. Vgl. oben S. 78 und Anm. 6.

[14] Vgl. oben S. 76, und Anm. 1.

heit erweist sich ebenfalls daran, daß die Deutungstheorie zwar den Vorteil, doch nicht den Nachteil der Abbildtheorie besitzt, ja daß sie sogar diesen Nachteil durch einen eigenen Vorteil ersetzt.

Wie bemerkt, lag jener Vorteil der Abbildtheorie in der durchaus richtigen Einsicht: Bei äußerer Erfahrung als Wahrnehmung der Dinge in der Außenwelt müssen wir von diesen Dingen etwas empfangen, wenn anders dies tatsächlich empirische Erkenntnis von empirischen Gegenständen sein soll und nicht so etwas wie eine „Eingebung" oder eine „Offenbarung" über diese Gegenstände. An dieser Einsicht aber vermag die Deutungstheorie festzuhalten, ohne deshalb auch den Nachteil in Kauf nehmen zu müssen, der für die Abbildtheorie damit verbunden ist. Indem diese nämlich äußere Erfahrung als Wahrnehmung von Dingen lediglich als ein Abbild solcher Dinge auffaßt, setzt sie diese Erkenntnis von den Dingen einfach gleich mit jenem von den Dingen nur Empfangenen. Ein solches bloß empfangenes Abbild aber kann allenfalls den rein quantitativen und relativen Unterschied von Deutlichkeit oder Undeutlichkeit aufweisen. Deshalb muß Erkenntnis, die mit ihrer Wahrheit oder Falschheit vielmehr einen qualitativen und absoluten Unterschied aufweist, als ein bloßes Abbild auch unverständlich bleiben.

Für die Deutungstheorie ist demgegenüber jenes Empfangene, an dem sie festhält, keineswegs schon selbst die Erkenntnis. Es bildet vielmehr lediglich ein Material, jeweils ein Datum in der Sinnlichkeit des Subjekts, woraus dieses durch seinen Verstand so etwas wie Erkenntnis, Wahrnehmung, Erfahrung allererst macht, nämlich indem es seine Sinnesdaten durch Begriffe deutet. Eben damit wird auch allererst verständlich, daß dieses Subjekt solche Erfahrung wahr oder falsch machen kann.

Hier aber gilt es einzuhalten und zu fragen: Wodurch genau ist eigentlich die Deutungstheorie im Gegensatz zur Abbildtheorie in der Lage, Erkenntnis als wahre oder falsche zu erklären? Auf den ersten Blick scheint dies nur daran zu liegen: Als Deutung von Daten der Sinnlichkeit durch Begriffe des Verstandes stellt Erkenntnis nun tatsächlich ein komplexes Gebilde dar. Es wird dadurch verständlich: Erkenntnis ist eben kein bloßes Seinsgebilde, sondern besitzt über seine Seinsdimension hinaus noch eine eigentümliche Sinndimension und ist dadurch eben ein wahres oder falsches Sinngebilde. Denn verglichen damit sind Abbilder nur einfache Gebilde, die trotz ihrer Deutlichkeit oder Undeutlichkeit noch ganz in den Bereich der bloßen Seinsgebilde gehören und von daher Sinngebilde mit ihrer Wahrheit oder Falschheit prinzipiell nicht zu erklären vermögen.

Bei näherem Zusehen zeigt sich indessen: Das liegt keineswegs an dem bloßen Unterschied jener Komplexität der Erkenntnis als Deutung gegenüber dieser Einfachheit der Erkenntnis als Abbild. Nicht bloß durch die Tatsache, daß sie als Deutung komplex ist, sondern durch die Art und Weise, wie sie als Deutung komplex ist, wird Erkenntnis im Rahmen der Deutungstheorie, anders als im Rahmen der Abbildtheorie, in ihrem Ursprung verständlich.

Denn was gemäß der Deutungstheorie zu den in der Sinnlichkeit empfangenen Sinnesdaten noch hinzukommen muß, damit Erkenntnis entspringe, das ist der Begriff des Verstandes. Dieser aber kommt dabei keineswegs in dem Sinne hinzu, daß ein Subjekt ihn jeweils zu den empfangenen Sinnesdaten etwa ebenfalls nur hinzu *empfinge*, so als sei so ein Begriff bloß ein weiteres Datum, das sich zu den Sinnesdaten etwa lediglich hinzugesellte[1]. Vielmehr kommt dieser Begriff dabei als etwas hinzu, das ein Subjekt aufgrund der Daten, die es in seiner Sinnlichkeit nur rezeptiv empfängt, durch seinen Verstand ursprünglich aus sich heraus, spontan erzeugt. Und dies um so mehr, als es durch solchen Begriff die rezeptiv empfangenen Daten seiner sinnlichen Innenwelt gerade deutet, und das heißt, sie durch Deutung gerade auf die Dinge der Außenwelt hin ursprünglich überschreitet.

Daß Erkenntnis nicht als ein Abbild erklärt werden kann, liegt also keineswegs nur daran, daß ihre Wahrheit oder Falschheit als Deutlichkeit oder Undeutlichkeit unverständlich bleiben muß, sondern daß auch sie selbst als Sinngebilde nicht verständlich werden kann, solange sie rein rezeptiv als bloß empfangenes Abbild und damit als ein bloßes Seinsgebilde aufgefaßt wird. Über die Rezeptivität der Sinnlichkeit hinaus muß Erkenntnis vielmehr auch noch Spontaneität und Intentionalität des Verstandes enthalten. Denn allein durch solche Spontaneität kann verständlich werden, daß es dabei über den bloßen Empfang eines Seinsgebildes hinaus zu einem Sinngebilde kommt. Und allein durch diese Spontaneität als Intentionalität des Verstandes läßt sich auch erklären, daß es dazu kommt in der Weise einer ursprünglichen Überschreitung von Innenwelt in Außenwelt: Allein aufgrund dessen, daß man dabei von vornherein intentional auf Außenwelt zielt, und das heißt auf wahre Erkenntnis über Außenwelt, wird verständlich, daß man sie in wahrer Erkenntnis erzielen oder auch in falscher verfehlen kann.

---

[1] So hat z. B. Platon in seiner Abbildtheorie die Wiedererinnerung der Idee in der Noesis als eine Art von Assoziation zu den Sinnesdaten in der Aisthesis aufgefaßt, vgl. dazu etwa *Phaidon,* 73 A ff.

Genau an diesem systematischen Ort jedoch stellt sich dann noch ein weiteres erkenntnistheoretisches Problem. Und erst an ihm wird auch in vollem Umfang deutlich, wieweit Spontaneität und Intentionalität von Erkenntnis tatsächlich gehen müssen, soll sie als etwas Wahres oder Falsches verständlich werden: Nur eine Theorie dieser Erkenntnis, welche wie die Deutungstheorie in der Lage ist, dem spontanen und intentionalen Charakter derselben voll Rechnung zu tragen, vermag auch dieses Problem noch zu lösen. Dagegen muß jegliche Theorie, welche die Auffassung von Erkennen als rezeptivem Abbilden noch nicht restlos aufgegeben hat, zwangsläufig daran scheitern.

Dieses Problem jedoch ist so fundamental und liegt darum auch so tief verborgen, daß man nur gelegentlich und dann auch nur unzureichend dazu durchgedrungen ist, es überhaupt als solches selbst, auch nur als Problem zu formulieren. Es ergibt sich, wenn man einmal folgende Frage stellt, und zwar ergibt es sich genau so weit, wie man diese Frage dabei mit aller Konsequenz durchhält und ihr nicht in dieser oder jener Richtung vorschnell ausweicht: Was bedeutet eigentlich Wahrheit von Erkenntnis jeweils für den Gegenstand dieser Erkenntnis, und was bedeutet dann entsprechend ihre Falschheit?

Diese Frage läßt sich an Hand einer These entfalten, die im Rahmen rezeptiver Abbildtheorie der Erkenntnis bereits zu Beginn der abendländischen Philosophie bei den Griechen formuliert worden ist und die fortan eines der Wesensmerkmale bildet, woran diese Art von Theorie erkennbar ist. Schon bei den Eleaten lautet sie sinngemäß: Erkennen muß immer Erkennen von etwas sein, das ist oder existiert, von Seiendem; ein Erkennen, das nicht Erkennen von Seiendem, sondern von Nichtseiendem oder von nichts wäre, ist unmöglich[2].

Diese weitreichende These wird sofort verständlich, wenn man sich klarmacht: Sie beruht auf einer Rezeptivitätsauffassung des Erkennens, welche letztlich darin besteht, den rein rezeptiven Sinn von Ausdrücken wie „wahrnehmen" oder „sehen" in einer entsprechenden Theorie zu explizieren[3]. Und wie dieser Sinn uns allen umgangssprachlich ganz geläufig ist, so müßte eigentlich auch diese Theorie ganz plausibel sein. Denn in der Tat heißt sehen immer etwas sehen, während ein

[2] Vgl. z. B. bei H. Diels und W. Kranz, *Fragmente der Vorsokratiker*, Bd. 1: Parmenides, Fr. B 2, Fr. B 8, 34 ff.
[3] Dazu besonders instruktiv: K. von Fritz, *Die Rolle des Nous*, in: *Um die Begriffswelt der Vorsokratiker* (Wege der Forschung, Bd. 9), hrsg. v. H.-G. Gadamer, Darmstadt 1968; ferner die Einleitung zu *Parmenides*, hrsg. v. E. Heitsch, München 1974.

Sehen von nichts überhaupt kein Sehen bedeutet, und dies genau in dem Sinne, daß ein Rezipieren immer nur dort vorliegen kann, wo auch etwas rezipiert wird, während ein 'Rezipieren von nichts' eben von vornherein überhaupt kein Rezipieren wäre.

Diese Rezeptivitätsauffassung von Erkenntnis, insbesondere von Wahrnehmung als ihrem Ursprung, wird seit den Eleaten in verschiedensten Varianten vertreten, und zwar nicht nur bis Kant, der dann als erster zu ihrer Überwindung ansetzt, sondern mangels Durchführung seiner Ansätze auch noch bis heute. Dies jedoch lediglich deshalb, weil das fundamentale und unlösbare Problem dieser Auffassung allenfalls gelegentlich berührt, aber niemals so radikal entfaltet wird, daß auch die Notwendigkeit der entsprechend radikalen Lösung plausibel würde, auch nicht bei Kant selbst.

Diese Auffassung ist nämlich außerstande zu erklären, daß Erkenntnis auch als Falschheit oder Irrtum auftreten kann, denn falsch zu erkennen bedeutet strenggenommen nichts zu erkennen. Ist nämlich eine Erkenntnis oder Wahrnehmung wie „Dies ist ein Stein" eine falsche oder ein Wahrnehmungsirrtum, so bedeutet dies nichts anderes, als daß dabei genau der Gegenstand, von dem darin die Rede ist, nicht vorliegt. Gerade dies jedoch ist nach jener rezeptiven Auffassung gar nicht möglich. Erkennen als Rezipieren kann nur vorliegen, wenn dabei auch etwas rezipiert wird, wenn aber nichts, liegt Rezipieren und damit Erkennen gar nicht vor.

Die fundamentale Einsicht aber, daß falsch erkennen eigentlich nichts erkennen bedeutet, klingt zwar gelegentlich einmal an[4]. Sie wird jedoch in ihrer Fundamentalität nicht erkannt und deshalb auch nicht festgehalten. Und dies obwohl uns schon seit der Antike, die auch darin bis heute Vorbild ist, Formulierungen von Konsequenzen vorliegen, die allein aus dieser Einsicht gezogen sein können und ihren fundamentalen Charakter offenbaren.

Denn wie erwähnt, läuft jene rezeptive Auffassung darauf hinaus, als Rezipieren könne Erkennen nur vorliegen, wenn dabei auch etwas rezipiert werde, wenn aber nichts, liege Rezipieren und damit Erkennen gar nicht vor. Daraus jedoch, daß falsch erkennen eigentlich nichts erkennen bedeutet, scheint dann zu folgen, daß Erkennen nur entweder zustande komme, dann aber auch Erkennen von etwas und mithin sogleich Wahrheit sei, oder gar nicht erst zustande komme, daß also Falschheit von vornherein gar nicht möglich sei —

---

4 Vgl. z. B. Kant, Akad.-Ausg., Bd. 28, S. 415; Frege, *Der Gedanke*, K, S. 352, S. 358; Husserl, *Die Idee der Phänomenologie*, Husserliana, Bd. 2, S. 30.

eine Folgerung, die besonders die Sophisten und Rhetoren tatsächlich zogen [5] und die sie als willkommenen Freibrief betrachteten.

Die eigentliche Folgerung daraus zieht jedoch Platon, nämlich daß es dann auch Wahrheit überhaupt nicht geben könnte, weil nur als Gegensatz zur Möglichkeit der Falschheit auch die Möglichkeit der Wahrheit bestehen kann, und daß damit Erkennen eigentlich überhaupt nicht möglich wäre, was jedoch der Tatsache, daß wir Erkennen besitzen, offenkundig zuwiderläuft. Deshalb betrachtet Platon, wie schon der Dialog *Euthydemos* [6] und hernach besonders der *Theaitetos* und *Sophistes* bezeugen, es dann geradezu als Kriterium für das Gelingen einer Theorie der Erkenntnis, ob sie auch in der Lage ist, die Möglichkeit der Falschheit des Erkennens zu erklären. Und ist das Platon selbst auch nicht mehr gelungen, so ist er doch zumindest durch die Klarheit, womit er dieses Gelingen zum Kriterium erhebt, bis heute vorbildlich.

Seine Schärfe freilich behält dieses Kriterium nur solange, als man dabei auch unbeirrt daran festhält: Das zu erklärende falsche Erkennen bedeutet Erkennen von nichts. Doch fehlt es nicht an Gelegenheiten, sich gerade darüber hinwegzutäuschen. Am nächsten liegt eine, die sich aus der Art des genannten Beispiels ergibt. Trifft es denn überhaupt zu, daß man im Falle einer Wahrnehmung wie „Dies ist ein Stein", wenn sie als Wahrnehmungsirrtum falsche Erkenntnis ist, tatsächlich nichts wahrnimmt, tatsächlich nichts erkennt? Ein solcher Fall liegt doch auch dann vor, wenn man etwa bei einem Spaziergang auf den ersten Blick etwas für einen Stein hält, was sich auf den zweiten Blick dann als ein Pilz herausstellt. Demnach hat man hierbei auf den ersten Blick zwar keinen Stein, aber doch jedenfalls *etwas* gesehen. Also ist jene Einsicht, im Falle solchen Wahrnehmungsirrtums habe man *nichts* gesehen, *nichts* erkannt, doch eigentlich hinfällig.

Indessen gilt es, sich klarzumachen, daß diese Schlußfolgerung auf einem methodischen Fehler beruht: Zu ihrem Ergebnis könnte sie niemals gelangen, wenn sie dabei, wie es methodisch geboten wäre, sich auf den Fall der Falschheit oder des Wahrnehmungsirrtums beschränkte. Denn daß auch jene falsche Erkenntnis „Dies ist ein Stein" angeblich eine Erkenntnis von etwas sei, zu dieser Auffassung gelangt man lediglich aufgrund der weiteren und erst nachträglichen Erkenntnis „Dies ist ein Pilz", die dann vor allem aber auch schon als wahre gilt. Daß jedoch wahre Erkenntnis jeweils Erkenntnis von etwas sei,

---

[5] Vgl. H. Diels und W. Kranz, *Fragmente der Vorsokratiker*, Bd. 2: Protagoras, Fr. 1, dazu Platon, *Euthydemos* 286 C 2.

[6] Vgl. 283 E—284 C, 285 E—288 A.

dies steht ja überhaupt nicht in Frage, sondern lediglich, ob dies gleicherweise auch bei falscher Erkenntnis der Fall ist. Deshalb kann jeder Versuch, der in der Absicht, auch falsche Erkenntnis als Erkenntnis von etwas sicherzustellen, auf wahre Erkenntnis zurückgreift, nur als Erschleichung dieses Etwas und damit als methodisch unzulässig abgewiesen werden. Methodisch zulässig wäre allein der Versuch, der dies ohne jeden Rückgriff auf Wahrheit, das heißt, der dies unter Abblendung auf Falschheit allein zu zeigen vermöchte. Nur ist dann freilich nicht mehr abzusehen, wie er jemals gelingen könnte.

Gleichwohl liegt es gerade bei diesen Fällen von Wahrnehmungsirrtum, die man „Sinnestäuschung" zu nennen pflegt, besonders nahe, durch Rückgriff auf wahre Erkenntnis auch falsche Erkenntnis als Erkenntnis von etwas aufzufassen und damit als Erkenntnis von nichts zu verkennen. Das läßt sich erklären, sofern man in diese Überlegungen auch noch andere Fälle einbezieht, von denen man sich in der Regel nicht klarmacht, daß sie letztlich ebenfalls nichts anderes als Fälle von Wahrnehmungsirrtum sind, wie zum Beispiel Träume und Halluzinationen. Daß man sie nicht als Wahrnehmungsirrtum, geschweige denn als Sinnestäuschung bezeichnet, liegt nämlich lediglich daran, daß man diese Ausdrücke den in der Regel nur kurzen Irrtümern und Täuschungen des Wachlebens vorbehält, während Halluzinationen in der Regel länger andauern und Träume überdies auch noch im Schlaf auftreten. Es gehört daher mit zu den Verdiensten von Freud, daß er klar herausgestellt hat: Zwischen Traum und Halluzination einerseits und Sinnestäuschung oder Wahrnehmungsirrtum anderseits bestehen allenfalls solche quantitativen Unterschiede der Dauer, keinesfalls jedoch ein qualitativer Unterschied[7].

Daraus jedoch erhellt sofort: Lediglich deshalb, weil sie in der Regel nicht lange dauern, sondern verhältnismäßig schnell durchschaut und berichtigt, das heißt durch Wahrheit ersetzt werden, ist man bei Wahrnehmungsirrtum oder Sinnestäuschung auch so schnell geneigt, diese falsche Erkenntnis ebenfalls für Erkenntnis von etwas zu halten. An länger dauernden Halluzinationen oder Träumen aber zeigt sich, daß dies keineswegs der Fall ist: Auch Halluzination oder Traum von einem Stein ist grundsätzlich nichts anderes als eine Wahrnehmung wie „Dies ist ein Stein", wenn sie falsch oder Wahrnehmungsirrtum ist, *und umgekehrt:* In allen diesen Fällen sind wir überzeugt, einen Stein zu sehen. Nur liegt dabei eben weder ein Stein noch ein Pilz noch irgendein anderes Etwas vor, das wir wahrnehmen oder erkennen wür-

---

[7] Vgl. z .B. *Gesammelte Werke*, Bd. 17, S. 84, S. 87 f., S. 97.

den. Demnach hat dies alles, kurzzeitige Sinnestäuschung nicht weniger als Halluzination und Traum, auch tatsächlich als Wahrnehmung oder Erkenntnis von nichts zu gelten. Doch die Gelegenheiten, sich über diese Tatsache hinwegzutäuschen, sind damit noch nicht erschöpft. Gerade wenn man zugestehen muß, in allen solchen Fällen liege kein Stein oder Pilz oder dergleichen als etwas vor, was man dabei wahrnehmen oder erkennen würde, bleibt doch nur desto hartnäckiger der Eindruck: Aber irgend etwas habe ich doch auch dabei wahrgenommen, und wenn es nichts in der Außenwelt war, so doch zumindest etwas in der Innenwelt: die Sinnesdaten selbst [8].

Wie der vorige ist indessen auch dieser Versuch, die falsche Erkenntnis als Erkenntnis von etwas sicherzustellen, als methodisch unzulässig abzuweisen, weil auch dieses Etwas nur erschlichen wird, und letztlich auf dieselbe Weise wie das vorige. Zwar ist nicht auszuschließen, daß ein Subjekt im Anschluß an eine Wahrnehmung, die sich als Irrtum herausstellt, auch einmal seine Einstellung ändert und statt solcher äußeren eine innere Erfahrung seiner Sinnesdaten selbst vollzieht. Doch wie im vorigen die Berichtigung einer falschen durch eine wahre äußere Erfahrung kann auch diese Ablösung einer falschen äußeren durch eine innere Erfahrung immer nur nachträglich auftreten als ein neuerlicher Fall von Erkenntnis. Was für ihn gilt, nämlich Erkenntnis von etwas zu sein, ohne weiteres auch für seinen Vorgänger zur Geltung zu bringen, ist deshalb wie im vorigen methodisch unzulässig und wird hier noch deutlicher als vorher.

Denn zu sagen, auch im Falle des Wahrnehmungsirrtums habe man durchaus etwas wahrgenommen, nämlich seine Sinnesdaten selbst, bedeutet zum einen, daß äußere Erfahrung, wenn sie falsch ist, gar nicht äußere, sondern recht eigentlich innere Erfahrung sei, daß es also falsche äußere Erfahrung gar nicht gebe, sondern nur wahre äußere und innere. Sofern jedoch diese innere Erfahrung selbst nur wahr werden kann, liefe dies letztlich bloß auf eine Variante des im vorigen erwähnten Eleatismus hinaus, nämlich daß Erfahrung, ob nun als innere oder als äußere, immer nur wahr werden könne.

Doch selbst wenn man von dieser letzteren Absurdität einmal absieht — daß ersteres schon absurd genug ist, wird womöglich noch deutlicher, wenn man dabei wieder Traum und Halluzination in die Überlegung mit einbezieht. Daß Wahrnehmungsirrtum als falsche Erkenntnis ebenfalls Erkenntnis von etwas, nämlich von Sinnesdaten der Innenwelt sei, dies müßte dann bedeuten, daß Halluzination oder

[8] Vgl. z. B. Descartes, a. a. O., Bd. 7, S. 24.

Traum von einem Stein recht eigentlich Halluzination oder Traum von
Empfindungen sei und damit letztlich gar nicht Halluzination oder
Traum, sondern recht eigentlich wahre innere Erfahrung, weil diese
Empfindungen dabei ja tatsächlich vorliegen — eine Absurdität, die
schwerlich noch zu überbieten ist.

Alle diese bloßen Ausflüchte vor dem Problem, daß falsch erkennen
nichts erkennen bedeutet, gilt es hier vielmehr mit einer Einsicht Freges
zu konfrontieren, die meines Wissens weder vor ihm noch nach ihm in
dieser Klarheit formuliert worden ist und deren Wichtigkeit kaum
überschätzt werden kann.

Frege erörtert dieses Problem am Beispiel der Wahrnehmung einer
Linde, die er kurz durch den Ausdruck „Jene Linde . . ." formuliert.
Und dabei ist er sich im klaren darüber, daß bei Irrtum in dieser Wahrnehmung „die Bezeichnung ‚jene Linde' leer ist" (K, S. 352), daß demnach die so formulierte Wahrnehmung dann eigentlich Wahrnehmung
von nichts ist. Und in diesem Zusammenhang fügt er hinzu: „Freilich
*habe* ich dann wohl eine Vorstellung", eine Sinnesempfindung in
meiner Innenwelt, „aber diese meine ich nicht mit den Worten ‚jene
Linde'" (ebd.). Das heißt, diese Vorstellung ist mir dabei zwar *gegeben,*
aber nicht *gegenständlich,* nicht das, was dabei erkannt wird, nicht das,
worauf ich mich als Wahrnehmender dabei richte.

Damit aber hält Frege lediglich fest, was er sich, wie wir gesehen
haben, längst schon klargemacht hat: Wahrnehmung ist grundsätzlich
Deutung von Innenwelt und besteht somit auch in den Fällen, wo sie
als Irrtum auftritt, in Sinnestäuschung gleicherweise wie in Traum und
Halluzination eben darin, diese Innenwelt auf Außenwelt hin zu überschreiten: In allen solchen Fällen sind wir der Überzeugung, Außenwelt wahrzunehmen, auch wenn da keine Außenwelt ist. Ein Bewußtsein hat sich auch dabei durchaus gebildet, und zwar durchaus auch ein
Bewußtsein von Außenwelt, nur war es eben ein falsches Bewußtsein,
das Außenwelt zwar intentional vermeinte, aber nicht als wirkliche
erzielte.

Doch auch damit sind die Gelegenheiten noch nicht erschöpft, die
Schwierigkeit dieser falschen Erkenntnis als Erkenntnis von nichts zu
umgehen. Diesen Falschheitsfall erkenntnistheoretisch zu entschärfen,
indem man ihm methodisch unzulässigerweise einen Wahrheitsfall
unterschiebt, ist noch auf eine grundsätzlich andere Weise möglich.
Eben diese Möglichkeit, deren Unzulässigkeit nicht so leicht erkennbar
ist wie die vorigen, gestattet es am Ende auch Platon, das eigentliche
Problem der Falschheit, das er zunächst mit den Eleaten durchaus sah,
zu überspringen statt zu lösen. Und diese Möglichkeit hat geradezu

als der klassische Fall dieser Art zu gelten, da sie undurchschauerweise seit dem *Sophistes*, wo Platon sie als erster nutzt, bis heute immer wieder genutzt worden ist.

Jenem problematischen Falschheitsfall kann ein Wahrheitsfall nämlich nicht nur dadurch unterschoben werden, daß man ihm, wie im vorigen erörtert, einen erst nachträglichen Fall einer neuerlichen Erkenntnis unterschiebt, was sich entsprechend leicht als unzulässig durchschauen und zurückweisen läßt. Eine solche Unterschiebung ist vielmehr auch innerhalb ein und desselben Falls von Erkenntnis möglich und dementsprechend schwerer zu durchschauen.

Eben das geschieht, wenn jenes Problem der Falschheit an Beispielen vom Typ „Dieser Stein ist grau" statt vom Typ „Dies ist ein Stein" erörtert wird, wie Platon dies im *Sophistes* mit seinen Beispielen „Theaitetos sitzt" und „Theaitetos fliegt" tatsächlich tut (263 A ff.). Und was bei der Wahl gerade dieses Typs von Beispiel für ihn ausschlaggebend war, stellt Platon dabei selbst heraus, indem er wiederholt betont: Auch wenn sie falsch ist, sagt solch eine Aussage doch auf jeden Fall über *etwas* aus, nämlich über Theaitetos [9], und das bedeutet für die dadurch formulierte Erkenntnis: Auch als eine falsche ist sie doch in jedem Fall eine Erkenntnis von *etwas*, nämlich von Theaitetos.

Genau an diesem Typ von Beispiel orientiert man sich bis heute immer wieder, wenn man meint, eine Erkenntnis sei als Urteil grundsätzlich wie folgt aufgebaut: Zunächst einmal werde darin durch einen sogenannten „Subjektsbegriff" wie „Dieser Stein . . ." auf einen empirischen Gegenstand Bezug genommen, auf diesen Stein; und erst mit Hilfe eines sogenannten „Prädikatsbegriffs" wie „. . . grau" werde dann, indem die Kopula „. . . ist . . ." ihn mit dem „Subjektsbegriff" verbinde, etwas prädiziert [10].

Doch jegliche Auffassung dieser Art ist verfehlt, und zwar nicht nur, weil sie eine Fülle von Beispielen für Erkenntnis unberücksichtigt läßt, sondern weil sie vor allem auch diejenigen, die sie berücksichtigt, in ihrem Aufbau nachweislich verkennt. Denn zum einen dürften danach nicht nur [11] die wenigen „Impersonalia" wie etwa „Es regnet" keine Erkenntnisse oder Urteile sein, sondern vor allem auch die zahlreichen Beispiele vom Typ „Dies ist ein Stein" oder „Dies ist grau", worin

---

[9] *Sophistes* 262 E 5, 263 A ff.
[10] Dieser Meinung ist noch Husserl, vgl. z. B. *Erfahrung und Urteil*, Hamburg 1972, S. 242 ff.
[11] Wie z. B. E. Tugendhat meint, vgl. *Der Wahrheitsbegriff bei Husserl und Heidegger*, 2. Aufl., Berlin 1972, S. 130.

jeweils gerade Wahrnehmung als Ursprung unserer empirischen Erkenntnis zum Ausdruck gebracht wird, nur weil sie alle keinen solchen „Subjektsbegriff" enthalten[12], was jedoch absurd ist. — Zum andern aber läßt sich vor allem auch zeigen, daß es keineswegs zutrifft zu sagen, in einem Urteil wie „Dieser Stein ist grau" werde erst durch „. . . ist grau" etwas prädiziert, das heißt, etwas behauptet oder ausgesagt.

Das erhellt schon allein daraus: Einen Einwand gegen solch ein Urteil kann man sinnvoll nicht nur dadurch vorbringen, daß man sagt: „Aber er ist doch gar nicht grau", sondern auch dadurch, daß man sagt: „Aber dies ist doch gar kein Stein"; unsinnig dagegen wäre ein Einwand wie: „Aber das ist doch gar kein Dies". Also muß nicht allein durch „. . . ist grau", sondern auch schon durch „Dieser Stein . . ." in einem solchen Urteil etwas prädiziert und damit ausgesagt oder behauptet sein.

Das wird indes noch deutlicher, wenn man diese Frage einmal an einem Beispiel für solch ein Urteil erörtert, worin diese letztere Behauptung noch von weitergehender Bedeutung ist. Nehmen wir an, auf einem Empfang unterhalten sich drei Personen miteinander, und im Verlaufe ihrer Unterhaltung sagt in einem geeigneten Kontext eine dieser drei Personen zu der zweiten über die dritte: „Dieser Verbrecher ist charmant."[13] Nehmen wir nun weiter an, diese dritte Person versteht keinen Spaß und verklagt die erste wegen Beleidigung, weil sie behauptet habe, daß sie, die dritte, ein Verbrecher sei. In einem solchen Zusammenhang nun wäre es geradezu lächerlich, wollte die erste Person sich gegen diese Anklage etwa verteidigen, indem sie sagte, keineswegs habe sie behauptet, jene Person sei ein Verbrecher; vielmehr habe sie den Ausdruck „Dieser Verbrecher . . ." lediglich als Subjektsbegriff benutzt, um eigentlich von ihr zu behaupten, daß sie charmant sei.

Die Lächerlichkeit eines solchen Versuchs der Verteidigung aber zeigt: Ein Ausdruck wie „Dieser Verbrecher . . ." bedeutet tatsächlich schon eine Behauptung und somit ein Urteil. Dies tritt hier zwar nur

---

[12] Das „Dies . . ." zum Beispiel hat zwar durchaus die Funktion der Bezugnahme auf etwas, doch ohne daß es etwa schon ein Begriff davon wäre wie „Dieser Stein . . .". Entsprechend kann es auch nichts geben, das in dem Sinne, wie etwas grau ist oder ein Stein, etwa ein Dies wäre.

[13] Hans-Ulrich Hoche hat mich dankenswerterweise in einem Gespräch darauf hingewiesen, daß dieses Beispiel, der Sache nach, mit einem ähnlich formulierten Beispiel übereinkommt, das bereits Whitehead (*The Concept of Nature*, 4. Aufl., Cambridge 1955, S. 10) benutzt und das Searle (*Sprechakte*, Frankfurt a. M. 1971, S. 140) wieder aufgreift, was mir entgangen war.

deshalb so deutlich hervor, weil in diesem Falle seine Behauptung, über ihre theoretische Bedeutung hinaus, als Beleidigung unmittelbar auch noch praktische Bedeutung besitzt. Diese theoretische Bedeutung, und das heißt eine Behauptung muß dann aber auch in allen Fällen, wo keine praktische Bedeutung mit ihr einhergeht, in solchen Ausdrücken formuliert sein, also auch in „Dieser Stein . . ." und dergleichen.

Das heißt dann aber weiter: Urteile wie „Dieser Stein ist grau" oder „Theaitetos fliegt", die den Anschein von elementaren Urteilen erwecken, sind letztlich nur Verkürzungen von Urteilen wie „Dies ist ein Stein *und* er ist grau" oder „Dies ist Theaitetos *und* er fliegt" [14] und damit eigentlich komplexe Urteile. In jenen Theorien von Platon bis Husserl meint man also, wie es methodisch auch geboten ist, von elementaren Urteilen auszugehen, wenn man Beispiele von jenem Typ zugrunde legt [15], in Wahrheit aber geht man dabei unwissentlich von bereits komplexen Urteilen aus.

Dies bedeutet dann aber vor allem für die Erörterung der möglichen Falschheit solcher Urteile: Man meint dabei, wie es methodisch auch geboten ist, sich auf diese Falschheit zu beschränken, wenn man Urteile wie „Theaitetos fliegt" oder „Dieser Stein ist grau" als falsche ansetzt. Doch in Wirklichkeit setzt man damit unwissentlich an entscheidender Stelle schon Wahrheit mit an. Denn nur, daß er fliegt, wird damit als falsch angesetzt, nicht jedoch, daß es Theaitetos ist, der angeblich fliegt; und nur, daß er grau ist, wird damit als falsch angesetzt, nicht jedoch, daß es ein Stein ist, der angeblich grau sei. Jeweils das letztere ist dabei vielmehr stillschweigend als wahr vorausgesetzt, und allein auf Grund dieser Wahrheit wird es dabei überhaupt möglich zu sagen, auch in falscher Aussage werde über *etwas* ausgesagt, auch in falscher Erkenntnis werde *etwas* erkannt.

Ein solches Etwas besitzen die falsche Aussage oder die falsche Erkenntnis dabei keineswegs aus sich selbst, sondern allein aus der wahren, die im Rahmen ein und derselben komplexen Aussage oder Erkenntnis mit der falschen ineinem auftritt. Setzt man nämlich auch sie jeweils noch als falsche an, so kehrt jenes Problematische, daß falsche Erkenntnis eigentlich Erkenntnis von nichts ist, sofort in vollem Umfang wieder. Denn nicht nur „Dies ist ein Stein . . .", wie schon bemerkt, sondern ebenso „Dies ist Theaitetos . . ." kann auch einmal als Wahrnehmungsirrtum auftreten, als Sinnestäuschung, Traum oder Halluzination.

---

[14] Vgl. Platon, *Sophistes* 263 A 8.
[15] Vgl. z. B. Platon, *Sophistes* 262 C 6 f., C 10.

Spätestens dies aber weckt den Verdacht: Es dürfte wohl schwerlich
ein Zufall sein, daß man sich von Platon bis Husserl immer wieder so
einseitig an jenen versteckt komplexen Beispielen orientiert, was zur
Folge hat, daß jenes Problem der Falschheit, sofern überhaupt, niemals
an einem wirklich elementaren Beispiel erörtert und damit als das
fundamentale Problem, das es ist, gar nicht mehr akut wird. Und der
Grund dafür liegt lediglich darin: Man vermag sich dabei nicht nur vor
Kant, sondern auch nach Kant von der rezeptiven Auffassung des Erkennens letztlich nicht zu lösen, gleichviel ob man sich dessen bewußt
ist oder nicht. Von dem rezeptiven Sinn, den immer wieder schon die
Umgangssprachen selbst, nämlich Ausdrücke wie „Wahrnehmen" oder
„Erkennen" von sich aus mitbringen, läßt man sich immer wieder in
den Bann schlagen, Wahrnehmen oder Erkennen müsse als Rezipieren
grundsätzlich Wahrnehmen oder Erkennen von etwas sein. Dann
aber sieht man sich auch nicht mehr in der Lage zu erklären, wie
Erkennen als ein Rezipieren auch einmal ein Rezipieren von nichts sein
könne.

Angesichts dieser fundamentalen Schwierigkeit aber sind Beispiele
wie „Dieser Stein ist grau" höchst willkommen: Sie gestatten es, daß
man sich lediglich an ihre Oberfläche hält und Teilausdrücke wie
„Dieser Stein . . ." nur als „Subjektsbegriffe" auffaßt, die angeblich
schon als solche selbst jeweils einen Bezug auf einen empirischen Gegenstand besitzen. Und hinter dieser Auffassung steht letztlich nichts
anderes als der Versuch, einer Aussage oder Erkenntnis ein empirisches
Etwas als Gegenstand zu sichern, noch bevor es dabei überhaupt zu
wahrer oder falscher Erkenntnis und Aussage gekommen ist, um auf
diese Weise das für eine rezeptive Auffassung fatale Faktum, daß bei
Falschheit dieses Etwas nicht vorliegt, aus der Welt zu schaffen.

Fatal ist dieses Faktum aber auch allein für eine Rezeptivitätsauffassung, nicht jedoch für eine Spontaneitätsauffassung, sofern sie nur als
eine solche auch voll zur Entfaltung gelangt und nicht — sei es ganz
oder teilweise, offen oder versteckt — einer Rezeptivitätsauffassung
wieder weicht. Gerade letzteres aber liegt immer wieder so nahe, weil
es keineswegs leicht ist, tatsächlich voll klarzustellen, wie spontan und
intentional Erkenntnis wirklich sein muß, damit sie auch als falsche
verständlich sein kann.

Dies zeigt sich deutlich bei Frege, der in seinem Aufsatz *Der Gedanke*
nicht allein die zuletzt behandelten Fehler im wesentlichen vermeidet.
Er setzt darin zunächst auch durchaus zu einer Spontaneitätstheorie
der Erkenntnis an — und gerät am Ende dennoch wieder in den Bann
der Rezeptivitätstheorie, dem er folgt und schließlich erliegt. Um so

besser aber ist dieser Weg, von dem er dorthin wieder abkommt, dazu geeignet, in den Vollbesitz der Spontaneitätstheorie zu gelangen, weil auf ihm die entscheidende Stelle des Abwegs in die Rezeptivitätstheorie klar erkennbar und damit vermeidbar ist.

## § 17. Die Spontaneitätsauffassung

Wie schon bemerkt, entfernt sich Frege bei seiner Analyse der Wahrnehmung immer mehr von seiner ursprünglichen Konzeption, wonach das Denken ein rezeptives „Erfassen" von Gedanken sei, die dafür in einem „dritten Reich" schon immer fertig vorgegeben sind. Zumindest soweit es auch in der Wahrnehmung auftritt, muß Frege dieses Denken als eine Spontaneität anerkennen, weil sich nur dadurch erklären läßt, daß wir im Wahrnehmen über die Innenwelt hinaus in die Außenwelt gelangen. Diese seine Spontaneität aber läßt zumindest als fraglich erscheinen, ob solches Denken dann noch jenes bloße „Erfassen" von Gedanken sein kann, die als etwas entweder Wahres oder Falsches in jenem „dritten Reich" angeblich immer schon vorliegen.

Diese Fragwürdigkeit aber steigert sich noch, wenn man bedenkt: Nach Frege tritt das Wahrnehmen selbst, in welchem wir Innenwelt in die Außenwelt überschreiten, als Wahrheit oder Falschheit auf, und zwar genau dadurch, daß wir sie darin überschreiten (K, S. 358). Und solches Wahrnehmen als Überschreiten faßt Frege auch tatsächlich als Denken auf (ebd.). Doch kann dieses Denken dann nicht nur, wie bemerkt, kein bloßes rezeptives „Erfassen" mehr sein; selbst wenn man davon absieht und wie Frege selber jene Redeweise vom „Erfassen" beibehält, kann solches Denken auch vor allem kein Erfassen „von Gedanken" mehr sein. Denn dazu müßte dieses Denken sich auf die Gedanken richten, „auf den Gedanken hinzielen" (K, S. 359); nach Frege aber zielt es in der Wahrnehmung gerade auf die Dinge der Außenwelt, von denen er selbst die Gedanken scharf abgrenzt und in jenes „dritte Reich" verlegt.

Und tatsächlich werden durch Wahrnehmen, das sein „Entscheidendes" gerade als dieses Denken besitzt, nicht etwa Gedanken wahrgenommen, sondern Dinge. Deshalb kann dieses Wahrnehmen auch keineswegs deshalb als Wahrheit oder Falschheit auftreten, weil etwa das Denken, das es ist, ein Erfassen jener wahren oder falschen Gedanken wäre. Und in der Tat führt Frege die Möglichkeit, daß Wahrnehmen als Wahrheit oder Falschheit auftreten kann, auch nicht darauf zurück, daß es als Denken etwa auf Gedanken zielte, sondern darauf,

daß es als Denken die Innenwelt überschreitet und auf Dinge der
Außenwelt zielt (K, S. 358). Dies jedoch vermag solches Denken, der
Sache nach, dann nur als eine Spontaneität und Intentionalität zu
leisten, welche Wahrheit oder Falschheit nicht etwa in jenem Gedan-
kenreich bloß vorfindet, sondern allererst durch diese Leistung der
Überschreitung selber jeweils hervorbringt.

Eben diesen Ansatz eines Denkens jedoch, das im Wahrnehmen als
ein spontanes Abzielen auf Dinge der Außenwelt auftritt, hält Frege
an entscheidender Stelle nicht durch, und zwar genau dort, wo alles
darauf ankäme, die Spontaneität und Intentionalität dieses Denkens
nicht nur für das Wahrnehmen zur Geltung zu bringen, sondern mit
aller Konsequenz auch für das jeweils Wahrgenommene.

Das Verhältnis zwischen Wahrnehmen und Wahrgenommenem erörtert Frege am Beispiel einer Linde, eine Erörterung, die deshalb so
bedeutsam ist, weil darin nach langer Zeit wieder einmal ein großer
Denker jenes fundamentale Problem der Erkenntnis und der Erkenntnistheorie wenigstens anschneidet (K, S. 352), nämlich das Problem der
Falschheit als einer Erkenntnis von nichts. Frege geht dabei von einer
ganz konkreten und jedermann geläufigen Wahrnehmungssituation
aus, in der man eine Linde wahrnimmt, und beginnt mit einer Erörterung von Ausdrücken, die man bei solcher Wahrnehmung benutzt:
„Indem ich . . . den Ausdruck ‚jene Linde' gebrauche . . . will ich etwas
bezeichnen, was ich sehe, und was auch andere betrachten . . . können"
(ebd.).

Als erstes ist daran bemerkenswert: Er versteht Ausdrücke wie „jene
Linde", also Ausdrücke, die in Zusammenhängen wie „Jene Linde ist
grün"[1] vorkommen, als Formulierungen von Wahrnehmungen, die
gerade nach Frege selber schon wahr oder falsch sind. Auch wenn er es
nicht ausdrücklich sagt, geht er selber damit faktisch bereits davon aus,
daß Ausdrücke wie „Jene Linde . . ." jeweils selbst schon wahre oder
falsche Aussagen formulieren; und eben damit besteht für ihn dann
von vornherein auch keine Gefahr, in eine Rezeptivitätstheorie etwa
dadurch zu geraten, daß er ebenfalls annähme, durch „Subjektsbegriffe"

---

[1] Die Bedeutsamkeit dieses Beispiels, die im folgenden herausgestellt werden soll, wird dadurch verdeckt, daß Frege es im Rahmen der Frage „Ist jene
Linde meine Vorstellung?" (K, S. 352), also im Rahmen der Problematik des
Solipsismus erörtert. Es gilt jedoch, sich klarzumachen, daß die Bedeutsamkeit dieses Beispiels davon unabhängig ist. Vgl. dazu auch das Beispiel „Mein
Bruder . . ." (K, S. 358), das dieselbe Bedeutsamkeit und Unabhängigkeit
besitzt.

wie „Jene Linde . . ." könne eine Aussage oder Erkenntnis einen empirischen Gegenstand besitzen, noch bevor etwas Wahres oder Falsches
ausgesagt sei.

Beim Gebrauch solcher Ausdrücke wie „Jene Linde . . ." ist nun nach
Frege „zweierlei möglich", nämlich daß „meine Absicht erreicht ist"
oder daß ich „meine Absicht verfehlt habe", wobei meine Absicht nach
Frege darauf abzielt, daß „ich mit dem Ausdruck ‚jene Linde' etwas
bezeichne" (ebd.). Dabei aber gilt es ferner zu beachten, daß Frege
damit keineswegs, wie es auf den ersten Blick erscheinen könnte, etwa
rein sprachliche Erwägungen anstellt, sondern daß er mit diesen sprachlichen Erwägungen gerade die entsprechende Sache erwägt: Durch die
Erörterung des Gebrauchs von Ausdrücken wie „Jene Linde . . ." erörtert Frege die *Wahrnehmung, bei der* man solche Ausdrücke gebraucht.

Deshalb müssen jene beiden Möglichkeiten auch für die Wahrnehmung bestehen, nämlich daß ich meine Absicht, mit der ich dabei auf
etwas abziele, erreichen oder verfehlen kann. Und in der Tat leuchtet
dies von Freges Wahrnehmungstheorie, soweit sie schon behandelt
wurde, nämlich vom Wahrnehmen her auch durchaus ein: Im Wahrnehmen überschreiten wir unsere Innenwelt und zielen auf die Dinge
der Außenwelt ab und können diese Absicht erreichen oder verfehlen;
im Gegensatz zu innerer Erfahrung kann Wahrnehmung als äußere Erfahrung wahr oder falsch werden. Und tatsächlich formuliert auch
Frege selbst zumindest die eine jener beiden Möglichkeiten, die er zunächst sprachlich an Hand des Ausdrucks „Jene Linde . . ." erörtert,
auch von der Wahrnehmung her: „wenn ich meine Absicht verfehlt
habe" heißt für Frege soviel wie „wenn ich nur zu sehen meine, ohne
wirklich zu sehen" (ebd.), womit der Wahrnehmungsirrtum oder die
Sinnestäuschung gemeint ist: „solche Irrtümer kommen vor . . . Mit
dem Schritte, mit dem ich mir eine Umwelt erobere, setze ich mich der
Gefahr des Irrtums aus" (K, S. 358).

Jedoch inmitten der Erörterung dieser beiden Möglichkeiten, worin
er ganz plausibel Wahrnehmung als etwas ansetzt, das jeweils entweder
wahr oder falsch werden kann, tut Frege unversehens einen Gedanken-
sprung, mit dem er sich in einen unlösbaren Widerspruch verstrickt.

Daß Wahrnehmung etwas ist, das entweder wahr oder falsch werden
kann, daran hält Frege fest, solange er dabei nur das Wahrnehmen im
Blick hat; sobald er aber dazu auch das Wahrgenommene mit in den
Blick faßt, gibt er diese zweifache Möglichkeit wieder preis und behauptet das Gegenteil. In den Fällen des „Irrtums", welche zur Möglichkeit der Wahrheit die Möglichkeit der Falschheit von Wahrnehmung
bezeugen, in diesen Fällen, sagt Frege plötzlich, „habe ich mich, ohne

es zu wissen und zu wollen, in das Gebiet der Dichtung verirrt" (K, S. 352). Und er wiederholt noch einmal: „Wir verfallen dann wider unsere Absicht in Dichtung" (K, S. 358).

Eben diesen Ausdruck „Dichtung" aber hat Frege selbst als Terminus für solches eingeführt, das gerade weder wahr noch falsch ist, auch wenn es noch so sehr den Anschein haben mag (K, S. 346 f.). Irrtum soll also plötzlich nicht mehr Irrtum, Falschheit soll plötzlich nicht mehr Falschheit sein; und damit soll in diesen Fällen auch Wahrnehmung plötzlich nicht mehr etwas sein, das *entweder* wahr *oder* falsch, sondern das *weder* wahr *noch* falsch ist, womit Frege seiner allgemeinen Aussage, Wahrnehmung sei generell entweder wahr oder falsch, selbst widerspricht.

Der Grund für diesen Widerspruch aber liegt tatsächlich darin, daß Frege dabei zusätzlich zum Wahrnehmen das Wahrgenommene mit in den Blick faßt. Diesen Grund kennzeichnet er nämlich dahin, daß in solchen Fällen ein Ausdruck wie „Jene Linde . . ." gerade *nicht* „etwas bezeichnet", solchen Ausdrücken gerade *nicht* „etwas entspricht", daß vielmehr in diesen Fällen „die Bezeichnung ‚jene Linde' leer ist" (K, S. 352, S. 358). Das heißt: Vom Wahrnehmen her, das entweder wahr oder falsch ist, wird Frege im Hinblick auf das Wahrgenommene plötzlich klar, daß im Falle der Falschheit, des Wahrnehmungsirrtums, ein Wahrgenommenes überhaupt nicht vorliegt, daß bei Irrtum in der Wahrnehmung schlechterdings *nichts* wahrgenommen wird. Angesichts dessen jedoch, daß Wahrnehmung auch einmal Wahrnehmung von *nichts* sein könne, überkommt Frege offenbar ein solcher *horror vacui,* daß er ganz überstürzt diesen Fällen den Wahrnehmungscharakter überhaupt abspricht.

Bis in Einzelheiten des Textes hinein läßt sich diese Bestürzung und Überstürzung verfolgen. Jene Möglichkeit der Wahrheit in der Wahrnehmung kennzeichnet Frege nämlich so, daß dabei „meine Absicht erreicht ist, wenn ich mit dem Ausdruck ‚jene Linde' *etwas bezeichne"* (K, S. 352, kursiv vom Verf.), und das heißt: wenn ich dabei *etwas sehe.* Von hier aus aber müßte er dann die nachfolgende Kennzeichnung der Falschheit oder des Irrtums in der Wahrnehmung konsequenterweise so formulieren, daß ‚ich aber meine Absicht verfehlt habe, wenn ich *nichts* sehe', zumal er selbst noch anfügt, daß dabei „die Bezeichnung ‚jene Linde' leer ist".

Gerade diesen Schritt jedoch, der konsequent und besonnen wäre, läßt Frege aus und springt sofort in einen weiteren Schritt, den er offenbar für die eigentliche Konsequenz hält. Er müßte sagen: ‚Wenn ich aber meine Absicht verfehlt habe, wenn ich *etwas* nur zu sehen meine, ohne wirklich *etwas* zu sehen'; statt dessen aber läßt er gerade dieses „etwas" jeweils aus und sagt sofort: „Wenn ich aber meine Absicht verfehlt habe, wenn ich nur zu *sehen* meine, ohne wirklich zu *sehen*" (ebd., kursiv vom Verf.). Statt zunächst einmal zu verneinen, daß man dabei *etwas* sieht, verneint er sogleich, daß man dabei überhaupt *sieht*, daß dabei überhaupt Wahrnehmen vorliegt[2], und setzt damit diese Fälle sofort zu bloßer „Dichtung" herab.

Diese Entscheidung aber bedeutet letztlich nichts Geringeres, als daß Frege an dieser Stelle seiner Wahrnehmungstheorie, die er als eine Spontaneitätstheorie zumindest ansetzt, in eine Rezeptivitätstheorie zurückfällt und damit auch seine Erkenntnistheorie wieder in jene Schwierigkeiten verstrickt, die schon seit den Eleaten bekannt und unlösbar sind. Von der Spontaneität her, die er im Wahrnehmen zweifellos ansetzt, hätte Frege noch einmal eine und dazu noch eine besonders gute Gelegenheit, das alte Grundproblem zu lösen, nämlich wie Erkennen, in diesem Falle Wahrnehmen, falsch sein könne und dennoch in vollem Sinne Erkennen oder Wahrnehmen. Grundsätzlich ist Frege sich nämlich im klaren darüber, daß falsch wahrnehmen soviel wie nichts wahrnehmen bedeutet, denn ein Ausdruck wie „Jene Linde . . .", so sagt er selbst, ist in solchen Fällen „leer".

Frege kommt also von vornherein überhaupt nicht auf den Gedanken, sich für das falsche Wahrnehmen ein Wahrgenommenes zu erschleichen, indem er sich etwa dazu überredet, daß man dabei, wenn auch keine Linde, so doch irgend etwas anderes, also auf jeden Fall etwas wahrnimmt. Insbesondere kommt Frege auch nicht auf den Gedanken, daß man in Fällen des Wahrnehmungsirrtums, wenn auch keine Außenwelt, so doch seine Innenwelt wahrnimmt, nämlich die Vorstellung, welche man dabei hat. Diesen Schleichweg zu einem Wahrgenommenen für das falsche Wahrnehmen hat er sich selbst durch seine Einsicht in das Wahrnehmen als Überschreiten der Innenwelt mit guten Argumenten versperrt. Deshalb sagt er auch im Hinblick auf den Wahrnehmungsirrtum ganz konsequent: „Freilich *habe* ich dann wohl eine Vorstellung; aber diese meine ich nicht mit den Worten ‚jene Linde'" (K, S. 352, kursiv vom Verf.). Und damit ist hier abermals nichts anderes gesagt, als daß ich auch dabei eine solche Vorstellung zwar *habe*, aber

[2] Vgl. denselben Fehler bei Husserl: „Ich sehe und fasse das Ding selbst in seiner Leibhaftigkeit. Freilich täusche ich mich mitunter und nicht nur hinsichtlich der wahrgenommenen Beschaffenheiten, sondern auch hinsichtlich des Daseins selbst . . . Die Wahrnehmung ist dann nicht 'echte' Wahrnehmung" (*Ideen* I, Husserliana, Bd. 3, S. 89).

nicht *sehe*, daß sie mir dabei zwar *gegeben*, aber nicht *gegenständlich* ist.

Dennoch bringt Frege es nicht fertig, konsequent an der Tatsache festzuhalten, daß falsch wahrnehmen soviel wie nichts wahrnehmen bedeutet; und zwar ganz einfach deshalb nicht, weil er die weitere Konsequenz nicht mehr aufbringt: Es muß dieses Wahrnehmen, das er selbst ohnehin bereits als eine Spontaneität ansetzt, dann eben so spontan sein, daß es gerade auch als Wahrnehmen *von nichts* verständlich wird. Statt dessen aber gibt Frege an dieser Stelle sogar noch diesen Ansatz von Spontaneität wieder preis und läßt sich von dem rezeptiven Sinn, der irreführenderweise in Ausdrücken wie „Sehen" oder „Wahrnehmen" selbst schon liegt, zu einer Rezeptivitätsauffassung verleiten. Eben darin nämlich liegt der Grund dafür, daß Frege ein Sehen oder Wahrnehmen *von nichts* überhaupt nicht mehr als ein Sehen oder Wahrnehmen gelten läßt, sondern daß er sich, indem er es für Dichtung erklärt, auf den Standpunkt stellt, es müsse Sehen oder Wahrnehmen auch immer Sehen oder Wahrnehmen *von etwas* sein. Denn in der Tat liegt ein Rezipieren nur vor, wo auch *etwas* rezipiert wird, während ein sogenanntes 'Rezipieren von *nichts*' eben von vornherein überhaupt kein Rezipieren wäre.

Dabei scheint Frege aber nicht einmal zu ahnen, daß er damit lediglich einen Fehler wiederholt, der seit den Anfängen der abendländischen Philosophie bei den Griechen explizit oder implizit allen Philosophen unterläuft, die in Anlehnung an den irreführenden Sinn von Sehen oder Wahrnehmen das Erkennen als ein Rezipieren auffassen wollen. Eben dieser Fehler aber führt, wie sich schon seit den Eleaten immer wieder zeigt, bei entsprechender Konsequenz letztlich dazu, so etwas wie irrtümliches oder falsches Erkennen könne es eigentlich gar nicht geben, es könne sich vielmehr in solchen Fällen überhaupt nicht mehr um Erkennen handeln.

Eine Theorie des Erkennens indessen, die zu einer solchen Konsequenz führt, muß einen prinzipiellen Fehler enthalten, nicht nur weil Erkennen tatsächlich auch als Falschheit oder Irrtum auftritt, sondern weil oft genug sogar die Wahrheit unseres Erkennens erst als Korrektur von Falschheit oder Irrtum zustande kommt, was sich besonders deutlich gerade am Wahrnehmungsirrtum zeigt. Wäre dieser aber keine Falschheit sondern Dichtung, wie Frege behauptet, so wäre er auch nichts, was sich durch Negation korrigieren und damit in Wahrheit überführen ließe.

Also nichts Geringeres als das Faktum selbst, daß es Wahrnehmung und Erkenntnis als wahre oder falsche gibt, zwingt dazu, jegliche Rezeptivitätstheorie zu seiner Erklärung endgültig preiszugeben. Wie jene unhaltbare Konsequenz zeigt, ist dieses Faktum nur durch eine Spontaneitätstheorie zu erklären, die über Freges Ansatz einer Spontaneität im Wahrnehmen noch einen entscheidenden Schritt weitergeht.

Wie schon erwähnt, setzt Frege solche Spontaneität zunächst insofern an, als er im Wahrnehmen nicht nur das Haben von Vorstellungen in der Innenwelt, sondern auch noch das Denken erblickt, das über diese Innenwelt gerade hinaus in die Außenwelt führt. Wie seine weiteren Erörterungen zeigen, führt nach Frege dieses Denken indessen auch wieder nur in der Weise dorthin, daß seine Spontaneität über Innenwelt hinaus allein in dem Sinne führt, daß sie dabei auf halbem Wege gleichsam haltmacht, um Außenwelt dort sozusagen auf sich zukommen zu lassen. Durch Denken spontan ist Wahrnehmung für Frege nämlich gerade nur soweit, daß sie eben dadurch erst eigentlich rezeptiv werden kann. Nach Frege sind die Dinge dieser Außenwelt vom Wahrnehmen so wenig abhängig, daß vielmehr umgekehrt das Wahrnehmen als solches selbst gerade von ihnen abhängt: Denn nur wenn dort, wo jene Spontaneität des Denkens haltmacht, dieses Denken nicht „leer" bleibt, sondern von der anderen Seite her durch entsprechende Dinge erfüllt wird, — nur dadurch wird dieses Denken zum Wahrnehmen[3]; wenn aber nicht, wird eben dadurch dieses Denken statt zum Wahrnehmen, nämlich zum falschen, vielmehr zum Dichten.

Genau in dieser Richtung, nämlich im Hinblick auf die Dinge der Außenwelt, geht die Spontaneitätsauffassung des Erkennens, wie sie der Kantischen Deutungstheorie zugrunde liegt, einen entscheidenden Schritt weiter als die von Frege. Und entscheidend ist dieser weitere Schritt deshalb, weil allein durch ihn auch jenes fundamentale Problem der falschen Erkenntnis noch lösbar wird. Denn zu Ende gedacht, ergibt sie die Einsicht: Ganz im Gegensatz zum rezeptiven Sinn ihrer Bezeichnung muß Wahrnehmung von einer Spontaneität sein, die nicht nur im Wahrnehmen auftritt und vor dem Wahrgenommenen etwa haltmacht, sondern die sich bis in dieses Wahrgenommene hinein erstreckt, so daß nicht etwa das Wahrnehmen vom Wahrgenommenen, sondern gerade umgekehrt das Wahrgenommene vom Wahrnehmen abhängig ist.

[3] Vgl. denselben Fehler bei Husserl: „Das Wahrnehmen, die wahrnehmende Zuwendung zu einzelnen Gegenständen . . . ist bereits eine aktive Leistung des Ich. *Als solche setzt sie voraus*, daß uns schon etwas vorgegeben ist, dem wir uns in der Wahrnehmung zuwenden können. Und vorgegeben sind nicht bloß einzelne Objekte, isoliert für sich, sondern es ist immer ein Feld der Vorgegebenheit . . ." (*Erfahrung und Urteil*, Hamburg 1972, S. 74, kursiv vom Verf.).

Dies wird deutlich, wenn man Freges Theorie der Wahrnehmung auch noch hinsichtlich des Wahrgenommenen mit der entsprechenden Kantischen Theorie vergleicht. Oben wurde darauf hingewiesen, es liege nahe, auch das Wahrnehmen im Sinne Freges als ein „Deuten" zu bezeichnen. Denn wie Kant versteht er darunter ein spontanes und ursprüngliches Überschreiten der Innenwelt, für das gerade niemals diese Innenwelt selbst, sondern nur Außenwelt gegenständlich werden kann.

Diese Übereinstimmung indessen tritt nur in Erscheinung, solange man dabei den Blick allein auf das Wahrnehmen richtet, und schwindet sofort, wenn man dazu auch noch das Wahrgenommene mit in den Blick faßt. Dann nämlich zeigt sich: Im Rahmen der Kantischen Theorie der Erfahrung wird das Wahrnehmen in einem so fundamentalen Sinne als Deuten erfaßt, daß die Verwendung dieses Terminus auch für das Wahrnehmen im Fregeschen Sinne sich eigentlich wieder verbietet.

Denn im Unterschied zu Frege ist mit diesem Wahrnehmen als Deuten nicht einfach nur ein Überschreiten der Innenwelt in die Außenwelt gemeint. Vielmehr ist damit zugleich und vor allem gemeint, daß alle Dinge als das Wahrgenommene oder Wahrnehmbare in dieser Außenwelt grundsätzlich nur in dem Sinne existieren, daß sie das durch solches deutende Wahrnehmen Erdeutete oder Erdeutbare sind und mithin gerade als solche wahrgenommenen oder wahrnehmbaren Objekte unlösbar in Abhängigkeit von solchen wahrnehmenden Subjekten stehen. Anders dagegen bei Frege. Denn so gewiß auch er unter dem Wahrnehmen ein Überschreiten der Innenwelt in die Außenwelt versteht, so gewiß denkt er dabei die Dinge in der Außenwelt doch nur als etwas, das dort ganz unabhängig vom Wahrnehmen schon immer fertig vorliegt: zu dem dieses Wahrnehmen immer erst nachträglich hinzutritt und mithin gerade als Wahrnehmen von ihm abhängt[4].

Von jenem Deuten und dem Vollsinn seiner Spontaneität indessen ist darin so wenig enthalten, daß eigentlich kein Grund mehr vorliegt, den Ausdruck „Deuten" dafür aufrechtzuerhalten. Und in der Tat geht dadurch, daß Frege aus jenem Ansatz zu einer Spontaneitätstheorie des Wahrnehmens in eine Rezeptivitätstheorie zurückfällt, dem Wahrnehmen auch der Charakter des Deutens, der ihm zunächst zukommen sollte, wieder verloren.

Doch bevor wir dies bei Frege weiterverfolgen, gilt es zunächst hervorzuheben: Daß wahrgenommene oder wahrnehmbare Außenwelt im Rahmen jener Deutungstheorie den Sinn erdeuteter oder erdeutbarer Außenwelt bekommt, erst damit gelangt diese Kantische Theorie zu

---

[4] Vgl. die vorige Anm.

voller Entfaltung. Und deshalb kann auch erst an dieser Stelle voll gerechtfertigt werden, daß die Terminologie von „deuten" und „erdeuten", die Kant selbst nicht verwendet, dennoch die Art von Theorie, die ihm vorschwebt, genau formuliert.

Dies möchte man schon für das Wort „deuten" bezweifeln: Es wurde als Terminus eingeführt, weil es bereits von sich aus, noch vor aller philosophischen Verwendung, ein überschreitendes Bestimmen formuliert, worauf auch Kant hinauswill, während das Wort „bestimmen" selbst, das er verwendet, dies nicht tut. Man verweist jedoch zum Beispiel auf den Fall der Deutung eines lyrischen Gedichts, wobei von einer Überschreitung dieses Gedichts, wie man meint, doch gar keine Rede sein könne, wenn anders es sich tatsächlich um eine Deutung dieses Gedichts handeln soll [5].

Das ist jedoch ein Irrtum. Gerade wenn man nämlich voraussetzt, es handle sich tatsächlich um solch eine Deutung, so ist sie dies um so mehr, als Deutung um so besser, je mehr sich ihr eigener Wortlaut von dem des Gedichts unterscheidet. Und umgekehrt ist sie dies um so weniger, als Deutung um so schlechter, je weniger sich ihr eigener Wortlaut von dem des Gedichts unterscheidet: je mehr sie sich seinem Wortlaut annähert und damit übergeht in bloße Paraphrase oder gar Wiederholung dieses Gedichtes selbst. Und es ist auch überhaupt nicht abzusehen, welche Deutung, die diesen Namen verdient, davon eine Ausnahme machen sollte, gleichviel wovon sie Deutung sein mag.

Auch ein Gedicht zu deuten, heißt somit, es zu überschreiten und etwas zu bestimmen, das im genannten Sinne ein anderes ist als es selbst: Gedeutet wird das Gedicht, erdeutet aber wird etwas grundsätzlich anderes, und überhaupt nur dadurch bleibt auch verständlich, welch ein Wagnis man immer wieder damit eingeht, in der Deutung eines Gedichts dieses andere als genau das hinzustellen, was dieses Gedicht zum Ausdruck bringe. Entsprechend unverständlich wäre es auch, zu sagen, was bei Deutung eines Gedichts erdeutet werde, sei eben das Gedicht, genau dieses Sinngebilde selbst. Verständlich wäre letzteres vielmehr allein für das einfache Lesen eines Gedichts, wobei es als das Sinngebilde, das es selber darstellt, jeweils allererst zu erdeuten ist.

Nur ist dieses im Lesen erdeutete Gedicht dann abermals etwas grundsätzlich anderes als das, was dabei gedeutet wird oder *woraus* es erdeutet wird, nämlich die Buchstaben, die zu seiner Niederschrift verwendet werden, womit wir wieder bei Kants Lesemodell angelangt

---

[5] So z. B. Wolfgang Marx im *Philosophischen Jahrbuch*, Jg. 1977, S. 424.

sind: Lesen wir etwas, sei es nun ein Wort, ein Satz oder ein Gedicht, so sagen wir beispielsweise „Warum hast du uns zugedacht . . ." und nicht etwa „We", „A", „Er", „U", „Em" . . .; wir sind dabei keineswegs bei diesen Buchstaben, sondern bei jenem Sinn. Diese Buchstaben werden dabei vielmehr gedeutet, und das heißt eben überschritten, nämlich auf den gelesenen, und das heißt erdeuteten Sinn, der es eigentlich ist, was dabei bestimmt und dadurch zum Gegenstand wird.

Eben deshalb ist die Deutungsterminologie so geeignet, die Struktur der Wahrnehmung, wie Kant sie in Ansätzen aufgedeckt hat, erkenntnistheoretisch zureichend zu formulieren. In ein und demselben Fall einer Wahrnehmung als Erdeutung von etwas wird jeweils *gedeutet* das Sinnesdatum in der Innenwelt und nur dieses, dadurch *erdeutet* aber wird das Ding in der Außenwelt und nur dieses. Obwohl dabei nicht allein Außenwelt, sondern auch Innenwelt jeweils im Spiel ist, kann es bei dieser Terminologie zu keinerlei Unklarheit oder gar Verwechslung kommen. Denn in der je bestimmten Rolle, in der sie daran beteiligt sind, werden Außenwelt und Innenwelt durch diese Terminologie genau bezeichnet und damit voneinander scharf unterschieden: So hat es in ihrem Rahmen auch keinerlei Sinn, etwa umgekehrt von Außenwelt zu sagen, sie werde gedeutet, oder gar von Innenwelt, sie werde erdeutet.

Wie von selbst bekommt damit die Einsicht Freges, Innenwelt könne nicht wahrgenommen werden, von Kant her ihre Begründung. Denn bedeutet, etwas wahrzunehmen, soviel wie, etwas zu erdeuten, so heißt das eben, es wird dieses etwas aus etwas anderem erdeutet, nämlich aus dem, was dabei *gedeutet* wird: aus dem Sinnesdatum. Genau deshalb aber kann das nicht auch noch für diese Sinnesdaten der Innenwelt selber zutreffen. Denn als etwas mir unmittelbar Gegebenes sind sie eben nicht auch selbst wieder durch Sinnesdaten gegeben, aus denen ich sie allererst erdeuten müßte. Das muß ich vielmehr nur im Falle der Außenwelt, weil sie als ein anderes meiner selbst sich bei mir zunächst einmal melden muß, eben durch Sinnesdaten in meiner Innenwelt, durch deren Überschreitung allererst ich Außenwelt dann ursprünglich zum Gegenstand für Erkenntnis zu gewinnen vermag: zum Wahrgenommenen einer Wahrnehmung, zum Erdeuteten einer Deutung[6].

[6] Etwas jedoch, das von vornherein gar kein anderes meiner selbst ist, sondern wie das Sinnesdatum in meiner Innenwelt sogleich Teil meiner selbst, bedarf eben deshalb auch keiner Sinnesdaten, um sich erst einmal bei mir zu melden. Indem ein Sinnesdatum mir jeweils Außenwelt meldet, ist erst recht es selbst mir dabei mitgemeldet: Ist durch es vermittelt Außenwelt gegeben,

Noch mehr als „deuten" aber scheint das Wort „erdeuten" einer Rechtfertigung zu bedürfen, da es sogar eine Neubildung darstellt, während „deuten" immerhin schon in der Umgangssprache vorkommt. Aber auch die Einführung dieses neugebildeten Wortes läßt sich an Hand eines Stücks alltäglicher Umgangssprache rechtfertigen: In der Tagesschau des ersten deutschen Fernsehens wurde am 15. 12. 1974 um 20 Uhr von einem Brand berichtet, der in einem Gebäude ausgebrochen und mit starker Rauchentwicklung verbunden war. Und von den Menschen, die dadurch bewußtlos wurden und sich deshalb noch in dem Gebäude befanden, hieß es dabei, ihre Rettung sei nur mit großer zeitlicher Verzögerung möglich gewesen, da sie wegen des Rauches von den Rettern „nur ertastet" werden konnten.

Dieser Ausdruck „ertastet" oder „ertasten" aber, dessen Sinn uns unmittelbar verständlich ist, formuliert lediglich speziell die Wahrnehmung, die wir allgemein, zum Zwecke der Erkenntnistheorie, durch den ganz analog gebildeten Ausdruck „erdeutet" oder „erdeuten" formulieren. Denn daß jene Menschen „nur ertastet" werden konnten, bedeutete in jener Nachricht, daß sie „nicht erblickt" werden konnten, was nämlich eine schnellere Rettung ermöglicht hätte. Und zusammengenommen hatte dies in voller Explikation genau den Sinn: Sie konnten dabei nicht aus Gesichtseindrücken, sondern nur aus Tasteindrücken „erdeutet" werden, aus Sinnesdaten, die sich die Retter nicht so schnell zu verschaffen vermochten wie die ersteren.

so ist dabei erst recht auch es selbst schon, nämlich unmittelbar gegeben. Aber wohlgemerkt: gegeben und nicht etwa gegenständlich oder erkannt. Und die Unmittelbarkeit seiner Gegebenheit bedeutet für seine Erkenntnis oder Vergegenständlichung auch nicht etwa eine Erleichterung, sondern eine Erschwernis. Da dieses Sinnesdatum dabei selbst als *Gegenstand* von Erkenntnis auftritt, dieser Erkenntnis also *gegenüber* tritt, kann es nicht in das Erkenntnisgebilde selbst eingehen wie bei der Erkenntnis von Außenwelt, die eben dadurch zu sinnlicher Wahrnehmung wird. Da dieses Sinnesdatum aber auch nicht durch ein weiteres vermittelt gegeben wird, kann in diese Erkenntnis von Innenwelt selbst, anders als in die Wahrnehmung von Außenwelt, überhaupt kein Sinnesdatum eingehen, das auch diese Erkenntnis zu einer sinnlichen und damit zur Wahrnehmung machte. Die Schwierigkeit der inneren Erfahrung liegt somit darin: Sie kann nicht mehr wie die äußere als Wahrnehmung dadurch entspringen, daß Verstand sich mit Sinnlichkeit verbände, indem er sinnliche Anschauung durch seinen Begriff deutete; sie muß sich vielmehr aus Verstand allein und somit als rein intellektuelle Erkenntnis bilden, was anderseits auch wieder nicht verwunderlich ist, da sie ja schon einen Fall von Selbstbewußtsein darstellt.

Es ist aber insbesondere auch das wechselseitige Verhältnis von „deuten" und „erdeuten" wie auch von Innenwelt und Außenwelt, auf die sich diese Termini jeweils eindeutig beziehen, der Kantischen Auffassung von Wahrnehmung als Ursprung äußerer Erfahrung genau angemessen. Das zeigt sich, wenn man noch ein weiteres Modell heranzieht, das Kant benutzt für das Verhältnis zwischen gedeuteter Innenwelt und deutendem Begriff einerseits wie auch für das Verhältnis beider zusammen zur erdeuteten Außenwelt anderseits.

Welche Art von „Bestimmen" er im Wahrnehmen erblickt, gibt Kant nämlich indirekt auch dadurch zu erkennen: Anschauung und Begriff, wie sie dabei als „Bestimmbares" und „Bestimmendes" jeweils zusammenkommen, kennzeichnet er auch als „Materie und Form" solcher Erkenntnis (A 266 f., B 322 f.). Das Bestimmen im Wahrnehmen, das sich im vorigen genauer als ein deutendes Bestimmen erwiesen hat, wäre danach als ein formendes Bestimmen aufzufassen, wobei Sinnesdaten als ein Material geformt werden durch einen Begriff als Form.

Damit nimmt Kant speziell zum Zwecke von Erkenntnistheorie ein Modell wieder auf, das schon seit Aristoteles bekannt ist[7], das aber dennoch nur bei sorgsamer Entfaltung, dann aber tatsächlich eine wichtige Einsicht vermittelt. Und zwar gilt dies auch hier nicht erst von dem, wofür es Modell steht, sondern bereits von demjenigen, was dabei Modell steht.

Denn seit Aristoteles wird dazu immer wieder der Bildhauer herangezogen, der zum Beispiel aus Marmor eine Statue formt. Schon hier aber tritt eine Schwierigkeit auf: Eben dieses Selbige nämlich pflegen wir umgangssprachlich in zwei grundverschiedenen Weisen auszudrücken, indem wir bald dafür sagen, dabei werde Marmor geformt, bald aber auch wieder, dabei werde eine Statue geformt. Und obwohl wir das eine ebenso unmittelbar zu verstehen meinen wie das andere, ist doch in Wahrheit unmittelbar verständlich nur das eine, während damit im Vergleich das andere zunächst geradezu unverständlich ist: Zu sagen, der Marmor werde geformt, ist unmittelbar verständlich in dem Sinne, daß der Marmor dabei eine Form bekommt. Was aber meinen wir eigentlich, wenn wir auch von der Statue sagen, sie werde geformt? Denn ist es der Marmor, der geformt wird, nämlich eine Form bekommt, so kann es nicht zugleich auch die Statue sein, die geformt wird, weil sie die Form, die sie schon hat, nicht mehr bekommen kann. Diese Redeweise liefe dann vielmehr auf einen Widerspruch hinaus.

---

[7] Vgl. z. B. *Metaphysik* 1029 a, 1032 b f., 1033 a f., 1034 a.

Was mit ihr eigentlich gemeint ist, kann deshalb nur verständlich werden, wenn man sie in angemessener Weise verändert.

Dafür aber bleibt letztlich auch hier wieder nur eine Möglichkeit, die wir schon kennen: Ist der Marmor das, was dabei *geformt* wird, so ist demgegenüber die Statue vielmehr das, was dadurch *erformt* wird. Gibt man dabei dem Marmor die Form, so entspringt damit etwas anderes, die Statue, die eben nicht mehr, wie schon Aristoteles bemerkte, einfach Marmor ist, sondern nur marmorn. Was in solch einem formenden „Bestimmen" jeweils „bestimmt" wird, ist somit überhaupt nicht der Marmor, weil gerade dadurch, daß die „bestimmende" Form in ihm auftritt, als das „Bestimmte" die Statue auftritt. Deshalb ist auch jeder einzelne Fortschritt in solcher Formgebung, ein kleinerer nicht weniger als ein größerer, immer wieder prinzipiell ein Überschritt über Marmor hinaus auf die Statue hin, der darum auch nur von jener Formungsterminologie genau getroffen wird: als ein Formen, das als Formen von etwas zugleich ein Erformen von etwas anderem ist. Und dabei läßt sich abermals nicht absehen, welches Formen, das seinen Namen verdient, von diesem grundsätzlichen Überschreitungscharakter eine Ausnahme bildete.

Auch im Zusammenhang der Formungsterminologie wird somit wieder genau die Art von Differenzierung notwendig wie im Zusammenhang der Deutungsterminologie. Und noch klarer als die Differenzierung zwischen Gedeutetem und Erdeutetem ist die zwischen Geformtem und Erformtem nicht erst speziell zum Zwecke philosophischer Erkenntnistheorie notwendig, sondern schon zur Bereinigung von Ungenauigkeiten oder gar Widersprüchen alltäglicher Umgangssprache selbst.

Umgekehrt aber dürfte damit nicht nur diese differenzierte Terminologie selbst gerechtfertigt sein, sondern auch ihre Eignung, die Kantischen Ansätze zur Erkenntnistheorie weiter durchzuführen und auszuformulieren.

Daß nach Kant das Wahrnehmen jeweils ein Deuten von Daten der Sinnlichkeit durch Begriffe des Verstandes ist und das Wahrgenommene jeweils das dadurch Erdeutete, heißt demnach genau dies: Es werden in solchem Wahrnehmen die Sinnesdaten unserer Innenwelt durch die Begriffe unseres Verstandes jeweils in dem Sinne geformt, daß die dabei wahrgenommenen Dinge der Außenwelt jeweils das aus solcher Innenwelt Erformte sind. Und wie eine aus Marmor erformte Statue nicht einfach Marmor ist, sondern nur marmorn, so ist auch ein aus sinnlicher Anschauung durch Begriff erformtes Ding in der Wahrnehmung nicht einfach Anschauung, sondern nur anschaulich. In solcher

Wahrnehmung wird Anschauung der Innenwelt durch den Begriff in etwas anderes „verwandelt" [8], in das Ding der Außenwelt als Anschauliches, so wie Marmor durch die Form in etwas anderes verwandelt wird, in die marmorne Statue.

Mit all dem aber ist letztlich nichts anderes als jene berühmte 'Kopernikanische Wendung' genau formuliert (vgl. B XVI f.), die Kant mit seiner Theorie der Erfahrung in der *Kritik der reinen Vernunft* vollzieht: Daß wahre oder falsche Erkenntnis der Dinge nicht als ein bloßes Abbild dieser Dinge entspringen kann, heißt nicht nur: Sie muß über jene Rezeptivität der Sinnlichkeit hinaus noch solche Spontaneität des Verstandes enthalten und damit als Deutung ein komplexes Gebilde darstellen. Dies heißt vor allem auch: Es können die erkannten Dinge selbst, sofern ihre Erkenntnis solche Spontaneität des Verstandes enthalten muß, nicht als etwas bestehen, das unabhängig von solcher Erkenntnis schon immer fertig vorgegeben und als solches lediglich noch abzubilden wäre. Sie sind vielmehr als das durch deutende Erkenntnis selber allererst Erdeutete oder Erdeutbare von eben solcher Deutung gerade abhängig. Als Wahrnehmung entspringt Erkenntnis nicht, wie die Abbildtheorie meint, als ein Verhältnis, worin etwa das Wahrnehmen vom Wahrgenommenen abhängig wäre, sondern worin umgekehrt vielmehr das Wahrgenommene als Erdeutetes vom Wahrnehmen als Deuten abhängig ist.

Daß nun im Wahrnehmen tatsächlich eine so weitgehende Spontaneität am Werke sein muß, daß sogar das Wahrgenommene selbst nur das aus spontaner Deutung heraus Erdeutete sein kann, wird daran deutlich: Es läßt sich auch allein durch die Inanspruchnahme eben solcher Spontaneität jenes Faktum erklären, daß Wahrnehmung als Ursprung unserer empirischen Erkenntnis nicht nur wahr, sondern auch falsch, und das heißt, nicht nur Erkenntnis von etwas, sondern auch von nichts sein kann. Und dies erhellt, wenn man einmal genauer verfolgt, wie es aus der Perspektive dieser Kantischen Deutungstheorie überhaupt dazu kommt, daß Frege aus seinem Ansatz zu einer Spontaneitätstheorie des Wahrnehmens wieder zurückfällt in eine Rezeptivitätstheorie und dabei dem Wahrnehmen den Charakter eines wahren oder falschen Deutens, den er selbst ihm zunächst zugesprochen hatte, wieder abspricht.

Zu diesem Rückfall kommt es nur, weil Frege nicht die Konsequenz aufbringt, die Spontaneität des Denkens, die er dem Wahrnehmen als

---

[8] Vgl. Kant, *Prolegomena*, Akad.-Ausg., Bd. 4, S. 297, *Metaphysische Anfangsgründe der Naturwissenschaft*, Bd. 4, S. 555.

Deuten zunächst zuspricht, auch für das Wahrgenommene als das Erdeutete und damit in ihrem Vollsinn zur Geltung zu bringen. Freges
Ausgangspunkt ist, wie bereits bemerkt, jene geläufige Wahrnehmungssituation, in der man beispielsweise eine Linde wahrnimmt. Nach Kantischer Theorie bedeutet nun aber, eine Linde wahrzunehmen, soviel
wie, eine Linde zu erdeuten; und der Spezialfall, eine Linde zu sehen,
heißt entsprechend im Kantischen Sinne, eine Linde aus Gesichtseindrücken zu erdeuten. Und schon an diesem Ausgangspunkt tritt klar
hervor der Kontrast zwischen dem rezeptiven Sinn, etwas wahrzunehmen oder zu sehen, und dem spontanen Sinn, etwas zu erdeuten.

Noch deutlicher aber wird dieser Kontrast, wenn man mit Frege
hinzunimmt, in jedem solchen Fall sei „zweierlei möglich". Bei dem
Versuch, diese beiden Möglichkeiten zu formulieren, gerät Frege mit
den Ausdrücken „Wahrnehmen" oder „Sehen", und zwar gerade wegen
ihres rezeptiven Sinns, in unlösbare Schwierigkeiten. Bei dem Ausdruck
„Erdeuten" indessen, und zwar gerade wegen seines spontanen Sinns,
sind diese Schwierigkeiten von vornherein gelöst und treten daher auch
von vornherein überhaupt nicht auf. Sinngemäß sagt Frege, in allen
Fällen von Wahrnehmen oder Sehen bestehe einmal die Möglichkeit,
daß man tatsächlich etwas wahrnimmt, zum Beispiel tatsächlich eine
Linde sieht, die Möglichkeit der Wahrheit, die im Kantischen Sinne bedeutet, daß man tatsächlich etwas erdeutet oder daß diese Deutung
wahr ist.

Mit dem Wahrnehmungsirrtum aber treten dann jene Schwierigkeiten auf. Denn als Gegensatz zu jener Möglichkeit der Wahrheit, wobei
man *etwas* sieht, bedeutet diese Möglichkeit der Falschheit eigentlich,
daß man dabei *nichts* sieht. Jener rezeptive Sinn von Sehen aber macht
hier sofort fragwürdig, was es eigentlich bedeuten soll, nichts zu sehen
und doch zu sehen, nichts zu rezipieren und doch zu rezipieren. Deshalb
geht Frege auch darüber hinweg und sogleich dazu über, daß man
dabei „nur zu sehen meint, ohne wirklich zu sehen", daß also nichts
zu sehen nicht zu sehen bedeute. Und damit fällt die Entscheidung,
Wahrnehmungsirrtum sei gar nicht Irrtum, Falschheit sei gar nicht
Falschheit, weil dabei überhaupt nicht Wahrnehmen vorliegt, das entweder wahr oder falsch ist, sondern eigentlich Dichtung, die weder
wahr noch falsch ist.

Keinerlei Schwierigkeit aber tritt auf, wenn man sich im Kantischen
Sinne klarmacht, daß nichts zu sehen soviel heißt wie nichts zu erdeuten. Und gerade daran läßt sich zeigen: Mit diesem Ausdruck „erdeuten", der jene Schwierigkeiten von „wahrnehmen" von vornherein
vermeidet, wird hier keineswegs etwas erschlichen. Denn die Verständ-

lichkeit, ja Selbstverständlichkeit, die „nichts wahrnehmen" im Sinne von „nichts erdeuten" plötzlich gewinnt, ist keine andere als die, daß auch im Falle von „erzielen" einmal „nichts erzielt" werden kann. Ja, es ist auch hier sogar möglich, noch weiter zu gehen und zu dem Schritt, mit dem Frege von „nichts sehen" zu „nicht sehen" übergeht, den entsprechenden Schritt zu tun. Denn in der Tat heißt auch „nichts zu erdeuten" soviel wie „nicht zu erdeuten". Und darin liegt hier ebenfalls der entscheidende Schritt, weil er im Gegensatz zu jener verfehlten Entscheidung die richtige trifft.

Denn im Falle von „nicht sehen" wird von dieser Verneinung das Sehen überhaupt betroffen und somit in Abrede gestellt, daß dabei überhaupt ein Sehen, ein Wahrnehmen, das heißt ein Gebilde vorliegt, das entweder wahr oder falsch ist. Im Falle von „nicht erdeuten" dagegen betrifft diese Verneinung keineswegs das Erdeuten überhaupt; an dem Ausdruck „erdeuten" betrifft sie vielmehr lediglich das „er-", und das heißt: keineswegs etwa auch das „-deuten". Sie stellt damit lediglich in Abrede, daß dabei ein *erfolgreiches* Deuten vorliegt, und das heißt: damit stellt sie nicht nur nicht in Abrede, daß dabei Deuten vorliegt, dies stellt sie damit vielmehr gerade sicher. Denn nur wo grundsätzlich gedeutet worden ist, kann sinnvollerweise Erfolg oder auch Mißerfolg, und das heißt: Wahrheit oder auch Falschheit einer Deutung verneint oder auch bejaht werden.

Demnach ergibt „nicht sehen" jene unhaltbare Entscheidung, im Falle des Wahrnehmungsirrtums liege überhaupt kein Wahrnehmen, überhaupt nichts entweder Wahres oder Falsches vor und damit auch nicht einmal mehr im Fregeschen Sinne ein Deuten: So als ob in einem Fall, wo „nichts erzielt" wird, etwa überhaupt kein Zielen stattgefunden habe. Dagegen führt „nicht erdeuten" anstelle von „nicht sehen" eine durchaus haltbare Entscheidung herbei, nämlich daß gerade auch im Falle des Wahrnehmungsirrtums ein Deuten vorliegt und somit grundsätzlich ein Gebilde, das entweder wahr oder falsch ist.

Das Faktum falscher Wahrnehmung, so hatte sich gezeigt, muß man ignorieren oder gar leugnen, wenn man sich klarmacht, daß falsche Wahrnehmung eigentlich Wahrnehmung von nichts bedeutet, weil man sich nicht erklären kann, wie ein Rezipieren von nichts überhaupt noch ein Rezipieren sein könne. Dasselbe Faktum falscher Wahrnehmung aber braucht man nicht nur nicht zu ignorieren oder gar zu leugnen, sondern vermag man sogar zu erklären, sobald man sich klarmacht: Nur scheinbar tritt das Wahrnehmen als bloßes Rezipieren von etwas auf, das dann tatsächlich immer schon existieren müßte, damit es auch rezipiert werden könne. Das sogenannte Wahrnehmen tritt vielmehr auf als ein spontanes Intendieren von etwas, das keineswegs immer schon existieren muß, damit es auch intendiert werden könne. Daß etwas rezipiert werde, dafür wäre es eine notwendige Vorbedingung, daß dieses Etwas auch existierte. Keineswegs aber ist auch dafür, daß etwas spontan intendiert werde, die Existenz dieses Etwas eine notwendige Vorbedingung, weil sowohl die Existenz als auch die Nichtexistenz von etwas sich als reine Faktizität jeweils allererst herausstellen muß, sich aber eben nur herausstellen kann, sofern grundsätzlich etwas intendiert wird, nämlich durch den Erfolg oder Mißerfolg dieser Intention selbst.

Als spontan-überschreitende Deutung besteht die sogenannte Wahrnehmung also in jedem Fall darin, auf etwas abzuzielen, gleichviel ob sie nun als erfolgreich-wahre tatsächlich etwas erzielt oder als erfolglos-falsche nichts erzielt: ob sie tatsächlich etwas oder nichts erdeutet. Und dementsprechend existiert auch Außenwelt prinzipiell niemals in dem Sinne, daß sie als etwas Fertiges lediglich von uns noch entgegenzunehmen wäre, sondern allein in dem Sinne, daß sie etwas immer wieder erst von uns zu Verfertigendes ist: eben das von uns selbst aus unseren Sinnesdaten der Innenwelt immer wieder erst zu Erdeutende. Auf die Frage, wie wir in der Erkenntnis aus unserer Innenwelt heraus „ein von ihr unterschiedenes Objekt" als Außenwelt überhaupt gewinnen können, gibt Kant mit eigener Hervorhebung die Antwort: „Wir können aber nur das verstehen", das heißt mit Hilfe von Verstand erkennen, „was wir selbst *machen* können" [9].

## II. Die Grenze von Erkenntnistheorie zu Handlungstheorie

### § 18. Erkenntnis als ursprüngliche Prätention von Erfolg

Das zuletzt erzielte Ergebnis lautete: Von Außenwelt Erfahrung zu machen, heißt letztlich nichts anderes als diese Außenwelt selbst zu „machen", nämlich sie aus Innenwelt heraus zu erdeuten. Von diesem Sinn jedoch ist insbesondere in sogenannter „Wahrnehmung" als Ursprung der Erfahrung von Außenwelt nicht das geringste enthalten. Mit diesem Sinn, den „Wahrnehmung" im Rahmen weiter durchgeführter Erkenntnistheorie erst zuletzt als ihren eigentlichen enthüllt, ist vielmehr das äußerste Gegenteil zu dem Sinn ermittelt, den sie zunächst für ihren eigentlichen ausgibt.

---

[9] Brief an J. S. Beck vom 1. Juli 1794 (Akad.-Ausg., Bd. 11, S. 514 f.).

Das heißt jedoch: Wahrnehmung ist geradezu ein Musterbeispiel für Phänomene, die unter systematisch irreführenden, in diesem Fall unter erkenntnistheoretisch irreführenden Ausdrücken auftreten. Deshalb muß Philosophie, um solche Phänomene angemessen zu verstehen, das heißt, um ihren eigentlichen Sinn freizulegen, zunächst einmal wachsam der Vielzahl von Anlässen entgegentreten, bei denen diese Irreführung sich geltend macht, um schließlich ihren Bann zu brechen. Und nachdem sie sich auf diese Weise einigermaßen davon befreit hat, muß sie zur Artikulierung dieses eigentlichen Sinns in einer entsprechenden Theorie diese irreführenden Ausdrücke selbst so weit wie möglich vermeiden und durch angemessene ersetzen.

So wurden im vorigen die Ausdrücke des Wahrnehmens, deren Sinn uns allen durch die Umgangssprache immer wieder geradezu in Fleisch und Blut übergeht und deshalb nur mit größter Anstrengung sich wieder ausscheiden läßt, mehr und mehr ersetzt durch den Ausdruck „erdeuten". Denn er allein ist in der Lage, den eigentlichen Sinn der Wahrnehmung von etwas, der durch den Ausdruck „Wahrnehmung" selbst nicht nur verdeckt, sondern geradezu in sein Gegenteil verkehrt wird, aufzudecken und gegen seine eigene Verkehrung zur Geltung zu bringen.

So mußte gegen Ausdrücke wie „wahrnehmen" mit ihrem ausschließlichen Sinn der Rezeptivität insbesondere der Sinn von Spontaneität durch den Ausdruck „erdeuten" allererst durchgesetzt werden. Erst dadurch brachte Erkenntnistheorie sich auch in die Lage, das Faktum der Wahrnehmung tatsächlich voll zu erklären, nämlich den Fall ihrer Falschheit ebenso wie den ihrer Wahrheit, während sie dies durch Ausdrücke mit rezeptivem Sinn wie „Wahrnehmen" oder „Sehen" selbst gerade nicht vermochte.

Aus der Perspektive dieses neuen Ausdrucks „etwas erdeuten" an Stelle von „etwas sehen" oder „etwas wahrnehmen" aber läßt sich nunmehr nachträglich auch noch ein Grund dafür nennen, warum solche Ausdrücke wie „wahrnehmen" oder „sehen" jeweils ihren rezeptiven Sinn annehmen. Dies hängt unter anderem damit zusammen, daß sämtliche Wahrnehmungsausdrücke so wie „sehen" als einfache Ausdrücke auftreten und dadurch von der Sprache her vortäuschen, als sei auch Sehen und Wahrnehmen selbst ein einfaches Phänomen[1]. Denn

---

[1] Hier könnte der Einwand naheliegen, gerade dazu bilde der Ausdruck „wahrnehmen" selbst, der doch offenbar aus „wahr-" und „-nehmen" zusammengesetzt sei, das entscheidende Gegenbeispiel. Ja, man könnte sogar meinen, eben deshalb sei auch die Ersetzung von „wahrnehmen" durch „erdeuten"

tatsächlich müßte ein bloß rezeptives Sehen letztlich mit einfachem Bekommen oder Haben von Gesichtseindrücken zusammenfallen, wie es die Abbildtheorie auch in der Tat auffaßt.

Der komplexe Ausdruck „erdeuten" indessen macht explizit, was durch einfache Ausdrücke wie „sehen" ganz implizit bleibt, nämlich daß auch Sehen selbst ein komplexes Phänomen sein muß. Und nicht nur nach Kant, sondern zunächst auch nach Frege ist ja am Sehen oder Wahrnehmen außer rezeptivem Haben von sinnlicher Vorstellung auch noch nichtsinnliches Denken beteiligt, das auf der Spontaneität des Verstandes beruht. Das heißt jedoch: Das Denken bildet mit der Vorstellung zusammen jeweils ein komplexes Gesamtphänomen, dessen besondere Komplexität auch noch darin zum Vorschein kommt, daß solches Sehen oder Wahrnehmen, das Vorstellungen durch Denken deutet, eben wahres oder falsches Deuten ist. Und eben dies wird im

eigentlich überflüssig: denn letzteres bedeutet doch soviel wie „wahr deuten", und das komme doch in „wahr-nehmen" noch weitaus klarer zum Ausdruck, zumal sich dann als Gegenteil dazu für erkenntnistheoretische Zwecke auch noch „falsch-nehmen" bilden ließe. Doch das wäre ein zweifacher Irrtum. Denn zum einen hat der Ausdruck „wahr-", wie er in „wahrnehmen" vorkommt, seiner Etymologie nach mit „wahr" im Sinne von Wahrheit schlechterdings nichts gemein. Zum anderen hat auch der Ausdruck „wahrnehmen" selbst nur scheinbar, nur an seiner Oberfläche einen zusammengesetzten Sinn, in Wirklichkeit aber einen ebenso einfachen wie die Wahrnehmungsausdrücke „sehen", „hören" usw. Denn für „wahrnehmen" besaß das Deutsche ursprünglich ein einfaches Verb, das heute „wahren" lauten würde, das wir aber nur noch in gestützter Form als „gewahren" besitzen oder in gewandelter Bedeutung als „bewahren" („behütet" wird etwas dadurch, daß man es „be-wahrt", das heißt „be-obachtet", „im Auge behält"). Dieses einfache Wort „wahren" nämlich wurde im Gebrauch allmählich schwächer und deshalb mehr und mehr gestützt: Ähnlich wie wir heute etwa für „empfangen" immer öfter „in Empfang nehmen" sagen, so wurde damals „wahren" immer mehr mit Hilfe des entsprechenden Substantivs „Wahre" (ahd. „wara") durch „Wahre nehmen von etwas" ersetzt, im Sinne von „Kenntnis nehmen von etwas", woraus sich im Laufe der Zeit durch Verkürzung und Zusammenziehung „wahrnehmen" ergab. Nur oberflächlich also hat „wahrnehmen" einen komplexen Sinn, eigentlich aber ebenso wie „sehen" usw. einen einfachen. Denn ganz ähnlich wie bei „in Empfang nehmen" dieses „. . . nehmen" letztlich nur das „empfangen" noch einmal ist, so macht es auch in „wahrnehmen" nur das Rezeptive von „wahren" lediglich noch einmal explizit. Demzufolge ist auch in beiden Fällen der scheinbar komplexe Sinn in Wirklichkeit nur Tautologie, nämlich nur Wiederholung des entsprechend einfachen (vgl. H. Paul/W. Betz, *Deutsches Wörterbuch*, Tübingen 1968).

Ausdruck „Erdeuten" explizit, der soviel wie „erfolgreiches Deuten", und das heißt „wahres Deuten" meint.

Deshalb ließ auch nur dieser adäquate, weil explizit-komplexe Wahrnehmungsausdruck „Erdeuten" sich in jenem adäquaten Sinne verneinen, der den grundsätzlichen Deutungscharakter des Wahrnehmens unangetastet läßt: Von „nichts erdeuten" kann man ohne weiteres zu „nicht erdeuten" übergehen, was soviel wie „nicht erfolgreich deuten", und das heißt „falsch deuten" meint. Dagegen muß ein Übergang von „nichts sehen" zu „nicht sehen", und das heißt eine Verneinung einfacher Wahrnehmungsausdrücke zu jenem inadäquaten Sinn führen, als läge bei Wahrnehmungsirrtum ein Wahrnehmen, ein Deuten überhaupt nicht vor. Und das wiederum zieht zwangsläufig, wie schon erwähnt, die unhaltbare Konsequenz nach sich, daß Wahrnehmen plötzlich nicht mehr entweder wahr oder falsch ist, sondern im Falle des Irrtums weder wahr noch falsch.

Aus diesem Zusammenhang aber folgt dann ferner: Auch die neueste Variante rezeptiver Erkenntnistheorie, die sich als „sprachanalytische" besonders modern gibt, ist in Wahrheit gar nicht so modern, vor allem aber ebenfalls von Grund auf verfehlt. Seit Ryle verbreitet man schon geradezu wie ein Dogma, Wahrnehmungsausdrücke seien „Erfolgswörter", das heißt, sie bezeichneten jeweils den Wahrnehmungs*erfolg,* nämlich das Wahrnehmen *von etwas* oder das *wahre* Wahrnehmen[2]. Und ohne jede Kritik übernimmt man dieses Dogma, wenn man beispielsweise sagt: „‚sehen', ‚hören', ‚wahrnehmen', ‚bemerken' und viele andere Wörter, mit denen man sagen kann, daß einer eine Feststellung mit Hilfe seiner Sinne getroffen habe, sind Erfolgswörter."[3] Und dies, obwohl man mit Ryle durchaus sieht, welch eine Konsequenz sich daraus ergeben muß: „Man kann nichts Falsches sehen[4] und auch nichts, was nicht da ist."[5]

Doch daß es danach Wahrnehmungsirrtum, nämlich falsches Wahrnehmen als Wahrnehmen von nichts, gar nicht geben könne, diese Konsequenz wird auch dadurch nicht haltbarer, daß sie aus einem Dogma von Ryle statt aus Überlegungen Freges hervorgeht. Wie weit nämlich Dogmatik hier tatsächlich geht, zeigt sich daran, daß diese Konsequenz,

---

[2] Vgl. G. Ryle, *Der Begriff des Geistes*, Stuttgart 1969, z. B. S. 173 f., S. 199 f., S. 326.

[3] E. von Savigny, *Analytische Philosophie*, Freiburg/München 1970, S. 148.

[4] Wird vernünftigerweise wohl heißen sollen: „Man kann nicht falsch sehen . . ."

[5] A. a. O., S. 148 f.

statt zur Vernunft und Besinnung zu führen, sich vielmehr noch weiter zu einem Verdikt versteigt, das erstaunlich ist. Und dieses Verdikt, das sich bereits bei Ryle abzeichnet [6], wird auch ausdrücklich formuliert, wenn man sagt, in allen Fällen des Wahrnehmungsirrtums werde dann „das Wort ‚sehen' falsch gebraucht" [7].

Damit aber geht man noch weit über Frege hinaus, der lediglich meinte, bei Wahrnehmungsirrtum habe man sich, „ohne es zu wissen oder zu wollen, in das Gebiet der Dichtung verirrt" (K, S. 352). Denn damit nimmt man sich letztlich heraus, dem Benutzer alltäglicher Umgangssprache Vorschriften darüber zu machen, wann er Wahrnehmungsausdrücke gebrauchen dürfe und wann nicht, Vorschriften, die noch dazu unsinnig sind. Denn wie man doch weiß, ist Wahrnehmung von Außenwelt niemals gewiß, das heißt, es ist niemals endgültig entschieden, ob in bestimmten Fällen nun Wahrheit vorliegt und damit nach dieser Auffassung eine Wahrnehmung oder nicht. Für den Benutzer alltäglicher Umgangssprache wäre somit niemals endgültig entschieden, ob er Wahrnehmungsausdrücke als angebliche „Erfolgswörter" überhaupt benutzen darf oder nicht, eine Absurdität, die schwerlich zu überbieten sein dürfte.

Spätestens an diesem Punkt aber müßte doch ein „Sprachanalytiker", der nicht nur oberflächlich die Sprache allein, sondern durch sie hindurch auch die Sache analysiert, für die sie steht, auf seine Dogmatik aufmerksam werden. Denn Redeweisen wie zum Beispiel die vom „Wahrnehmungsirrtum" zeigen: Kein geringerer als der Benutzer von Umgangssprache selbst faßt nicht nur die Fälle der Wahrheit, sondern ganz selbstverständlich auch die der Falschheit als Fälle von Wahrnehmung auf. Und statt ihn dafür sogleich zurechtzuweisen, hätte gerade der „Sprachanalytiker" allen Grund, dem Benutzer alltäglicher Umgangssprache darin zunächst einmal zu folgen. Gewiß führt die Redeweise, falsch bzw. nichts wahrzunehmen, in Schwierigkeiten, die nicht zu übersehen sind. Nur deshalb aber diesen Sprachgebrauch sogleich zurückzuweisen, steht gerade dem „Sprachanalytiker" schlecht an.

Angesichts der Alltäglichkeit und Normalität dieses Sprachgebrauchs hätte der Sprachanalytiker, statt ein Verdikt gegen ihn vielmehr eine Frage an sich selbst zu richten, nämlich ob er den Sinn von Wahrnehmungsausdrücken tatsächlich angemessen versteht, wenn er sie kurzerhand als „Erfolgswörter" auffaßt. Nur dann nämlich wäre er zu jener Zurückweisung berechtigt. Denn allein wenn „wahrnehmen" tatsäch-

---

[6] Vgl. G. Ryle, a. a. O., z. B. S. 173 f.
[7] E. von Savigny, a. a. O., S. 148 f.

lich *eo ipso* „erfolgreich sein", das heißt „wahres Wahrnehmen" bedeutete, müßte „falsch wahrnehmen" soviel bedeuten wie „erfolglos
erfolgreich zu sein" oder „Mißerfolg im Erfolg", das heißt „falsches
wahres Wahrnehmen" zu haben, und wäre dann als *contradictio in adjecto* in der Tat zurückzuweisen [8].

In Wahrheit aber liegt die Schwierigkeit der Wahrnehmungsausdrücke ganz anderswo. Wären sie „Erfolgswörter", so würden sie in
allen Fällen des Mißerfolgs einen Widerspruch formulieren und wären
dann in diesem Sinne „falsch gebraucht" und deshalb zurückzuweisen,
— freilich auch nur in diesen Fällen, während sie in allen Fällen des
Erfolgs, der wahren Wahrnehmung, durchaus „richtig gebraucht" und
somit aufrechtzuerhalten wären. In Wirklichkeit aber liegt die Schwierigkeit dieser Wahrnehmungsausdrücke viel tiefer. Sie sind keineswegs
„Erfolgswörter", die nur in bestimmten Fällen „falsch gebraucht"
wären, in anderen aber „richtig". Sie sind vielmehr als reine Rezep-
tionsausdrücke von vornherein „falsch gebildet" und deshalb in diesem
Sinne von Falschheit nicht nur in den Fällen des Mißerfolgs, bei Wahrnehmungsirrtum, sondern auch bei wahrer Wahrnehmung „falsch";
nur eben nicht „falsch gebraucht", sondern falsch durch ihren rezeptiven Sinn, der den eigentlichen, spontanen Sinn der Wahrnehmung
generell, nicht nur der falschen, sondern auch der wahren verfälscht
und damit bis zur Unkenntlichkeit entstellt.

Auf diese Weise enthalten die Wahrnehmungsausdrücke schon allein
ihrer Bildung nach ein grundsätzliches Mißverständnis über die Wahrnehmung selbst und sind daher erkenntnistheoretisch, nämlich für eine
Theorie dieser Wahrnehmung, die das nicht durchschaut, zunächst einmal irreführend: Diese Ausdrücke selbst verführen immer wieder dazu,
das Wahrnehmen — auch das wahre — fälschlich als ein bloßes Rezipieren aufzufassen. Und nicht darin, daß sie etwa „Erfolgswörter"
wären, sondern daß sie diesen rezeptiven Sinn besitzen, liegt der eigentliche Grund dafür, daß die von ihnen bezeichnete Wahrnehmung selbst
dann als falsche oder als Wahrnehmung von nichts ganz offenkundig
unverständlich bleiben muß.

Diese rezeptive Bildung der Wahrnehmungsausdrücke aber ist
„falsch" in einem grundsätzlich anderen Sinne als jener angebliche
„falsche Gebrauch" derselben. Als eine *contradictio in adjecto* wäre
dieser *logisch* falsch und deshalb in der Tat zurückzuweisen. Durch
ihren rezeptiven Sinn jedoch bilden Wahrnehmungsausdrücke keineswegs eine *contradictio in adjecto* und sind deshalb auch nicht *logisch*,

---

[8] Vgl. G. Ryle, a. a. O., S. 174; E. von Savigny, a. a. O., S. 148.

sondern nur *faktisch* falsch. Eben darum aber besteht auch keinerlei Grund, solche Wahrnehmungsausdrücke etwa im alltäglichen Gebrauch der Umgangssprache selbst zurückzuweisen. Im Gegenteil: Um zur Erkenntnistheorie fortzuschreiten, gilt es vielmehr, sie als alltägliche festzuhalten, weil überhaupt nur dadurch klar werden kann: Gerade von diesen umgangssprachlichen Ausdrücken her muß Erkenntnistheorie eine doppelte Aufgabe übernehmen und bewältigen.

Als *erstes* hat sie diesen falschen rezeptiven Sinn der Wahrnehmungsausdrücke *aufzuklären* und damit erkenntnistheoretisch richtigzustellen. Aber wohlgemerkt: Nur erkenntnistheoretisch muß sie ihn rückgängig machen, das heißt, nur die falsche Erkenntnistheorie, zu der die Wahrnehmungsausdrücke verleiten, hat sie zurückzuweisen und durch die richtige zu ersetzen, nicht aber etwa diese Ausdrücke im alltäglichen Gebrauch der Umgangssprache selbst. Denn aus dem eigentlichen, spontanen Sinn der Wahrnehmung hat sie vielmehr als *zweites* dann vor allem auch noch zu *erklären*, wie es überhaupt dazu kommen kann, daß Wahrnehmung trotz ihrer Spontaneität als bloße Rezeptivität aufgefaßt und durch die Bildung eben dieser Ausdrücke mit rezeptivem Sinn ganz falsch bezeichnet wird (vgl. S. 125 f.).

Genau an diesem Punkt aber wird dann auch das volle Ausmaß jener Dogmatik deutlich. Denn genau in dieser Hinsicht offenbart sich hinter ihr nichts anderes als ein Verharren in der großen Weigerung: Obwohl doch spätestens seit Kant zumindest als These bekannt sein sollte, in bloßer Rezeptivität könne Wahrnehmung nicht aufgehen, sie müsse vielmehr, und sogar als das „entscheidende" Bestandstück, auch noch Spontaneität des Denkens mit umfassen, verleugnet man dies hartnäckig. Statt den rein rezeptiven Sinn der Wahrnehmungsausdrücke einzugestehen und erkenntnistheoretisch zu berichtigen, verbirgt man ihn notdürftig hinter der unhaltbaren These, diese Ausdrücke seien „Erfolgswörter", wodurch dann der Anschein entsteht, als werde damit der Wahrnehmung doch durchaus ein Anteil an Spontaneität zugestanden.

Erst wenn man dann als Konsequenz auch vor dem vollends unhaltbaren Verdikt gegen „Wahrnehmungsirrtum" nicht zurückschreckt und mithin nur wahre Wahrnehmung überhaupt als Wahrnehmung gelten läßt, wird offensichtlich, daß dies keineswegs der Fall ist, daß dies alles vielmehr nur geschieht, um Wahrnehmen als reines Rezipieren festhalten zu können. Was sich dabei auf „sprachanalytische" Weise modern gibt, ist somit nichts als jener alte unhaltbare Eleatismus in mondäner Verkleidung. Was scheinbar daran liegt, daß Wahrnehmen angeblich durch „Erfolgswörter" bezeichnet wird und deshalb nur als

wahres oder als Wahrnehmen von etwas auftreten kann, liegt vielmehr ausschließlich daran, daß in Wahrheit alle diese Wörter Rezep-
tionsausdrücke sind und Wahrnehmen als Rezipieren in der Tat nur
als Wahrnehmen von etwas und somit als wahres auftreten könnte.
Denn wie gesagt: Ein Rezipieren ist eben nur als Rezipieren von etwas
überhaupt ein Rezipieren, während ein 'Rezipieren von nichts' von
vornherein gar kein Rezipieren wäre.

Diese volle Aufklärung des eigentlichen Inhalts und Ursprungs der
These von den „Erfolgswörtern" ist von Wichtigkeit. Nur wenn man ihr
Ergebnis im Auge behält, vermag man sich davor zu bewahren, die
Spontaneitätsauffassung der Wahrnehmung, wie sie im vorigen ent-
wickelt wurde, an einem entscheidenden Punkte mißzuverstehen.

Auf den ersten Blick kann man nämlich sehr leicht den Eindruck
gewinnen, als laufe doch gerade sie letztlich ebenfalls darauf hinaus,
Wahrnehmung sei recht eigentlich ein „Erfolgsphänomen". Denn etwas
wahrzunehmen, so wurde gesagt, bedeute nach erkenntnistheoretischer
Berichtigung des falschen Sinns von „wahrnehmen" soviel wie etwas
zu erdeuten. Dieser Ausdruck „erdeuten" jedoch, dem es eigentlich zufällt, den Sinn von „wahrnehmen" zu berichtigen, bedeute nichts
anderes, so hieß es weiter, als „erfolgreich zu deuten" oder „wahr zu
deuten". Sind damit aber nicht genau entsprechend zu jener These von
den Wahrnehmungswörtern als „Erfolgswörtern" die Wahrnehmungsphänomene als „Erfolgsphänomene" aufgefaßt?

Doch was auf den ersten Blick tatsächlich diesen Anschein erweckt,
zeigt bei genauerem Hinsehen einen wesentlich anderen Sinn. Zwar ist
nicht zu übersehen: Insbesondere nach dieser erkenntnistheoretischen
Berichtigung des rezeptiven Sinns von „wahrnehmen" durch den spontanen Sinn von „erdeuten" muß die Wahrnehmung ganz wesentlich
mit Erfolg etwas zu tun haben. Trotzdem hat sie aber nicht in der einfachen Weise damit zu tun, daß Wahrnehmungsphänomene schlicht
„Erfolgsphänomene" wären oder gar Wahrnehmungsausdrücke schlicht
„Erfolgswörter", sondern in einer wesentlich komplexeren.

Das zeigt sich, wenn man dazu noch einmal die Tatsache mit in den
Blick faßt, daß es Wahrnehmung zweifellos auch als Wahrnehmungsirrtum oder als falsche Wahrnehmung gibt. Dieser Tatsache vermag
nämlich Erkenntnistheorie, sobald sie jenen rezeptiven Sinn von „wahrnehmen" durch den spontanen von „erdeuten" berichtigt hat, ohne
Schwierigkeit Rechnung zu tragen. Und darin liegt denn auch das
Hauptargument dafür, daß sie allererst durch eben diese Berichtigung
selbst als Erkenntnistheorie ihre Richtigkeit gewinnt.

Denn anders als bei „wahrnehmen" kommt bei „erdeuten" durch

Verneinung eine Formulierung zustande, die den Fall des Wahrnehmungsirrtums ohne jeden Abstrich wiedergibt und ihm damit erkenntnistheoretisch voll angemessen ist. Und dies auch in genau den beiden Hinsichten, in denen Wahrnehmungsirrtum zu formulieren ist, nämlich sowohl hinsichtlich des Erkennens selbst, das dann falsch ist, als auch hinsichtlich des Erkenntnisgegenstandes, der dann nicht vorliegt: Was bei rezeptivem „Wahrnehmen" unverständlich bleibt, nämlich daß im Wahrnehmungsirrtum eigentlich „nichts wahrgenommen" werde, das wird bei spontanem „Erdeuten" in dem Sinne verständlich, daß im Wahrnehmungsirrtum eben „nichts erdeutet", „nichts erzielt" werde. Und was bei „wahrnehmen" erst recht nicht zu verstehen ist, nämlich daß im Wahrnehmungsirrtum dann eigentlich „nicht wahrgenommen" werde, das läßt sich bei „erdeuten" in dem Sinne verstehen, daß im Wahrnehmungsirrtum eben „nicht erdeutet" werde, das heißt: nicht erfolgreich, nicht wahr, eben falsch gedeutet werde. Und damit wird nichts anderes als dieses wahre oder falsche „Deuten" selbst als das eigentliche Wesen wahrer oder falscher Wahrnehmung heraus- und sichergestellt.

An dieser Wiedergabe des Wahrnehmungsirrtums aber fällt auf: Als den Wahrnehmungsmißerfolg formuliert sie ihn allein durch Negation des entsprechenden Erfolgs und ist insofern gar nicht selbständig, sondern als negative Formulierung von der des entsprechenden Erfolges abhängig. Denn daß es nach der Berichtigung von „etwas wahrnehmen" durch „etwas erdeuten", wie bemerkt, zur Wiedergabe des Wahrnehmungsirrtums genau die zwei genannten Möglichkeiten gibt, liegt ausschließlich daran: Der Ausdruck „etwas erdeuten" formuliert nicht einfach nur die Wahrnehmung, sondern den Wahrnehmungserfolg, und zwar in genau zwei Weisen, nämlich daß dabei *etwas* erdeutet werde, ein Ding als Gegenstand von Wahrnehmung, und daß dabei *erdeutet*, nämlich wahr gedeutet werde. Und eben damit sind zur Formulierung von Wahrnehmungsirrtum als Wahrnehmungsmißerfolg auch genau zwei Möglichkeiten vorgegeben, nämlich daß dabei *nicht etwas*, eben „nichts erdeutet" werde bzw. daß dabei *nicht erdeutet*", eben nicht wahr, sondern falsch gedeutet werde.

Das heißt dann aber weiter: Im Rahmen der Deutungstheorie ergibt sich, daß Wahrnehmungsirrtum im Sinne von Wahrnehmungsmißerfolg den Sinn von Erfolg, wenn auch nur als negierten, wesentlich mit enthält. Denn es ist nicht nur in der Formulierung „nichts erdeuten" im Sinne von „nicht etwas erdeuten" dieses „. . . etwas erdeuten" mit enthalten; es ist auch in der Formulierung „nicht erdeuten" im Sinne von „falsch deuten" dieses „. . . erdeuten" im Sinne von „wahr deuten" immer schon mit enthalten, so daß auch dieses „falsch deuten" im Sinne von „nicht wahr deuten" dieses „. . . wahr deuten" selbst schon immer mit enthält, nur eben jeweils, wie gesagt, gerade als negiertes.

Von Wahrnehmungsirrtum zu sprechen, heißt somit gemäß der Deutungstheorie nichts anderes, als daß dabei durch Negationen wie „nichts erdeuten" oder „nicht erdeuten" jeweils etwas zurückgenommen wird, was bei Wahrnehmung offenbar grundsätzlich, das heißt auch bei Wahrnehmungsmißerfolg oder falscher Wahrnehmung zunächst einmal vorweggenommen und vorausgesetzt wird, nämlich der Erfolg oder die Wahrheit der Wahrnehmung.

Dieses Ergebnis, zu dem Deutungstheorie gelangt, besagt mithin: Wahrnehmung hat generell, als solche selber, etwas mit Erfolg zu tun, das heißt, nicht nur als wahre, sondern auch als falsche. Eben darin aber unterscheidet dieses Ergebnis sich ganz wesentlich von jener These, daß Wahrnehmungsausdrücke einfach „Erfolgswörter" seien und somit auch das Wahrnehmen selber einfach ein „Erfolgsphänomen". Denn sie meint mit „Erfolg" so ausschließlich „wahres Wahrnehmen", daß falsches Wahrnehmen mit „Erfolg" in diesem Sinne schlechterdings nichts zu tun haben kann und deshalb als Wahrnehmen überhaupt ausscheiden muß.

Dieses Ergebnis jedoch, zu dem Deutungstheorie führt, ist lediglich die erkenntnistheoretische Herleitung von etwas, das tatsächlich mit zur Wahrnehmung gehört, wie wir sie als empirisches Faktum kennen, und das mithin die Richtigkeit der Deutungstheorie nur noch weiter bestätigt. Es besagt, daß wir beim Wahrnehmen ganz generell, im Wahrnehmen als solchem selbst, den Erfolg oder die Wahrheit dieser Wahrnehmung als Erdeutung von etwas immer schon prinzipiell vorwegnehmen und voraussetzen. Demzufolge läßt sich falsches Wahrnehmen dann immer nur durch Negation als „*nichts* erdeuten" oder „*nicht* erdeuten", das heißt als Zurücknahme dieser Vorwegnahme formulieren. Beides zusammen aber ist die erkenntnistheoretische Erklärung für das folgende, uns allen bekannte Faktum. Auch jeglicher Wahrnehmungsirrtum — jede Sinnestäuschung, jeder Traum und jede Halluzination — hat für uns zunächst einmal, das heißt zumindest solange wir tatsächlich darin begriffen sind und sie noch nicht etwa als solche schon durchschaut haben, ganz und gar den Charakter wahrer Wahrnehmung von etwas in der Außenwelt: Nicht nur bei tatsächlich wahrer, sondern auch bei falscher Wahrnehmung meinen wir jeweils von vornherein immer schon *wahr* zu deuten und damit *etwas* zu *er*deuten — und niemals meinen wir dabei etwa lediglich zu deuten.

Deshalb ist dann auch die Wahrnehmung, die wir als Irrtum oder falsche zu durchschauen meinen, niemals etwa als ein „nicht deuten" zu formulieren, sondern nur als ein „nicht *wahr* deuten", eben als ein „nicht *er*deuten" oder „*nichts* erdeuten". Also nicht etwa allein dem Wahrnehmen als wahrem, sondern dem Wahrnehmen als solchem, auch als falschem, ist das Vorwegnehmen oder Voraussetzen seines Erfolges so wesentlich, daß dieser sich auch überhaupt nur als der immer schon vorweg vermeinte dann im weiteren Kontext von Wahrnehmung tatsächlich als Erfolg halten läßt oder auch nicht.

Was sich also hiermit aus der Deutungstheorie ergibt, bildet gegenüber jener dogmatischen These von den „Erfolgswörtern" keineswegs nur verbal einen Unterschied, wie man auf den ersten Blick vielleicht meinen könnte, sondern unterscheidet sich von ihr vielmehr ganz wesentlich: Wahrnehmung ist keineswegs einfach ein Erfolgsphänomen, so daß es etwa nur wahre und keine falsche Wahrnehmung gäbe, was dem Faktum des Wahrnehmungsirrtums offenkundig zuwiderläuft. Wahrnehmung ist vielmehr lediglich ein Erfolg prätendierendes Phänomen, so daß sie diesen Erfolg, den sie in jedem Fall prätendiert, als wahre erreichen, als falsche aber auch verfehlen kann, was dem Faktum des Wahrnehmungsirrtums ebenso offenkundig genügt. Sind wir in Wahrnehmung begriffen, so sind wir in jedem Fall zunächst einmal überzeugt, auch etwas wahrzunehmen, auch etwas zu erdeuten, und das heißt, immer wieder sind wir darin schon von vornherein der Überzeugung, erfolgreich zu deuten: Was wir grundsätzlich in aller Wahrnehmung vollziehen, nämlich Deutung, ist ebenso grundsätzlich Prätention von Erdeutung.

Hebt man nun aber aus jenem empirischen Faktum der Wahrnehmung auch noch ein weiteres Bestandstück derselben hervor, so zeigt sich, daß die Deutungstheorie, die bisher alle diese Bestandstücke ohne jeden Abstrich zu erklären vermochte, schließlich auch noch die folgende Erklärung zu liefern vermag: Gerade der genannte spezifische Sinn, in welchem unsere Wahrnehmung grundsätzlich Spontaneität ist, verleitet uns dazu, sie für bloße Rezeptivität zu halten und zu ihrer Kennzeichnung dann Ausdrücke wie „sehen" oder „wahrnehmen" mit dem entsprechend rezeptiven Sinn zu bilden.

Zu jenem empirischen Faktum gehört nämlich nicht nur, daß wir in Wahrnehmung grundsätzlich immer etwas wahrzunehmen meinen, was dann durch Deutungstheorie die Erklärung findet, daß wir darin deuten und damit grundsätzlich den Deutungserfolg prätendieren, nämlich auch etwas zu erdeuten. Zu diesem Faktum gehört vielmehr auch, daß wir diesen grundsätzlich prätendierten Erfolg in der weit überwiegenden Zahl aller Fälle von Wahrnehmung auch tatsächlich erzielen. Um sich das klarzumachen, braucht man sich lediglich einmal vor Augen zu führen: Alle jene Dinge und Ereignisse der Außenwelt, mit denen wir ständig, sozusagen von morgens bis abends zu tun haben, besitzen wir dabei zu Gegenständen nur durch einen ebenso ständigen Wahrnehmungszusammenhang hindurch, worin wir immer wieder so anhaltend und ausgedehnt erfolgreich sind, daß im Vergleich dazu Mißerfolge als Wahrnehmungsirrtümer nur sehr selten auftreten.

Dies jedoch, daß der prinzipiell prätendierte Erfolg tatsächlich weit überwiegend auch der faktisch gelingende ist, verführt uns dazu, daß wir ihn fälschlich auch noch als den prinzipiell gelingenden prätendieren: Was wir immer wieder nur als unsern faktischen Erfolg, nur als das faktisch Erdeutete unserer Deutung überhaupt kennen, die Dinge und Ereignisse der Außenwelt, gerade diese nehmen wir, nur ihres überwiegenden Gelingens wegen, jeweils immer schon so prinzipiell vorweg, daß wir daneben die verschwindend wenigen Ausnahmen des Mißlingens und der Mißdeutung ebenso prinzipiell vernachlässigen.

Mit eben dieser Verleugnung unseres möglichen Mißerfolgs aber verleugnen wir letztlich auch unseren Erfolg an dieser Außenwelt, indem wir damit vorgeben, prätendieren, ihre doch immer erst spontan zu erdeutenden Dinge und Ereignisse lägen immer schon vor und seien lediglich in rezeptivem „Sehen" oder „Wahrnehmen" noch in Empfang zu nehmen [9]. Daß wir mit unserer deutenden Wahrnehmung tatsächlich in aller Regel erfolgreich sind, in aller Regel tatsächlich Außenwelt erdeuten, durch diese Erfolgs*gewohntheit* täuschen wir uns selbst darüber hinweg, daß es sich dabei in der Tat im Vollsinn des Wortes um einen *Erfolg*, das heißt um etwas handelt, das wir erzielen, worauf wir also auch zielen, woran wir darum auch mit unserer Spontaneität mitwirken und dessen Wirklichkeit wir eben dadurch auch allererst mit erwirken: Inwieweit Außenwelt existiert und als was sie existiert, dies steht so wenig von vornherein fest, daß es vielmehr ständig auf dem Spiel und immer nur insoweit feststeht, als wir Grund zu der Annahme haben, daß wir dieses Spiel, unser Deuten, sozusagen gewonnen haben oder gewinnen können.

Jene verfehlten Erkenntnistheorien, die Rezeptivitäts- oder Abbildtheorien, bestehen somit letztlich darin, ein fundamentales Mißverständnis zu explizieren, welches ineinem das Objekt als auch das

---

[9] Wahrnehmungsausdrücke sind darum so wenig „Erfolgswörter", daß vielmehr ihr eigentlicher, nämlich rezeptiver Sinn gerade erst durch Verleugnung des eigentlichen Sinns von Erfolg in der Wahrnehmung entspringt.

Subjekt der Wahrnehmung von Grund auf verkennt und damit sowohl als Welt- wie auch als Selbstverständnis grundverkehrt ist. Und dieser prinzipiellen Welt- und Selbstverkennung, die wir durch die rezeptive Bildung unserer Wahrnehmungsausdrücke wohl in allen Sprachen immer schon implizit zum Ausdruck bringen, sind wir alle als alltäglich Wahrnehmende immer schon von vornherein soweit verfallen, daß eine Spontaneitätsauffassung wie die Deutungstheorie es auch nach Kant und bis heute überaus schwer hat, uns von diesem Mißverständnis, das uns mit den rezeptiven Ausdrücken des „Wahrnehmens" geradezu in Fleisch und Blut übergeht, zu befreien.

## § 19. Erkenntnis als ursprüngliche Intention von Erfolg

Im vorigen hat sich ergeben: Das empirische Faktum der Wahrnehmung, nämlich daß wir darin generell, auch in faktisch falscher Wahrnehmung zunächst einmal überzeugt sind, auch etwas wahrzunehmen, vermag die Deutungstheorie zu erklären: Aufgrund der Spontaneität, durch die sie generell über Innenwelt hinaus auf Außenwelt ausgeht, ist Wahrnehmung auch generell *Deutung* von Innenwelt, die als Überschreitung dieser Innenwelt auf Außenwelt hin eben immer auch schon Prätention der *Erdeutung* dieser Außenwelt ist. Und das bedeutete: Indem wir Wahrnehmung als solche Deutung vollziehen, prätendieren wir dabei immer wieder schon von vornherein den Erfolg solcher Wahrnehmung, nämlich *etwas* zu *erdeuten* oder *wahr* zu deuten.

Dies jedoch läßt sich aus der entsprechend negativen Perspektive noch weiter verschärfen: Keineswegs prätendieren wir in der Wahrnehmung, wie im vorigen schon kurz bemerkt, etwa lediglich (wahr oder falsch) zu *deuten*. Denn das hieße letztlich, in den Fällen faktisch falscher Wahrnehmung prätendierten wir diese Falschheit ebenso wie in den Fällen faktisch wahrer diese Wahrheit, was indessen offenkundig unzutreffend ist. Wir prätendieren dabei vielmehr immer wieder und ausschließlich die *Wahrheit* unserer Deutung als *Er*deutung von *etwas*.

Diese grundsätzliche Prätention von Erfolg indessen, die für jenes Faktum der Wahrnehmung eine erste Erklärung liefert, findet ihrerseits die einzige Erklärung, die im Rahmen von Erkenntnistheorie, das heißt der Theoretischen Philosophie überhaupt noch möglich ist, allein in folgendem: Daß Wahrnehmung als Deutung von Innenwelt eine ganz spontane Überschreitung derselben auf Außenwelt hin und damit eben von vornherein Prätention der Erdeutung von Außenwelt ist, liegt ausschließlich daran, daß diese ihre Spontaneität, wie gelegentlich schon bemerkt, recht eigentlich Intentionalität ist. Daß sie als Deutung immer schon Erdeutung und damit ihren Erfolg prätendiert, hat den einzigen Grund, daß sie eben diesen Erfolg auch immer schon von vornherein intendiert: Als Ursprung von Erkenntnis ist Wahrnehmung nicht allein ursprüngliche Prätention, sondern dem zuvor bereits ursprüngliche Intention von Erfolg, und das erstere, Erfolgsprätention, ist sie überhaupt nur deshalb, weil sie zunächst einmal das letztere, Erfolgsintention ist.

Und das gilt auch schon für den alltäglichen, vorphilosophischen Sinn der Deutung oder Formung von etwas. Auch in der Deutung eines Gedichts oder beim Lesen als Deuten von Buchstaben intendieren wir ausschließlich die Wahrheit solcher Deutung als Erdeutung von etwas, den Erfolg, und niemals etwa lediglich das Deuten als solches, gleichsam als Selbstzweck, oder gar die Falschheit der Deutung, den Mißerfolg. Aber auch bei einer Formung, die mit Wahrheit oder Falschheit gar nichts zu tun hat, wie zum Beispiel die von Marmor, intendieren wir grundsätzlich immer und ausschließlich die Erformung von etwas, den Erfolg, und niemals etwa das Formen als solches, gleichsam als Selbstzweck [1], oder gar das Verformen, den Mißerfolg; es sei denn, daß es sich von vornherein gar nicht um einen Fall von Formung, sondern von Zerstörung handelt, für den dann aber *mutatis mutandis* wieder dasselbe gilt.

Auch mit diesem Ergebnis aber, zu dem die Deutungstheorie gelangt, findet ein weiteres Bestandstück jenes Faktums von Wahrnehmung und Erkenntnis seine Erklärung, wodurch die Richtigkeit der Konzeption dieser Erkenntnistheorie sich auch weiter bestätigt. Sie war von Anbeginn durch die Einsicht bestimmt, Erkenntnis sei nur im Rahmen einer Theorie zu erklären, welche durchwegs berücksichtigt, daß sie nicht nur wahr, sondern auch falsch werden könne.

Indes gelangt nun gerade sie am Ende zu dem Ergebnis, daß Wahrheit und Falschheit, so gewiß sie als die beiden Möglichkeiten von Erkenntnis gleicherweise zu *berücksichtigen* sind, doch keineswegs auch *gleicherweise* Möglichkeiten von Erkenntnis seien. Vielmehr bestehe zwischen ihnen ein wesentliches Ungleichgewicht, wodurch sie wesentlich ungleichwertige Möglichkeiten von Erkenntnis sind, eben weil wir in Erkenntnis immer wieder nur die eine von ihnen, immer nur Wahrheit intendieren und niemals etwa Falschheit.

---

[1] Hier wäre allenfalls zu untersuchen, ob etwa „Spiele" und dergleichen davon vielleicht eine Ausnahme bilden.

Genau darin aber liegt die Erklärung für das hinlänglich bekannte Faktum, daß im Erkennen dergleichen wie Falschheit immer wieder nur als Irrtum auftritt. Entsprechend kann im Rahmen einer Theorie von Erkennen dergleichen wie Falschheit auch nur als Irrtum thematisch werden, woran sich umgekehrt wiederum zeigt: Eben damit ist der Irrtum aber auch wesentlich ein Thema von Erkenntnistheorie, das heißt von Philosophie, und keineswegs etwa lediglich Thema der Psychologie, wie man vermutlich auf Grund einer mißverstandenen Stelle bei Kant immer wieder meint [2]. Seine Behandlung wird daher im Rahmen von Erkenntnistheorie, wo sie eigentlich hingehört, immer wieder vernachlässigt — zum Schaden von Erkenntnistheorie selbst. Denn so etwas wie Irrtum läßt sich nur erkenntnistheoretisch überhaupt zureichend definieren, und zwar in einer Weise und an einer Stelle, die für den systematischen Aufbau von Erkenntnistheorie selbst von entscheidender Wichtigkeit sind.

Seine Definition kann nämlich nur lauten: Irrtum ist unintendierte Falschheit. Und daß im Erkennen und damit auch als Thema für Erkenntnistheorie dergleichen wie Falschheit allein als Irrtum auftritt, liegt daran, daß sie in diesem Bereich auch allein als unintendierte Falschheit überhaupt auftreten kann, weil Erkennen als Theorie eben wesentlich darin besteht, Wahrheit zu intendieren und nichts als Wahrheit.

Und in der Tat ist es auch schlechterdings unvorstellbar, wie es jemanden geben könnte, der es *intendierte*, beispielsweise in der Wahrnehmung nichts bzw. falsch wahrzunehmen, der es *intendierte*, darin nichts zu erdeuten oder falsch zu deuten. Und das gilt nicht allein für Wahrnehmung als Ursprung von Erkenntnis, sondern für Erkenntnis generell: Daß dergleichen überhaupt entspringt und sich immer weiter entfaltet, heißt nichts anderes, als daß wir ursprünglich und immer weitergehend mit der Intention auftreten, uns über das, was ist, in erster Linie über Außenwelt zu *orientieren*, eben durch *wahre* Erkenntnis, und niemals etwa durch *falsche* uns selbst darüber zu *des*orientieren.

Ist demnach unsere Erkenntnis, und zwar als solche selbst schon immer intendierte Wahrheit, so kann sie Falschheit eben prinzipiell nur noch als unintendierte sein, nur als unterlaufene, eben lediglich als Irrtum: so wie uns ganz allgemein dergleichen wie ein Mißerfolg eben

---

[2] A 54 f., B 79. Daß diese Stelle dennoch nicht so zu verstehen ist, zeigt ein Vergleich mit A 294 f., B 350 f., wonach der „Irrtum" oder „das irrige Urteil" vielmehr Gegenstand der „transzendentalen Überlegung" ist und somit wesentlich in die Transzendentalphilosophie gehört.

immer nur von uns unintendiert unterlaufen kann, weil von uns intendiert jeweils immer nur etwas anderes ist, ein Erfolg. Entsprechend hat es auch nur dort, wo grundsätzlich intendiert wird, überhaupt Sinn, von Erfolg wie zum Beispiel von Wahrheit als dem Intendierten zu sprechen, und auch nur in bezug darauf dann auch von Mißerfolg wie zum Beispiel von Irrtum oder Falschheit als dem Unintendierten. Denn grundsätzlich nur, wenn überhaupt etwas intendiert wird, Erfolg wie beispielsweise Wahrheit, *kann* auch das Gegenteil davon auftreten, Mißerfolg wie beispielsweise Falschheit, dann aber eben nur unintendiert als Irrtum.

Auf diese Weise aber wird deutlich: Im Rahmen weiter ausgearbeiteter Erkenntnistheorie nimmt der Irrtum in der Tat eine systematische Stelle ein, die zum Schaden von Erkenntnistheorie selbst bisher so gut wie leer gelassen war. Indem er sie jetzt ausfüllt, wird der Irrtum nämlich für den Aufbau solcher Erkenntnistheorie selber entscheidend, weil er an dieser Stelle dazu beiträgt, eine ihrer wichtigsten Grenzen deutlich zu ziehen.

Diese nämlich zeichnet sich ab, wenn man einmal versucht, auf das zuletzt erreichte Ergebnis gleichsam die Probe zu machen, indem man zu dem gewonnenen Begriff des Irrtums als unintendierter Falschheit auch noch den gegenteiligen Begriff der intendierten Falschheit bildet. Denn dabei zeigt sich dann: Mit dem Begriff des Irrtums als unintendierter Falschheit ist tatsächlich eine Grenze von Erkenntnistheorie erreicht, weil durch die Bildung seines Gegenteils, des Begriffs der intendierten Falschheit, eben diese Grenze der Erkenntnistheorie bereits überschritten wird. Denn war unintendierte Falschheit als Irrtum noch ein Fall von Erkenntnis und Theorie, so ist dagegen intendierte Falschheit gar nichts anderes als Lüge und damit bereits ein Fall von Handeln und Praxis, was schon allein daraus erhellt, daß sie moralisch zurechenbar ist, ein Fall von Erkennen dagegen nicht. Mit der Bildung dieses Begriffes ist also nichts Geringeres als der Übergang von Erkennen zu Handeln vollzogen und damit auch die Grenze von Erkenntnistheorie zu Handlungstheorie, von Theoretischer Philosophie zu Praktischer Philosophie überschritten.

Dennoch ist anderseits dabei auch wieder nicht zu übersehen: Dieser Übergang von Erkennen zu Handeln war überhaupt nur möglich, weil sie trotz allem, was sie voneinander wesentlich unterscheidet, zumindest eines doch ebenso wesentlich miteinander teilen, nämlich die Intentionalität. Und das läßt sich in diesem Zusammenhang gerade an der Lüge in einer Weise verdeutlichen, die nicht allein für sie als einen Fall von Intentionalität als Handeln aufschlußreich ist, sondern nachträglich auch noch für den Irrtum als einen Fall von Intentionalität als Erkennen.

Letzteres war am Ende nur verständlich als ausschließliche Intention auf Wahrheit als den Erfolg im Erkennen und als diese Intention erkennbar an der Möglichkeit, daß solches Erkennen, wenngleich nur unintendiert, irrtümlich, auch zum Gegenteil dieser Wahrheit, zur Falschheit führen *kann*. Für die Lüge aber gilt genau das Umgekehrte. Zwar wird auch sie nur als ausschließliche Intention auf Erfolg verständlich. Indem sie letzteres jedoch gerade als Lüge ist, stellt sie eben den besonderen Fall dar, als diesen Erfolg gerade Falschheit zu intendieren, und ist als diese Intention dann auch genau an der umgekehrten Möglichkeit erkennbar, deren explizite Formulierung auf den ersten Blick zwar unglaubwürdig wirkt, die bei näherem Zusehen aber tatsächlich besteht: Als der spezielle Fall eines Handelns, das grundsätzlich Falschheit intendiert, *kann* Lüge unintendiert, durch Irrtum, zur Wahrheit führen.

An Handlungstheorie, die hier als weitere philosophische Disziplin in den Blick tritt, findet nun Erkenntnistheorie, wie es scheint, eine Art natürlicher Grenze, die sie offenbar auch einzuhalten hat, um ihr gegenüber als Praktischer Philosophie den eigenen Charakter als Theoretische Philosophie zu wahren. Doch so gewiß zumindest eine „Einführung" in die Erkenntnistheorie gar nicht umhin kann, diese Grenze zu achten, so gewiß treten gleichwohl auch hier bereits Fragen auf, an denen deutlich wird: Einer Ausführung von Erkenntnistheorie dürfte die Einhaltung dieser Grenze ebenso unmöglich sein wie umgekehrt auch einer Ausführung von Handlungstheorie, und beides aus sachlich-systematischen Gründen: Daß man in jeder dieser beiden Disziplinen in wichtigen Punkten nicht weitergekommen ist, liegt wesentlich daran, daß man in keiner von beiden auch nur versucht hat, der jeweils anderen soweit Rechnung zu tragen, wie es sachlich-systematisch geboten wäre. Zumindest diese Fragen können deshalb auch in einer bloßen „Einführung" in die Erkenntnistheorie nicht einfach übergangen werden.

Fast wie von selbst hat sich nämlich im vorigen das Erkennen bei genauerer Untersuchung als spontane Intention oder Intentionalität erwiesen und seine Wahrheit oder Falschheit als Erfolg oder Mißerfolg derselben. Wie aber soll man dies anders verstehen, als daß Erkennen wesentlich einen einzigen, unlösbaren Zusammenhang mit Handeln bildet?[3] Und zeugt dafür jenes Ergebnis nicht auch sogleich in doppelter Weise?

[3] Im Rahmen einer Auseinandersetzung mit Heidegger (*Erkennen und*

Denn was unter Auszeichnungen wie „Wahrheit" und „Falschheit"
immer wieder den Anschein einer „Erkenntnis" erweckt, die als „reine
Theorie" angeblich „Selbstzweck" ist, enthüllt sich zum einen als „Erfolg" oder „Mißerfolg" einer spontanen „Intention", die zwar „theoretisch" ist, als solche aber keineswegs „rein" und „Selbstzweck",
sondern als ausschließliche Erfolgsintention auch in irgendeinem Sinne
„praktisch" ausgerichtet [4].

Zum andern zeigt sich eben daran auch noch: Um sie angemessen zu
kennzeichnen, sind für Erkenntnis selbst wie auch für ihre Wahrheit
oder Falschheit jeweils Ausdrücke heranzuziehen, die genau genommen
ausschließlich Kennzeichnungen von Handeln sind: Ein „Erfolg" oder
„Mißerfolg" ist im Normalsinn dieses Wortes immer ein *Handlungs-*
erfolg oder -mißerfolg; eine „Intention", und das heißt auf Deutsch:
eine „Absicht", ist im Normalsinn dieses Wortes immer eine *Handl-*
*ungs*absicht; und vollends wird das an dem Ausdruck „Handeln" oder
„Handlung" selber deutlich, weil man zur Kennzeichnung des Ursprungs von Erkenntnis gar nicht umhin kann, von einem „Erkenntnis-
*akt*" oder von einer „Erkenntnis*handlung*" zu sprechen [5].

Versteht man aber die Teilausdrücke dieser Gesamtausdrücke jeweils
in ihrem Normalsinn, so bilden letztere als Kennzeichnungen von Erkennen — das hat man sich offenbar niemals klargemacht — jeweils
eine explizite *contradictio in adjecto* und damit auch die vorausge-
gangenen Ausdrücke („Erkenntnis-Intention", „Erkenntnis-Erfolg",
„Erkenntnis-Mißerfolg") eine implizite. Denn selbst der vorläufigste
Vergleich zwischen Erkennen und Handeln ergibt bereits einen grund-
legenden und unaufhebbaren Gegensatz zwischen beidem, nämlich
daß Erkennen grundsätzlich auf das zielt, was ist, Handeln dagegen

*Handeln in Heideggers 'Sein und Zeit'*, Freiburg/München 1977) habe ich
versucht, diesen Zusammenhang ein Stück weit freizulegen.

[4] Vgl. hierzu und zum folgenden die in der vorigen Anm. genannte Abhandlung.

[5] Daß Kant im Rahmen seiner Deutungstheorie von Wahrnehmung und
Erkenntnis der Sache nach tatsächlich jeweils unter Wahrnehmung oder Erkenntnis eine Intention versteht, gibt er gelegentlich selber deutlich zu erkennen. So z. B., wenn er von unseren „Erkenntniskräften" sagt, es sei Leistung
„unserer absichtlichen Tätigkeit, womit wir jene ins Spiel setzen" (*Kritik der*
*Urteilskraft*, Akad.-Ausg., Bd. 5, S. 218). Nur im Zusammenhang damit vermag man dann auch zu verstehen, was er eigentlich meint, wenn er sagt, daß
wir durch Kategorien „a priori auf Objekte gehen" (A 79, B 105), nämlich
daß wir in Wahrnehmung oder Erkenntnis von vornherein intentional aus
Innenwelt heraus auf Objekte der Außenwelt ausgehen.

ebenso grundsätzlich auf das, was nicht ist, was vielmehr erst werden soll.

Angesichts dieses Tatbestandes aber müßte man sich doch fragen: Was soll es dann eigentlich heißen, auch noch von so etwas wie einer „Erkenntnis-Handlung" oder einem „Erkenntnis-Akt" zu sprechen?[6] Freilich wird niemand vertreten wollen, alle jene Ausdrücke seien jeweils tatsächlich explizit oder implizit widersprüchlich, und damit sei auch Erkennen nur widersprüchlich zu kennzeichnen und mithin letztlich als ein Unding anzusehen. Wohl aber wird man angesichts dieser Sachlage vertreten müssen: Alle diese Ausdrücke, die zur angemessenen Kennzeichnung des Erkennens notwendig werden, sind ebenso notwendig metaphorisch, nämlich notwendige Metaphern, Übertragungen von Ausdrücken, die eigentlich Handeln und nichts als Handeln kennzeichnen, auf Erkennen.

Daraus aber erhellt sogleich zweierlei: Daß diese Art von Metaphorik *notwendig* ist, zeigt noch einmal deutlicher, daß jener Zusammenhang von Erkennen mit Handeln offenbar tatsächlich *unlösbar* ist. Daß diese Notwendigkeit jedoch gerade die einer *Metaphorik* ist, das deutet auch noch darauf hin, daß es offenbar die ganz bestimmte *Art von Zusammenhang* ist, die ihn unlösbar macht: Daß Erkennen nur metaphorisch, und zwar nur vom Handeln her metaphorisch sich an-

---

[6] Wie blind man gegen dieses fundamentale Problem ist, zeigt sich besonders deutlich an jener Redeweise, welche allzu schnell bereit ist, etwas als „Akt" und „Intention", z. B. im Sinne von „Noese" in Anspruch zu nehmen. Diese Redeweise ist besonders nach Husserl aufgekommen und macht am Ende nicht einmal davor halt, auch noch von „Gefühlsakten" zu reden, was dann zum Beispiel beim „Liebesakt" zu einer bemerkenswerten Zweideutigkeit führt, aber offenbar ohne daß man dies bemerkte (vgl. z. B. H. Wagner, *Philosophie und Reflexion*, München/Basel 1967, S. 27 f., S. 35, S. 52, S. 56). Statt besonders weit vorgetriebene Analyse bezeugt diese Aktinflation vielmehr lediglich, daß ihr dabei Sinn und Herkunft von so etwas wie einem „Akt" oder einer „Handlung" gänzlich aus dem Blick gerät: Intendieren können wir eben nur entweder etwas, das nicht ist, und insofern sind wir im Handeln begriffen, oder etwas, das ist, und insofern sind wir im Erkennen begriffen. Daneben aber können wir doch wohl schwerlich auch noch etwas anderes intendieren bzw. auch noch auf andere Weise. Und daß Erkennen sowohl wie Handeln mit Gefühlen verbunden, ja sogar durch Gefühle bestimmt sein können, heißt doch wohl schwerlich, Gefühle seien selber Fälle von Handeln oder gar von Erkennen, oder Gefühle könnten bestimmte „Weisen" oder „Modi" oder „Arten" von „Akten" spezifizieren (vgl. a. a. O.).

gemessen kennzeichnen läßt, das bedeutet: Alle spezifisch für Erkennen verwendeten Ausdrücke wie „Wahrheit", „Falschheit", „Intention", „Intentionalität" oder schließlich auch „Erkennen" und „Erkenntnis" selbst sind nur scheinbar Ausdrücke mit eigenständigem und eigentümlichem Sinn. Als spezifische Kennzeichnungen von Erkennen täuschen sie deshalb auch nur vor, als sei Erkennen selbst als „Theorie" der Praxis gegenüber etwas Eigenständig-Eigentümliches.

Daß sie vielmehr eigentlich keinen erkenntnis-spezifischen, sondern letztlich nur einen handlungs-übertragenen Sinn besitzen, deutet ganz im Gegenteil darauf hin: Erkennen tritt offenbar keineswegs als etwas Eigenständiges auf, sondern hat seine Eigentümlichkeit vielmehr gerade als ein unselbständiges Moment am Handeln, und was in Wirklichkeit jeweils als Eigenständiges auftritt, ist immer wieder nur Handeln allein, das deshalb auch nur selbst eine eigene ursprünglich-unmetaphorische Kennzeichnung hat, während Erkennen als ein bloßes Moment von ihm auch seine abgeleitet-metaphorische Kennzeichnung allein von ihm übertragen bekommt[7]. Sogenanntes Erkennen — das ist keineswegs etwas Eigenständig-Theoretisches, sondern nichts als jene prakti-

---

[7] Wenn diese Überlegung richtig ist, so sind Erkennen und Handeln keineswegs etwa Arten von Intentionalität oder Arten von Intention, wie man leicht meinen könnte. Auf keine Weise läßt sich ein *tertium comparationis* bestimmen, das bei jenen Übertragungen als gemeinsame Gattung von Erkennen und Handeln entspränge oder gar bereits von vornherein dafür leitend wäre. Hier liegt vielmehr ein weitaus komplizierteres und schwierigeres Verhältnis vor. Denn jene metaphorische Redeweise von Erkennen als Handeln wird überhaupt nur deshalb notwendig, weil einerseits beide sehr wohl miteinander einen Zusammenhang bilden, weil sie andererseits jedoch gerade nicht durch einen gemeinsamen und einsinnigen Gattungsbegriff miteinander zusammenhängen. Deshalb ist auch der genannte Gegensatz zwischen Erkennen und Handeln, der besteht und bestehen bleibt, nicht etwa im Sinne einer *differentia specifica* unter ein und demselben *genus* aufzufassen, welche Arten dieser Gattung spezifizierte: Erkennen und Handeln unterscheiden sich nicht in dem Sinne, daß sie etwa jeweils selbständig nebeneinander auftreten könnten, so wie zum Beispiel Lebewesen (Gattung) sowohl als zweifüßige (Art) wie auch als vierfüßige (Art) selbständig nebeneinander auftreten können. Hier liegt vielmehr ein Verhältnis vor, das eher demjenigen zwischen (selbständigen) Dingen und (unselbständigen) Eigenschaften dieser Dinge ähnelt: Nicht nur diese Dinge, sondern auch diese Eigenschaften werden beispielsweise „Seiendes" genannt, doch bekanntlich nicht in dem Sinne, als wären auch sie wieder selbständige Dinge, sondern nur metaphorisch, übertragen von den eigentlich selbständigen Dingen her, von denen sie nur unselbständige Momente, eben nur Eigenschaften sind.

sche Intention selbst, sofern sie eben dies, nämlich praktisch zu sein —
auf solches zu zielen, was nicht ist — offenbar überhaupt nur vermag,
indem sie zunächst einmal auf solches zielt, was ist, und damit theoretisch wird. Und auch die sogenannte Wahrheit dieses Erkennens ist
keineswegs etwas rein Theoretisches, sondern nichts als ein Erfolg
dieser praktischen Intention selbst, sofern sie offenbar bezüglich dessen,
was nicht ist, überhaupt nur erfolgreich sein kann, indem sie zunächst
einmal bezüglich dessen, was ist, Erfolg hat.

Schon allein darin zeigt sich: Dergleichen wie Erkenntnistheorie
dürfte sich zureichend nur insoweit ausführen lassen, als eine zureichende Ausführung von Handlungstheorie mit ihr einherginge, weil offenbar Erkennen selbst nur im Zusammenhang mit Handeln aufzutreten
vermag und somit auch nur im Zusammenhang mit ihm verständlich
werden kann. Eine bloße Einführung in Erkenntnistheorie dagegen
kann Handlungstheorie, und sei es auch nur ebenfalls im Rahmen einer
Einführung, nicht mit behandeln. Daß Erkennen wie Handeln grundsätzlich Erfolgsintention ist und somit letztlich auch nur aus Handeln
heraus verständlich sein kann, muß sie vielmehr voraussetzen und
untersuchen, ob nicht allein schon dieser Tatbestand geeignet ist, spezifische Probleme der Erkenntnistheorie selbst einer Lösung zuzuführen.

Eines davon muß insbesondere diese Einführung in die Erkenntnistheorie noch lösen. Denn von Anbeginn ist sie ganz selbstverständlich
von der Überzeugung ausgegangen: Wahrnehmung von Dingen in der
Außenwelt stellt nicht nur einen Fall von Erkenntnis dar, sondern
sogar den ausgezeichneten Fall, nämlich den Ursprung unserer Erkenntnis, und bildet damit auch den eigentlichen Gegenstand von Erkenntnistheorie.

Diese Überzeugung aber ist, so scheint es, gar nicht selbstverständlich.
Man hält sie vielmehr inzwischen nahezu einhellig für verfehlt und
verbreitet eine andere Überzeugung, durch die man sie zu berichtigen
meint, schon geradezu wie ein Dogma. Und auch darin ist man sich
wieder so sicher, weil es sich durch „Sprachanalyse" zu ergeben scheint.

Von Gegenständen wie Dingen, so heißt es, könne man sagen, man
nehme sie wahr, dies sei normaler Sprachgebrauch. Ein Verstoß gegen
diesen Sprachgebrauch sei es indessen, wenn man sage, daß man Gegenstände wie Dinge erkenne. Und das liege, so heißt es weiter lediglich
daran: Wahrnehmen zwar bedeute soviel wie *etwas* wahrzunehmen;
erkennen dagegen bedeute immer etwas *als etwas* zu erkennen, oder
noch genauer, es bedeute immer „zu erkennen, *daß* . . .", nämlich *daß*
dies oder jenes der Fall ist, *daß* etwas dies oder jenes ist, *daß* etwas so

oder so beschaffen ist und dgl. [8] Dies jedoch, daß es regnet, zum Beispiel, oder daß etwas ein Stein oder ein Pilz ist oder daß etwas braun
oder grau ist, dies alles sind *Sachverhalte*, oder wenn diese Sachverhalte
wirklich bestehen, sind dies *Tatsachen*, in keinem Fall aber etwa *Dinge*.
Und solche Sachverhalte oder Tatsachen könne man keineswegs wie
solche Dinge etwa wahrnehmen, sondern nur erkennen [9]. Entsprechend
lautet das heute verbreitete Dogma: Was man erkenne, seien immer nur
Sachverhalte oder Tatsachen, aber niemals Dinge, die man vielmehr
nur wahrnehme [10].

Dieses Dogma indessen erstaunt um so mehr, als man bereits bei
einem der ersten „Sprachanalytiker" nachlesen kann, daß man sich
auch in diesem Fall den Umgangssprachgebräuchen nicht einfach über-
lassen darf. Schon Frege nämlich bemerkt: Wir können nicht nur sagen,
*wir sähen* zum Beispiel *die Sonne*, sondern ohne weiteres auch, *wir
sähen* zum Beispiel, *daß* die Sonne aufgegangen ist. Schon Frege aber
zögert keinen Augenblick, diesen letzteren Sprachgebrauch als irreführend zurückzuweisen und die „Wahrnehmbarkeit" auf Dinge wie
die Sonne zu beschränken, indem er bemerkt: „Daß die Sonne aufgegangen ist, ist kein Gegenstand, der Strahlen aussendet, die in mein
Auge gelangen, ist kein sichtbares Ding wie die Sonne selbst" (K,
S. 345). Daß die Sonne aufgegangen ist, das ist nach Frege vielmehr
wahr oder falsch und damit einer der „Gedanken", welche allen wahrnehmbaren Dingen gegenüber etwas prinzipiell anderes sind. Und noch
weitaus mehr als jener Sprachgebrauch, der zum „erkennen" als „erkennen, *daß* . . ." neigt, müßte diese scharfe Gegenüberstellung es nahelegen, „Wahrnehmen" und „Erkennen" entsprechend scharf auf Dinge

[8] Vgl. z. B. W. Stegmüller, *Glauben, Wissen und Erkennen*, Darmstadt
1965, S. 8, S. 12 f.

[9] Vgl. W. Stegmüller, a. a. O.; ferner G. Patzig, *Sprache und Logik*, Göttingen 1970, S. 46 f.

[10] Der Sache nach kommt dies mit dem unhaltbaren Lehrstück von der
„vorprädikativen" Wahrnehmung überein, das im Anschluß an Husserl (vgl.
z. B. *Ideen* I, Husserliana, Bd. 3, S. 63 f., S. 79; *Ideen* II, Husserliana, Bd. 4,
S. 91) beispielsweise Heidegger vertritt (vgl. *Sein und Zeit*, 11. Aufl., Tübingen 1967, S. 149, S. 359, dazu G. Prauss, a. a. O., S. 31 ff.). Und beides ist
auch nichts als eine undurchschaute Konsequenz aus immer schon als selbstverständlich vorausgesetztem Rezeptivitätscharakter der Wahrnehmung, die
angeblich immer nur darin bestehe, als „Ansichsein" immer schon vorgegebene
Außenwelt zunächst einmal entgegenzunehmen (vgl. das im Gegensatz zum
Handeln „nur noch vernehmende Erkennen" bei Heidegger, a. a. O., z. B.
S. 67).

einerseits und Sachverhalte, Tatsachen oder „Gedanken" anderseits zu
verteilen[11].

Trotzdem bringt weder das eine noch das andere Frege auch nur von
ferne auf die Idee, der Wahrnehmung von Dingen im Sinne dieser Ver-
teilung den Charakter der Erkenntnis von Dingen etwa abzusprechen.
Und vor diesem Irrtum bewahrt er sich lediglich dadurch, daß er sich
ganz selbstverständlich an ein Faktum hält, das die Vertreter jenes
Dogmas einfach übergehen: Nicht erst jenes „Erkennen, daß . . ." oder
„Erkennen von etwas *als etwas*", sondern bereits das sogenannte
„Wahrnehmen *von etwas*" kann wahr oder falsch werden, weil es
dieses Wahrnehmen auch als Wahrnehmungsirrtum gibt. Wie aber
könnte das wohl möglich sein, wäre nicht dieses Wahrnehmen selbst,
das der Sprache nach angeblich bloßes „Wahrnehmen *von etwas*" ist,
der Sache nach ebenfalls bereits im vollen Sinne „Wahrnehmen von
etwas *als etwas*"? Nur weil es dies tatsächlich ist, kann nämlich überhaupt verständlich werden, wie leicht man der Sprache nach auch übergehen kann zu jener Redeweise von einem „Wahrnehmen, daß . . .".

Ist demnach sogenanntes „Wahrnehmen *von etwas*" eigentlich selbst
schon immer „Wahrnehmen von etwas *als etwas*", so zeigt sich daran
lediglich noch einmal, wie sehr die umgangssprachlichen Ausdrücke des
„Wahrnehmens" erkenntnistheoretisch irreführend sind, und vor allem
auch in welchem Sinne: Daß Umgangssprache nahelegt, Wahrnehmung
sei lediglich Wahrnehmung *von etwas*, beispielsweise Wahrnehmung
*einer Linde* oder Wahrnehmung *von etwas Grünem*, zeigt abermals,
daß Umgangssprache solche Ausdrücke wie „Wahrnehmen" ganz im
Sinne von „Rezipieren" festlegt, so als sei das „Wahrnehmen einer
Linde" lediglich so etwas wie das „Rezipieren einer Linde". Denn ein
Rezipieren *von etwas* ist als solches, als Rezipieren, tatsächlich in keiner
Weise davon abhängig, daß es dazu auch noch Rezipieren von etwas
*als etwas* sein müßte.

Nur weil sie ganz im Banne dieser Rezeptivitätsauffassung stehen,
kommen die Vertreter jenes Dogmas, trotz ihrer Eingenommenheit für
„Sprachanalyse", überhaupt nicht auf den Gedanken, einmal zu fragen,
wie eigentlich solche „Wahrnehmung von etwas", auf der sie so nachdrücklich bestehen, sprachlich angemessen zu formulieren sei. Indem sie
nämlich schon allein diese Frage unterlassen, von einer Antwort ganz
zu schweigen, erwecken sie letztlich den Eindruck, als ob die Wahrneh-

---

[11] Daß letztere gerade für Frege nur verbal voneinander verschieden sind,
zeigt seine Einsicht: „Eine Tatsache ist ein Gedanke, der wahr ist" (K, S. 359),
worauf wir noch zu sprechen kommen.

mung etwas wäre, das auch Erwachsene prinzipiell nur wie Kinder zu formulieren hätten. Denn Wahrnehmungen von Dingen pflegen Kinder bekanntlich zunächst bloß mit Hilfe einzelner Wörter zu formulieren, so als werde schon Rezipiertes dabei lediglich noch mit einem Etikett versehen.

Doch selbst hier gibt es keinerlei Zweifel darüber, daß solche Formulierungen wie „... Ball ..." oder „... Auto ...", wenn auch nur implizit, genau das zum Ausdruck bringen, was explizit durch „Dies ist ein Ball" oder „Dies ist ein Auto" zu formulieren wäre. Wie könnte es sonst auch sinnvoll sein, solches Sprechen von Kindern, ja selbst so etwas wie Etikettierungen, die ebenfalls häufig genug dem Irrtum unterliegen, durch Negation zu berichtigen? Was scheinbar bloße „Wahrnehmung *von etwas*" ist, zum Beispiel bloße „Wahrnehmung *einer Linde*", ist in Wirklichkeit die „Wahrnehmung von etwas *als etwas*", zum Beispiel die „Wahrnehmung von etwas *als einer Linde*", und das heißt die Bildung einer Überzeugung, die durch eine Behauptung oder ein Urteil wie „Dies ist eine Linde" auszudrücken ist und nur deshalb auch einmal ein Irrtum sein kann.

Dies jedoch, daß auch die elementarsten und urspünglichsten Fälle angeblicher „Wahrnehmung von etwas" eigentlich schon Fälle der „Wahrnehmung von etwas *als etwas*" sein müssen, dies versteht sich von selbst, hat man den Bann der Rezeptivitätsauffassung erst einmal gebrochen und den Spontaneitätscharakter der Wahrnehmung zur Geltung gebracht, wie es in der Deutungstheorie geschieht. Danach ist scheinbar rezeptive „Wahrnehmung von etwas" vielmehr spontane „Erdeutung von etwas". Ein Ding der Außenwelt zu erdeuten aber heißt dann, es als Erfolg der Deutung von Sinnesdaten der Innenwelt zu erzielen, einer Deutung, die wir durch Denken vollziehen, nämlich durch Begriffe unseres Verstandes. Wahrnehmung eines Dings ist somit Erdeutung eines Dings in dem Sinne, daß dieses Ding dabei letztlich allererst durch den Begriff selber erdeutet, nämlich bestimmt wird, und das heißt, überhaupt erst durch ihn wird es etwas *Bestimmtes* oder ein bestimmtes *Etwas* und mithin auch überhaupt erst *etwas*.

Und in der Tat ist es auch schlechthin unvorstellbar, daß man *etwas* wahrnehmen könnte, ohne es dabei auch *als etwas*, nämlich als ein so oder so Bestimmtes wahrzunehmen, mag seine Bestimmtheit zunächst auch noch so geringfügig sein, wie etwa bei einer vorläufigen Wahrnehmung von 'etwas Rötlichem hier' oder 'etwas Eckigem dort'. Ein nicht einmal in dieser Weise irgendwie Bestimmtes, und das heißt, ein gänzlich Unbestimmtes könnte auch schlechterdings niemals ein Etwas sein, ja könnte nicht einmal scheinen, ein Etwas zu sein: Selbst das, was bei

Wahrnehmungsirrtum — in Sinnestäuschung, Traum oder Halluzination — ein Etwas in der Außenwelt zu sein scheint, ist auch dieses scheinbare Etwas immer nur insoweit, als es auch ein Bestimmtes in der Außenwelt zu sein scheint. Daß dabei keine Dinge in der Außenwelt erdeutet werden, heißt nämlich, daß dabei sehr wohl Sinnesdaten in der Innenwelt gedeutet werden, daß also Deutung durch Begriff und mithin Bestimmung durch das Denken des Verstandes dabei sehr wohl schon im Spiel ist.

Auf diese Weise vermag Erkenntnistheorie als Deutungstheorie zu erweisen: Jenes Dogma läßt sich nicht halten, wonach Wahrnehmung von Dingen angeblich keine Erkenntnis von Dingen ist, weil angeblich Erkennen ausschließlich Erkennen von Sachverhalten oder Tatsachen sei, die in der Tat etwas prinzipiell anderes sind als Dinge. Auch dafür aber gilt wieder: Solche Erkenntnistheorie kann nur zufriedenstellen, wenn sie einen solchen Fehler nicht nur aufzuklären, sondern auch noch zu erklären vermag, das heißt, wenn sie zeigen kann, wie es zu diesem Fehler überhaupt kommt. Und diese Erklärung lautet: In jenes Dogma gerät man lediglich dadurch, daß man dabei den fundamentalen Charakter der Intentionalität von Wahrnehmen und Erkennen nicht ernst nimmt.

Wie verfehlt jenes Dogma tatsächlich ist, hätten seine Vertreter nämlich bereits an jenen Schwierigkeiten ablesen können, in welche Frege mit seiner Theorie von „Denken" als „Erfassen" von „Gedanken" gerät, sobald er sich dazu auch noch auf eine Theorie der Wahrnehmung einläßt. Obwohl ihr sinnliche Innenwelt zugrunde liegen muß, ist sie doch Wahrnehmung von Außenwelt. Deshalb muß ihr als das „Entscheidende" auch noch nichtsinnliches „Denken" von „Gedanken" zugrunde liegen, die nach der platonistischen Konzeption von Frege sowohl der Außenwelt als auch der Innenwelt gegenüber in einem „dritten Reich" bestehen.

Dies aber müßte dann eigentlich heißen, daß Wahrnehmung durch dieses Denken jeweils auf Gedanken „hinzielt" und nicht auf Dinge, so wie jenem Dogma gemäß auch Erkennen sich angeblich auf Sachverhalte oder Tatsachen richtet und nicht auf Dinge. In Wirklichkeit aber zielt Wahrnehmung als Überschreitung von Innenwelt, obwohl sie dies nach Frege gerade als Denken von Gedanken ist, nicht etwa auf diese Gedanken in jenem „dritten Reich", sondern auf die Dinge in der Außenwelt. Und tatsächlich werden durch Wahrnehmung, die ihren „entscheidenden", nämlich „überschreitenden" Charakter als dieses Denken besitzt, nicht etwa „Gedanken", sondern Dinge wahrgenommen. Darum kann dieses Wahrnehmen auch keineswegs deshalb als Wahrheit oder Falschheit auftreten, weil etwa das Denken, das es ist, ein Erfassen wahrer oder falscher Gedanken wäre. Und in der Tat führt Frege die Möglichkeit der Wahrheit oder Falschheit von Wahrnehmung auch nicht darauf zurück, daß sie als Denken etwa auf Gedanken zielte, sondern darauf, daß sie als Denken die Innenwelt überschreitet und auf Dinge der Außenwelt zielt (K, S. 358) und somit das Risiko eingeht, darin erfolgreich zu sein oder auch nicht.

Um so dringlicher aber wird dann auch die Frage, wie das überhaupt möglich ist, wenn Wahrnehmen von Dingen doch eigentlich Denken jener Gedanken ist. Denn damit droht bereits bei Frege Wahrnehmen von Dingen und Denken von Gedanken platonistisch auseinanderzufallen, so wie den Vertretern jenes Dogmas die eine Wirklichkeit der Objekte dann tatsächlich platonistisch in die wahrnehmbaren Dinge und die erkennbaren Sachverhalte oder Tatsachen auseinanderfällt [12]. In diese unlösbare Schwierigkeit jedoch verstricken sie sich nur, weil sie alle niemals zureichend berücksichtigen: Als Spontaneität, und das heißt als spontane Erzeugung von Gedanken, ist Denken auch auf ganz spezielle Weise Intentionalität. Denn lediglich indem sie das voll in Rechnung stellt, vermag die Deutungstheorie diese Schwierigkeit schon von vornherein zu vermeiden.

Gegen die Vertreter jenes Dogmas vermag sie nämlich nicht nur mit Frege daran festzuhalten: Wahrnehmung von Dingen ist selbst bereits im vollen Sinne wahre oder falsche Erkenntnis dieser Dinge. Sie vermag auch noch im Unterschied zu Frege verständlich zu machen: Daß Wahrnehmung damit auch bereits jenes Denken von Gedanken sein muß, dies bedeutet keineswegs, daß sie damit etwa aufhören müßte, Wahrnehmung von Dingen zu sein, weil vielmehr dieses Denken selbst, als ein Denken wahrer oder falscher Gedanken, im Wahrnehmen dennoch nicht diese Gedanken, sondern eben Dinge zum Wahrgenommenen gewinnt.

Ist Wahrnehmung nämlich Deutung, die jeweils von vornherein intendiert, Erdeutung von Dingen der Außenwelt zu sein, so heißt dies als erstes, wie schon bemerkt: Die dabei jeweils gedeuteten und damit überschrittenen Vorstellungen der Innenwelt oder Sinnlichkeit werden dabei selber niemals gegenständlich oder erkannt, sind dabei keineswegs etwa selbst das Wahrgenommene. Dies heißt dann aber weiter: Erst recht ist auch der Begriff des Verstandes, durch den diese Vorstellungen der Sinnlichkeit jeweils gedeutet und auf Dinge der Außenwelt

---

[12] Daß z. B. Stegmüller diesen Platonismus am Ende selber eingesteht, darauf wurde oben schon hingewiesen (vgl. S. 19 ff.).

hin überschritten werden, nicht dasjenige, was dabei wahrgenommen und somit Gegenstand dieser Erkenntnis wird. Dies heißt dann aber schließlich auch noch: Ebensowenig wird das, was als Verbindung von Begriff des Verstandes mit Vorstellung der Sinnlichkeit entspringt, nämlich die wahre oder falsche Deutung bzw. der als Deutung durch Denken erzeugte wahre oder falsche Gedanke, etwa selbst dabei zum Gegenstand, zum Wahrgenommenen. Und zwar ganz einfach deshalb nicht, weil mit dieser Deutung oder mit diesem Gedanken allererst dasjenige erzeugt ist, *wodurch* überhaupt etwas zum Wahrgenommenen, *wofür* überhaupt etwas zum empirischen Gegenstand werden kann oder auch nicht.

Wenn Dinge wahrzunehmen soviel heißt wie Dinge zu erdeuten, so zeigt sich daran: Dabei wird in der Deutung durch Denken ein Gedanke zwar erzeugt, er wird dadurch aber lediglich als Mittel zur Erdeutung von etwas, und das heißt zur Erdeutung von etwas anderem erzeugt. In der Wahrnehmung wird nicht nur die durch Deutung überschrittene Vorstellung, sondern auch die sie überschreitende Deutung und damit auch der als Deutung erzeugte Gedanke selber niemals gegenständlich. Vielmehr wird gegenständlich dabei allein und allererst dasjenige, was *mit Hilfe* all dessen eben erdeutet oder wahrgenommen wird, das Ding.

So gewiß alles Wahrgenommene gerade als *Erdeutetes* immer *als etwas* erdeutet, immer *als etwas* wahrgenommen wird — weshalb auch Wahrnehmen als Deuten selbst schon immer voll eine Urteils- oder Aussagestruktur wie etwa „Dies ist eine Linde" und damit auch bereits im Vollsinn des Wortes Erkenntnischarakter besitzen muß — so gewiß ist dennoch Gegenstand dabei nur ein Ding wie diese Linde. Denn indem ein Subjekt so etwas wie Wahrnehmung vollzieht, die als Deutung seiner Sinnlichkeit durch seinen Verstand eine ganz bestimmte Gestaltung *seiner selbst* ist, *intendiert* ein Subjekt von vornherein ausschließlich *Erdeutung von etwas,* und das heißt ein *Objekt* als ein *anderes* seiner selbst.

Da es jedoch gerade diese Deutung und damit der darin erzeugte Gedanke ist, durch den es sich ein Objekt zu vermitteln versucht, bedarf es lediglich einer gewissen Umrichtung der Intention, und dieser Gedanke, der als Vermittler der Vergegenständlichung eines Dinges zurücktrat, tritt nun an Stelle dieses Dinges selbst als Gegenstand auf. Von einer Wahrnehmung oder Erkenntnis wie „Dies ist eine Linde", in der allein von einem Ding wie dieser Linde die Rede ist, braucht man nämlich nur überzugehen zu „Daß dies eine Linde ist...", und man spricht nicht mehr von einem Ding, obwohl es sprachlich durchaus möglich ist, auch noch zu sagen, *man sehe*, daß dies eine Linde ist" (vgl. oben S. 136). Denn im Zusammenhang mit der Frage, um die es hier geht, hat man dann nur noch zwei Möglichkeiten, den Ausdruck „Daß dies eine Linde ist . . .", der bezeichnenderweise auch noch gar kein vollständiger Satz ist, zu einem solchen Satz zu vervollständigen: Diesen Ausdruck kann man nämlich sinnvoll nur entweder zu dem Satz „Daß dies eine Linde ist, ist wahr" bzw. „. . . ist falsch" oder zu dem Satz „Daß dies eine Linde ist, ist eine Tatsache" bzw. „. . . ist ein Sachverhalt" vervollständigen, aber nicht etwa zu dem Satz „Daß dies eine Linde ist, ist ein Ding".

Diese beiden Möglichkeiten aber sind, welches Beispiel man auch immer heranziehen mag, stets im strengsten Sinne miteinander äquivalent[13]. Und daran zeigt sich deutlich die subjektiv-objektiv ambivalente Stellung, welche Deutungen oder Gedanken eben deshalb einnehmen, weil durch ihre Erzeugung ein Subjekt sich jeweils gerade ein Objekt als Gegenstand vermittelt, indem es sich dieses Objekt erdeutet. Und daraus wiederum erhellt, wie sehr so etwas wie subjektive Gedanken selbst konstitutiv für so etwas wie objektive Dinge sind, so sehr, daß sie scheinbar subjektunabhängig und scheinbar neben den Dingen in der Außenwelt als „Sachverhalte" oder „Tatsachen" oder gar als jenes „dritte Reich" bestehen.

Nur weil man jenen spezifisch intentionalen Zusammenhang von Dingen mit Gedanken bzw. mit „Tatsachen" oder „Sachverhalten" nicht beachtet, kann man überhaupt zu jener unhaltbaren Auffassung kommen, Wahrnehmung von Dingen sei keine Erkenntnis von Dingen, weil Erkenntnis vielmehr nur Erkenntnis von Sachverhalten oder Tatsachen sei oder Denken angeblich nur Denken von Gedanken. Indem man Wahrnehmung nicht hinreichend als Spontaneität im Sinne von Intentionalität berücksichtigt, vermag man auch nicht auseinanderzuhalten, was dabei das eigentlich Intendierte ist, das Ding als Objekt, und was nicht, der Gedanke.

Dieser ist vielmehr jeweils gerade das subjektiv-objektive Hinüber, also letztlich das Intendieren selbst und damit gerade nicht Objekt[14],

---

[13] Erst daraus erhellt dann auch, wie richtig Frege sieht, wenn er kurzerhand sagt: „Eine Tatsache ist ein Gedanke, der wahr ist" (K, S. 359).

[14] Dies bedeutet freilich keineswegs, daß ein Gedanke, wie zum Beispiel „Dies ist eine Linde", nicht auch selber Gegenstand werden könnte. Dies bedeutet vielmehr lediglich, daß er dies nur werden kann, indem dabei durch eine neue Intention ein neuer Gedanke erzeugt wird, wie zum Beispiel „Daß dies eine Linde ist, ist wahr", wofür dann abermals gilt, daß dabei nicht dieser Gedanke, sondern durch diesen allein jener gegenständlich wird.

sondern Subjekt, nämlich die Art und Weise, wie ein Subjekt sich als Objekte intendierendes äußert, wie es aus sich heraus auf Außenwelt ausgeht. Zu meinen, Erkennen könne nicht Erkennen von Dingen sein, sondern nur von „Sachverhalten" oder „Tatsachen", und Denken nicht Denken von Dingen, sondern nur von wahren oder falschen Gedanken, heißt somit, diese Gedanken selbst zu verdinglichen, und damit auch das Subjekt, das sich in ihnen äußert, letztlich wie ein Objekt aufzufassen und auf diese Weise als Subjekt gerade zu verkennen.

Aus dem Ergebnis der Kritik, die zuletzt aus der Perspektive der Deutungstheorie an jenem Dogma geübt worden ist, ergibt sich schließlich aber auch noch rückläufig die Verpflichtung zu einer genaueren Differenzierung im Rahmen dieser Deutungstheorie selbst.

Im Wahrnehmen oder Erkennen, so hat sich ergeben, werden nicht Gedanken, Sachverhalte oder Tatsachen, sondern Dinge wahrgenommen oder erkannt, und zwar deshalb, weil auch allein diese Dinge und nicht etwa jene Gedanken usw. dasjenige sind, was dabei intendiert wird. Im Rahmen der Deutungstheorie aber heißt das dann: Was in solchem Wahrnehmen als Deuten erdeutet wird, ist jeweils ein Ding und nicht etwa dieses Deuten selbst.

Das scheint indessen auf den ersten Blick trivial zu sein. Denn der Ausdruck „Erdeutung von etwas" soll dieser Theorie zufolge doch lediglich das formulieren, was umgangssprachlich sogenannte „Wahrnehmung von etwas" eigentlich ist. Und daß diese eben in einem Wahrnehmen von Dingen besteht und nicht etwa in so etwas wie einem Wahrnehmen dieses Wahrnehmens selbst, einem Wahrnehmen, das sich selber wahrnimmt, dies scheint doch in der Tat eine Trivialität zu sein.

Der Eindruck des Trivialen aber schwindet sofort, wenn man dies differenzierter betrachtet, und zwar mit Hilfe der Begriffe von Intentionalität und von Erfolg oder Mißerfolg einer Intention, welche Deutungstheorie bereitstellt.

Wenn es allein das Ding sein kann, was Wahrnehmung als Deutung erdeutet, weil es auch allein dieses Ding ist, was solche Wahrnehmung intendiert, so heißt das nämlich weiter: Auch als Erfolg dieser Intention kann allein dieses erdeutete Ding selber gelten und nicht etwa die Deutung. Dementsprechend kann als Mißerfolg dieser Intention eines Dings auch allein das genaue Gegenteil dazu gelten, nämlich ein durch Deutung zwar intendiertes, aber nicht erzieltes, sondern eben ausbleibendes Ding selbst und nicht etwa das Ausbleiben von Deutung.

Letztere ist vielmehr dasjenige, was dabei in jedem Fall, nicht nur im Fall des Erfolgs, sondern auch des Mißerfolgs zu erfolgen hat: Deutung selbst muß immer schon ergehen, damit sich etwas als Erfolg dabei einstellen oder als Mißerfolg dabei ausbleiben kann, etwas, das eben deshalb dann aber sowohl als sich Einstellendes wie auch als Ausbleibendes grundsätzlich etwas anderes sein muß als diese Deutung selbst.

Darin aber liegt zumindest im Ansatz bereits eine Einsicht, welche keineswegs trivial ist. Denn durch sie wird noch einmal und noch deutlicher sichtbar: Das Deuten als solches ist in der Tat letztlich nichts anderes als das Intendieren selbst, und nur deshalb läßt sich dieses Deuten auch nicht als Erfolg auffassen. Denn das könnte nur heißen, es als Erfolg einer Intention aufzufassen, die dann ihrerseits im Intendieren einer Intention bestehen müßte, was ersichtlich Unsinn ist: Eine Intention hat man nicht dadurch, daß man etwa sie selbst, diese Intention als solche intendiert, sondern einfach dadurch, daß man etwas, und das heißt dann eben irgend etwas anderes intendiert, so wie man auch eine Absicht nicht dadurch hat, daß man etwa sie selbst beabsichtigt, sondern einfach dadurch, daß man irgend etwas beabsichtigt, das dann eben etwas anderes ist als diese Absicht selbst.

Ist aber eine Intention demnach nichts, was selber allererst intendiert werden müßte oder auch nur könnte, so ist sie damit auch nichts, was sich etwa als Erfolg dieses anderen Intendierens erst einstellte, vor allem aber auch nichts, was als Mißerfolg dieses Intendierens etwa auch ausbleiben könnte. Indem sie vielmehr, statt auf ein weiteres Intendieren zurückzugehen, immer wieder selbst ursprüngliches Intendieren, aber eben von etwas anderem ist, könnte sie nur in dem Sinne ausbleiben, daß Intentionalität schlechthin, und das heißt letztlich Subjektivität als solche selbst ausbliebe. Denn diese ist nichts anderes als eben Intendieren, das ständig ergeht, indem es ursprünglich aus sich heraus auf etwas anderes als sich ausgeht, um es als Erfolg zu erzielen [15]. Und eben deshalb kann dieses Intendieren, das ursprünglich in Gestalt von Wahrnehmen als Deuten auftritt, einen Erfolg auch immer wieder nur außer sich haben, in den erdeuteten Dingen der Außenwelt, niemals aber etwa in sich, als das Wahrnehmen oder Deuten selbst oder als etwas, das als Aufbaustück von ihm mit dazugehört. Dies alles ist vielmehr, soweit man es darin durch philosophische Reflexion auch ermitteln mag, das Inventar von Subjektivität als Intentionalität selbst und somit das, was immer schon sein muß, damit als dadurch erzielter Erfolg etwas anderes, Objektivität überhaupt sein kann.

Dies zu beachten ist wichtig, weil das Wahrnehmen als Deuten unter anderem zweierlei in sich vereinigt, das zum Beispiel mit Frege

[15] Vgl. dazu oben S. 132, Anm. 5.

als „Denken" einerseits und als „Gedanke" anderseits unterschieden
wurde. Denn im Hinblick darauf könnte man versucht sein, das zuletzt erzielte Ergebnis für das Deuten nur im Sinne des „Denkens"
gelten zu lassen, nicht jedoch im Sinne des „Gedankens": Daß Deuten
als der intentionale Akt des „Denkens" nicht auf eine weitere Intention zurückzuführen und damit auch nicht als Erfolg zu betrachten ist,
das leuchte zwar ein, so könnte man meinen; keineswegs jedoch sei ein-
leuchtend, daß dies auch für das Deuten als den gedachten „Gedanken"
gelten sollte, und zwar um so weniger, als solche Gedanken doch nicht,
wie nach Frege, als etwas schon Bestehendes vom Denken nur noch erfaßt, sondern als Erzeugungen durch dieses Denken selber allererst
hervorgebracht werden sollen.

Denn daß sie demnach jeweils nur als Produkt des Denkens entspringen, was sollte dies wohl anderes bedeuten, als daß dieses Denken
in diesen Gedanken, wenn auch vielleicht nur einen ersten und noch
nicht seinen letzten, so doch auf jeden Fall einen Erfolg erzielt? Durch
Denken intendiert ein Subjekt eben erstlich einen Gedanken, um mit
seiner Hilfe letztlich ein Ding zu intendieren, und erzielt demnach
dieses Ding als Erfolg allein dadurch, daß es zunächst einmal jenen
Gedanken als Erfolg erzielt.

Indessen ist leicht einzusehen, daß diese Auffassung einen fundamentalen Fehler enthält. Denn nicht nur jenes Denken, sondern auch
dieser gedachte Gedanke kann dabei prinzipiell nicht als der intendierte gelten, weil es sonst auch möglich sein müßte, daß er als Erfolg dieser
Intention sich einstellen, als Mißerfolg derselben aber auch ausbleiben
könnte. Das ist indessen keineswegs der Fall. Nicht nur jenes Denken,
sondern auch dieser gedachte Gedanke gehört zu dem, was immer schon
sein muß, damit es dann auch noch Erfolg oder Mißerfolg haben kann,
eben zu einer Intention. Nicht einfach nur das Denken, sondern das
Denken eines Gedanken bildet jenes Intendieren selbst, das immer
schon ergehen muß, so daß auch allererst ein *beidem* gegenüber anderes
als Erfolg sich dann einstellen oder als Mißerfolg auch ausbleiben kann.
Und in der Tat ist Wahrnehmen als Deuten nicht einfach nur Denken,
sondern immer auch schon Denken eines Gedankens, und erst aufgrund
dessen, durch beides zusammen, kann es als Erdeuten eines Dinges
überhaupt das Denken dieses Dinges sein oder auch nicht.

Deshalb bringen auch Formulierungen wie „einen Gedanken denken" und „ein Ding denken", die sprachlich auf dieselbe Weise gebildet
sind, doch sachlich Grundverschiedenes zum Ausdruck. Denn im Sinne
eines sogenannten 'Akkusativ des inneren Objekts' ist dabei durch
„einen Gedanken ..." letztlich nur das „... denken" noch einmal for-

muliert, etwa so wie auch im Falle von „ein Lied singen" das Lied letztlich nur das Singen noch einmal ist. Im Falle von „ein Ding denken"
hingegen, eines sogenannten 'Akkusativ des äußeren Objekts', ist
keineswegs das Ding nur das Denken noch einmal, sondern etwas
grundsätzlich anderes als dieses Denken, während demgegenüber der
Gedanke offenbar sehr wohl nur das Denken noch einmal ist.

Damit aber zeigt sich nichts Geringeres, als daß die Verschiedenheit
des Gedanken gegenüber dem Denken, die als Verschiedenheit des
„Noema" gegenüber der „Noesis" im Anschluß an Husserl mittlerweile
schon geradezu als selbstverständlich hingestellt wird [16], von Grund
auf neu zu überdenken ist. Den Anschein einer Selbstverständlichkeit
kann diese Verschiedenheit nämlich nur gewinnen, weil man dabei
trotz dauernden Redens von Akten und Intentionen gerade mit der
Intentionalität von Denken und Erkennen nicht Ernst macht.

Dies wird auch geradezu augenfällig, indem nämlich Intentionalität
dabei immer wieder gleichsam Torso bleibt, weil zwar ständig von ihr
die Rede ist, mit keinem Wort jedoch erwähnt wird, was notwendig
dazugehört, nämlich „Erfolg" oder „Mißerfolg": Sofern sie nur immer
ergeht, muß eine Intention auch immer entweder zu einem „Erfolg"
oder zu einem „Mißerfolg" führen. Gerade in dem wesentlichen Sinn
jedoch, der ihnen damit zukommt und mit dem sie für Erkenntnistheorie auch erhellend sein könnten, treten dabei die Begriffe des „Erfolgs"
oder „Mißerfolgs" von Intentionalität nicht auf, auch nicht bei Husserl.
Denn auch das, worin eine Intention ihre „Erfüllung" finden soll, ist
nach Husserl niemals als Erfolg dieser Intention selbst aufzufassen.

Erst eine von Kant her weiter entwickelte Erkenntnistheorie wie die
Deutungstheorie vermag hier weiterzuführen. Denn erst sie nimmt so
etwas wie Subjektivität als Intentionalität wirklich ernst, indem sie
auch auf die Notwendigkeit von Erfolg oder Mißerfolg derselben voll
reflektiert.

Mit dieser Reflexion gelangt sie nämlich nicht nur zu der Einsicht:
Als Erfolg oder Mißerfolg einer Intention kann prinzipiell nur etwas
anderes als diese Intention auftreten. Sie führt damit auch noch zu dem
Kriterium: All dasjenige, was dabei niemals als Erfolg oder Mißerfolg
einer Intention zu gelten vermag, kann deshalb auch prinzipiell nichts
anderes als diese Intention selbst sein. Und da dies, wie gezeigt, ohne
Zweifel auch jeweils für den gedachten Gedanken gilt, ist damit auch
jene angeblich selbstverständliche Verschiedenheit des Noema gegen-

---

[16] Vgl. z. B. H. Wagner, *Philosophie und Reflexion*, München/ Basel 1967,
§§ 1—3.

über der Noesis in Frage gestellt. Ob sie überhaupt, und wenn ja, in welchem Sinne sie voneinander verschieden und damit unterscheidbar sind, wäre unter dem Gesichtspunkt, daß jeder solche Fall zunächst einmal nichts anderes als Intention von Erfolg ist, neu zu untersuchen. Denn gleichviel ob es noch andere Gesichtspunkte geben kann, unter denen sie vielleicht zu unterscheiden wären — als Intentionen von Erfolg jedenfalls sind Denken eines Gedanken oder Noesis eines Noema jeweils in sich ununterscheidbar.

Dieses Ergebnis festzuhalten, das Deutungstheorie gerade durch Reflexion auf Intentionalität in ihrer vollen Gestalt erzielt, ist von Wichtigkeit. Denn es bleibt insbesondere auch unter dem Gesichtspunkt der Wahrheit oder Falschheit einer Wahrnehmung oder Erkenntnis gültig.

Jene angebliche Selbstverständlichkeit, Noema müsse von Noesis unterschieden sein, findet man nämlich um so selbstverständlicher, als man dabei der festen Überzeugung ist, es könne auch allein dem Noema, im Unterschied zur Noesis, jeweils Wahrheit oder Falschheit zukommen. Und dabei scheint man gar nicht zu bemerken, daß man damit einen Fehler, den man jenem Psychologismus vorwirft [17], letztlich selber wiederholt. Dieser nämlich hatte, wie bereits bemerkt, das Denken von Gedanken als einen empirisch-psychischen Vorgang aufgefaßt und damit als ein Seiendes unter anderem Seienden. Und in der Tat bleibt es, wie ebenfalls bereits bemerkt, auch schlechterdings unverständlich, wie ein bloß Seiendes darüber hinaus, daß es ist, auch noch wahr oder falsch sein könnte.

Der Fehler dieses Psychologismus aber liegt nicht etwa darin, daß er das Denken als etwas Empirisches, sondern daß er es als etwas bloß Seiendes auffaßt. Deshalb ist sein Fehler auch nicht dadurch zu bereinigen, daß man das Denken statt als etwas Empirisches einfach als etwas Nichtempirisches auffaßt (vgl. ebd.), solange man darunter wieder nur ein Seiendes versteht. Und das untrügliche Kennzeichen dafür, daß man tatsächlich das Denken auch in diesem Sinne als etwas bloß Seiendes auffaßt, liegt darin, daß man Wahrheit oder Falschheit nicht diesem Denken, nicht der Noesis zuschreibt, sondern allein dem Gedanken, allein dem Noema, die eben deshalb notwendig davon zu unterscheiden seien [18].

Angesichts dessen aber vermag dann auch alles Reden von Akten und Intentionen nicht mehr darüber hinwegzutäuschen: Eben damit wird Subjektivität gerade als Intentionalität von Grund auf verfehlt. Denn

---

[17] Vgl. H. Wagner, a. a. O., S. 20 f., S. 49 ff.
[18] Vgl. a. a. O., z. B. S. 26 ff.

auf diese Weise ist sie als das jeweils einheitliche Intendieren selbst in Noema und Noesis gleichsam zerfallen und daraus niemals wiederherzustellen. Deshalb muß auch nicht allein der Fehler jenes Psychologismus, sondern auch diese Wiederholung desselben auf nichtempirischer Ebene letztlich auf einen Platonismus hinauslaufen, gleichviel ob man, wie beispielsweise Frege oder Stegmüller, zu dieser Konsequenz nun bereit bzw. in der Lage ist oder nicht[19]. Und wie sich noch erweisen wird, kommt es zu allen diesen verfehlten Konzeptionen letztlich immer wieder nur aufgrund des unhaltbaren Vorurteils: Die Wirklichkeit der Außenwelt ist ein „Ansichseiendes"[20], und das heißt in dem Sinne immer schon vorgegeben, daß Erkenntnis von ihr grundsätzlich nur rezeptiv möglich ist, einerlei wie viel oder wie wenig Subjektivität zu solcher Rezeption durch „Konstitution" dann angeblich noch beizutragen hat oder auch nicht.

Demgegenüber ist die Deutungstheorie als Reflexion auf Intentionalität in ihrer Vollgestalt gerade daran erkennbar, daß sie die Wahrheit oder Falschheit einer Wahrnehmung oder Erkenntnis mit einzubeziehen vermag, ohne dabei die jeweilige Einheit derselben als Intentionen preiszugeben. Denn auch Wahrheit oder Falschheit treten gemäß der Deutungstheorie, wie schon ein Stück weit ausgeführt, als Erfolg oder

---

[19] Die Einsicht in das Denken als etwas Nichtempirisches pflegt man dabei als letzte große Errungenschaft der „Neukantianer" herauszustellen (H. Wagner, a. a. O., S. 20 f., S. 49 ff.), während sie doch bereits bei Kant vollzogen ist und zum Beispiel an zwei bekannten Stellen in den *Prolegomena* nachgelesen werden kann (vgl. Akad.-Ausg., Bd. 4, S. 304, Z 3—7 mit S. 373, Z. 31 ff.). Diese Einsicht ergibt sich für Kant indes gerade als eine Konsequenz daraus, daß er Subjektivität zwar nicht dem Worte, wohl aber der Sache nach als Intentionalität ernst nimmt und dabei mit keinem Schritt in einen Platonismus ausweicht. Denn allein weil er sich einerseits konsequent weigert, platonistisch von Seiendem jenseits des Empirischen zu sprechen, andererseits aber so etwas wie Subjektivität als intentionales Denken empirisch unter Empirischem nicht auffindbar ist, sieht er sich gezwungen, sie als etwas Nichtempirisches anzusetzen. Nur liegt dieses Nichtempirische eben jeweils *im Empirischen selbst*, indem es als Bedingung der Möglichkeit von Erfahrung eine nichtempirische Tiefendimension derselben ausmacht. Und allein in diesem Sinne bildet sie dann auch „das fruchtbare Bathos" für Kants philosophische Reflexion (vgl. dagegen die Mißdeutung dieser oben angeführten zweiten Stelle der *Prolegomena* bei Wagner, S. 187), die als Vordringen in diese nichtempirische Tiefe des Empirischen selbst eben „transzendental" ist und nicht als Überschreitung des Empirischen in ein nichtempirisches Jenseits etwa „transzendent" im Sinne eines Platonismus (vgl. dazu schon oben S. 24 f.).

[20] H. Wagner, z. B. S. 167.

Mißerfolg auf, und das heißt dann eben als Erfolg oder Mißerfolg einer *Intention*, nämlich der Deutung als einer Intention der Erdeutung von etwas. Und in der Tat läßt sich sinnvollerweise auch nur einer entsprechenden Intention so etwas wie Erfolg oder Mißerfolg und damit auch dergleichen wie Wahrheit oder Falschheit zuschreiben.

Daraus aber erhellt in umgekehrter Weise noch einmal und womöglich noch deutlicher: Zumindest im Hinblick auf Wahrheit oder Falschheit ist es verfehlt, zwischen Gedanke und Denken oder zwischen Noema und Noesis zu unterscheiden. Wollte man nämlich diese Unterscheidung auch der Deutungstheorie zugrunde legen, das heißt auch der Einsicht in Wahrheit als Erfolg und Falschheit als Mißerfolg von Erkennen, so müßte man genau umgekehrt die Wahrheit oder Falschheit gerade der Noesis im Unterschied zum Noema zuschreiben, gerade dem Denken im Unterschied zum Gedanken. Denn auch allein dieses Denken, allein die Noesis könnte man dabei als eine Intention und mithin auch als etwas auffassen, das darin erfolgreich und somit wahr ist oder erfolglos und somit falsch, während ein Gedanke im Unterschied zum Denken, ein Noema im Unterschied zur Noesis, schlechterdings keine Intention und mithin auch nichts sein könnte, dem Erfolg oder Mißerfolg und somit Wahrheit oder Falschheit sich zuschreiben ließe.

Nur daß diese einseitige Beschränkung von Wahrheit und Falschheit allein auf die Noesis freilich ebenso unhaltbar wäre wie jene einseitige Beschränkung derselben allein auf das Noema unhaltbar war, woran sich endgültig erweist: Das eigentlich Unhaltbare ist dabei die Unterscheidung von Noesis und Noema als solche, weil vielmehr nur das Intendieren selbst, das Denken eines Gedankens oder die Noesis eines Noema als Ganzes, erfolgreich oder erfolglos und damit wahr oder falsch sein kann.

Indem die Deutungstheorie jedoch den eigentlichen und letzten Grund dafür nennt, warum dies auch gar nicht anders sein kann, gelangt sie selbst an einen entscheidenden Punkt. Denn dieser Grund ist kein geringerer als der folgende: Wie im vorigen schon ausgeführt, hat so etwas wie eine Intention ihren Erfolg oder Mißerfolg im eigentlichen Sinne *überhaupt nicht* in sich selbst, weder als Noema noch als Noesis noch auch als Einheit beider, sondern immer wieder nur außer sich selbst.

Entsprechend hat Wahrnehmung oder Erkenntnis, die als Deutung jeweils Intention der Erdeutung von Dingen der Außenwelt ist, ihren Erfolg im eigentlichen Sinne ausschließlich in diesen Dingen selbst, sofern sie dabei nicht — wie etwa in Sinnestäuschung, Traum oder

Halluzination — nur vermeint sind, sondern tatsächlich erdeutet und damit wirklich. Und entsprechend hat sie auch ihren Mißerfolg im eigentlichen Sinne ausschließlich in diesen Dingen selbst, sofern sie dabei — wie in Sinnestäuschung, Traum oder Halluzination — tatsächlich bloß vermeint und nicht erdeutet sind und damit auch nicht wirklich.

Da sie als Deutung und mithin als Intention der Erdeutung von etwas ausschließlich Wirklichkeit intendiert, hat Wahrnehmung oder Erkenntnis auch allein diesbezüglich ihren Erfolg oder Mißerfolg, nämlich in der Wirklichkeit oder Nichtwirklichkeit der außer ihr liegenden Außenwelt selbst. Und nur weil sie es ist, die diesen Erfolg oder Mißerfolg hat, faßt man ihn auch noch als etwas, das sie angeblich nicht nur außer sich, sondern auch in sich hat, und nennt ihn „Wahrheit" oder „Falschheit" der Wahrnehmung oder Erkenntnis selbst.

Damit aber zeigt sich nicht nur: Sofern man dieser Redeweise folgen will, kann „wahr" oder „falsch" tatsächlich allein die als Denken eines Gedankens oder als Noesis eines Noema in sich einheitliche Intention selbst genannt werden. Damit fragt sich vor allem auch, ob man dieser Redeweise überhaupt folgen soll, denn ersichtlich ist sie zumindest irreführend: Wahrnehmung oder Erkenntnis *selber* wahr oder falsch zu nennen bzw. von Wahrheit oder Falschheit *derselben* zu sprechen, legt nämlich den Irrtum nahe, als sei Wahrheit oder Falschheit jeweils etwas an Wahrnehmung oder Erkenntnis selbst, eine Art Eigenschaft von ihr.

Was dadurch aber eigentlich verkannt wird, ist letztlich das Wesen von Intentionalität selbst. Denn diese Redeweise erzeugt den Schein, als könne so etwas wie eine Intention ihren Erfolg oder Mißerfolg nun doch in etwas haben, das zu ihr selbst gehört, als könne tatsächlich etwas an ihr selbst sich einstellen oder auch ausbleiben, etwas, das sie dann auch intendieren oder zumindest mitintendieren müßte, was aber eben, wie bemerkt, schlechterdings unmöglich ist.

Deshalb erweist es sich jetzt nachträglich auch als entsprechend irreführend, zu sagen, Wahrnehmung oder Erkenntnis sei ausschließlich Wahrheitsintention (vgl. oben S. 128 ff.). Denn das könnte so verstanden werden, als intendiere Wahrnehmung oder Erkenntnis überhaupt nichts über sich hinaus, als intendiere sie vielmehr, wenn auch nicht einfach nur sich selbst, so doch lediglich etwas an ihr selbst, nämlich ihre Wahrheit, und zwar als Selbstzweck: Wahrnehmung und Erkenntnis als die reine „Theoria" im aristotelischen Sinne [21]. So aber war dies keineswegs gemeint. Demgegenüber ist Wahrnehmung oder Erkenntnis

---

[21] Vgl. diese verfehlte Auffassung z. B. ganz extrem bei Wagner (a. a. O., S. 194), wonach Erkennen als Intention *ausschließlich* die Erstellung einer

vielmehr ausschließlich Wirklichkeitsintention, weil sie auch ausschließlich Erfolgsintention ist, als Intention aber diesen Erfolg eben nur außer sich haben kann.

Das bedeutet nun freilich auch wieder nicht, man dürfte die Redeweise von wahrer oder falscher Wahrnehmung oder Erkenntnis etwa nicht aufrechterhalten, sofern man dabei nur im Auge behält, was damit eigentlich gemeint ist. Ja, man kann dabei sogar daran festhalten, daß damit auch etwas über Wahrnehmung oder Erkenntnis selber ausgesagt ist. Denn wahre oder falsche Wahrnehmung oder Erkenntnis bedeutet eben nichts anderes als erfolgreiche oder erfolglose Wahrnehmung oder Erkenntnis[22]. Nur ist mit diesem Erfolg, der ihr damit zugeschrieben oder abgesprochen wird, freilich nichts gemeint, was an ihr selbst bestünde oder nicht, sondern etwas außer ihr selbst, das lediglich als Korrelat zu ihr sich als Wirklichkeit einstellt oder als Nicht-

wahren *Theorie* über Wirklichkeit intendiere und nicht etwa diese Wirklichkeit selbst. Dieser unhaltbare Theoretizismus aber unterläuft lediglich aus unzureichender Reflexion auf das Wesen der Intentionalität von Erkennen, und das heißt letztlich: auf den Zusammenhang desselben mit Handeln. Denn fälschlich als der eigentliche Erfolg von Intention verstanden, ist wahre Theorie damit auch fälschlich als etwas außerhalb von Intention angesetzt und damit platonistisch verdinglicht.

[22] Wie weit Erkenntnis sich durch jene Termini im Sinne eines einseitigen und unhaltbaren Theoretizismus verhärtet und damit ihren eigentlichen Sinn und Ursprung ständig verleugnet, zeigt klar der folgende interessante Befund: „Wahrheit" oder „Falschheit" von „Erkenntnis" sind im genannten Sinne letztlich nichts als Erfolg oder Mißerfolg von Subjektivität als Intentionalität. Von solcher Subjektivität aber läßt sich zwar ohne weiteres sagen, sie sei erfolgreich oder erfolglos, keineswegs jedoch, sie sei „wahr" oder „falsch", obwohl dasselbe damit gemeint ist. In genau dem Maß, in welchem dennoch nicht mehr von Subjektivität selbst, sondern nur noch von ihrer „Erkenntnis" gesagt werden kann, sie sei „wahr" oder „falsch", ist eben solche „Erkenntnis" schon theoretizistisch und letztlich platonistisch von Subjektivität als ihrem Ursprung abgefallen und damit Subjektivität im Grunde mit sich selber zerfallen. Unter Namen wie „Erkenntnis", die als solche selber „wahr" oder „falsch" sei, wird Intentionalität der Subjektivität, die doch nichts anderes als auf Erfolg ausgehende Subjektivität selbst ist, gleichsam zwischen Subjektivität und ihrem eigentlichen Erfolg verselbständigt und damit platonistisch verdinglicht. Ist dadurch aber Intentionalität von Subjektivität letztlich abgefallen, so ist damit Subjektivität nicht allein mit sich selber zerfallen: Durch ihre Intentionalität, die sie eigentlich mit Wirklichkeit als ihrem Erfolg verbindet, ist Subjektivität auf diese Weise vielmehr auch noch mit dieser Wirklichkeit selber zerfallen.

wirklichkeit ausbleibt. Und dies um so mehr, als sie selbst dabei als Intention schon immer wirklich, nämlich wirkend sein muß, um auch noch etwas anderes ihrer selbst als Wirklichkeit zu erwirken oder auch nicht.

Damit aber zeigt sich schließlich auch noch: Im Rahmen einer Theorie der Erkenntnis, welche wie die Deutungstheorie die Intentionalität von Erkenntnis ernst nimmt, könnte erstmals verständlich werden, daß es keineswegs ein Zufall ist, wenn auf „die alte und berühmte Frage", nämlich „Was ist Wahrheit?", bis heute eine zureichende Antwort fehlt. Daß Wahrheit nicht zu definieren ist, läge danach nämlich einfach daran, daß hier auch nichts zu definieren ist, weil es genau in dem Sinne, in dem hier gefragt wird, Wahrheit überhaupt nicht gibt [23], während sie in dem Sinne, in dem es sie sehr wohl gibt, gar nicht gefragt ist: Wahrheit ist Wirklichkeit, sofern sie als Erfolg einer entsprechenden Intention zuzuschreiben ist. Und demgemäß gilt ferner: Falschheit ist Unwirklichkeit, sofern sie als Mißerfolg einer Intention auf Wirklichkeit zuzuschreiben ist.

## § 20. Erfolgsintention von Erkenntnis als Ermöglichung
### ihrer Verifikation und Falsifikation

Das zuletzt erzielte Ergebnis, Wahrheit sei Wirklichkeit, sofern sie als Erfolg einer entsprechenden Intention zuzuschreiben ist, muß indessen sofort eine weitere Frage nach sich ziehen, nämlich wie wir

---

[23] Worauf Kants Deutungstheorie, sofern sie konsequent zu Ende gedacht wird, letztlich hinausläuft, ist in der Tat ein strenger Nominalismus von Wahrheit und Falschheit: Nicht nur die Falschheit, welche ohnehin bloß ein Wort für fehlende Wahrheit sein dürfte, sondern auch die Wahrheit selbst ist danach ein bloßes Wort für das, was eigentlich allein Erfolg von Erkenntnis heißen und in der Wirklichkeit ihres Gegenstandes bestehen kann. Denn was sollte es wohl sein, das an Erkenntnis selbst sich einstellte, wenn sie erfolgreich ist, und das an ihr selber ausbliebe, wenn sie erfolglos ist? Deshalb bemerkt Kant auch mit Recht, daß einer Erkenntnis selbst „weder die Wahrheit noch der Irrtum angesehen werden kann" (A 155, B 194), so wie einem Ding sehr wohl seine Eigenschaft, zum Beispiel seine Röte, einfach anzusehen ist. Und dieser Nominalismus stellt auch gar nichts anderes dar als die negative Kehrseite der Kopernikanischen Wende von Kant: Der eigentliche Erfolg von Erkenntnis als Intention ist die Wirklichkeit ihrer Gegenstände selbst, dasjenige also, was uns allen immer wieder zunächst einmal als ein „Ansichsein" gilt, das wir angeblich nur „wahrnehmen" im Sinne von „entgegennehmen".

solche Wahrheit feststellen: Nach welchem Kriterium entscheiden wir eigentlich, ob wir mit einer Wahrnehmung oder Erkenntnis im genannten Sinne nun erfolgreich sind oder nicht?

Ebenso wie jene Frage nach der Wahrheit oder Falschheit von Erkenntnis aber läßt auch diese Frage nach der „Verifikation" von wahrer bzw. nach der „Falsifikation" von falscher Erkenntnis sich nur beantworten, sofern dazu die Intentionalität von Erkenntnis voll berücksichtigt wird. Letzteres wurde auf dem Wege einer weiteren Durchführung der Deutungstheorie versucht, die am Ende dazu zwang, Intentionalität auch noch als das in Rechnung zu stellen, was notwendigerweise entweder Erfolg oder Mißerfolg hat.

Dieser Durchführungsversuch einer Theorie, die im wesentlichen auf Ansätze Kants zurückgeht, steht jedoch angesichts der Frage nach Wahrheit oder Falschheit ebenso wie der nach Verifikation oder Falsifikation von Erkenntnis vor besonderen Schwierigkeiten. Denn diese Theorie, die Kant selber ohnehin nur in beschränktem Umfang durchführt, ist gerade im Hinblick auf diese beiden Fragen bei ihm ohne jede Durchführung geblieben. Deshalb finden sich bei ihm auch nur wenige Texte, aus denen die Antworten, die er im Rahmen seiner neuen Theorie auf diese Fragen geben müßte, sich wenigstens einigermaßen entwickeln ließen. Selbst diese Texte aber vermag man in ihrer Bedeutsamkeit überhaupt nur zu entdecken, sofern der Blick für sie durch den Gesamtsinn seiner neuen Theorie bereits geschärft ist. Denn neben ihnen finden sich auch noch andere Texte, die zumindest den Eindruck erwecken, als ob Kant insbesondere in diesen Fragen seine neue Theorie geradezu verleugne. Darum sei zunächst Kants Deutungstheorie selbst im Hinblick auf diese Fragen weiter entwickelt, mit dem Ziel, jene Texte danach zu beurteilen, inwieweit sie sich in diese Entwicklung einbeziehen lassen oder nicht.

Einer der Gründe dafür, daß Kant seine Theorie der Erkenntnis gerade hinsichtlich von Wahrheit und Verifikation derselben nicht durchführt, könnte darin liegen, daß er dabei auch das Verhältnis zwischen Wahrheit und Gewißheit nicht aufklärt[1]. Wie schon bemerkt, können wir weder über die Wahrheit noch über die Falschheit unserer Erfahrung jemals Gewißheit erlangen, auch nicht über die der Wahrnehmung als Ursprung derselben. Wie ebenfalls bereits bemerkt, heißt dies indessen keineswegs, wir blieben etwa sowohl über Wahrheit als auch über Falschheit unserer Erfahrung immer in Ungewißheit. Daß sie niemals den Sinn der Gewißheit, und das heißt den modalen Sinn

---

[1] Vgl. oben S. 85.

der Notwendigkeit besitzen können, bedeutet noch nicht, es müßten Wahrheit oder Falschheit unserer Erfahrung etwa den Sinn der Ungewißheit[2], und das heißt den modalen Sinn der bloßen Möglichkeit besitzen. Vielmehr haben sie den genau dazwischen liegenden modalen Sinn der Wirklichkeit oder Faktizität: Ist unsere Erfahrung wahr bzw. falsch, so ist sie zwar nicht sogleich notwendigerweise, aber deshalb auch nicht sofort bloß möglicherweise, sondern eben wirklicherweise, das heißt tatsächlich oder faktisch wahr bzw. falsch.

Dann aber muß für uns auch eine Unterscheidung zwischen den Fällen der Wahrheit und denen der Falschheit und somit Verifikation bzw. Falsifikation von Erfahrung möglich sein. Nur kann sie wegen jener Unmöglichkeit ihrer Gewißheit eben niemals eine endgültige sein. Dementsprechend schwierig aber wird dann auch die Frage: Aufgrund wovon eigentlich besitzen wir die Möglichkeit, unsere Erfahrung, deren Wahrheit oder Falschheit uns, wenngleich nicht gewiß, so doch auch keineswegs ungewiß ist, in diesem eingeschränkten Sinn zu verifizieren oder zu falsifizieren? Worin eigentlich besteht das Kriterium, nach dem wir unsere Erfahrung jeweils für Wahrheit oder für Falschheit halten?

Um dies zu verdeutlichen, greifen wir zunächst einmal auf solche Fälle von Erfahrung oder Wahrnehmung zurück, die wir alle ohne Zögern als „Sinnestäuschung" verwerfen würden. Wenn zum Beispiel der Schreibtisch, auf dem ich gerade schreibe, sich plötzlich vom Fußboden erhöbe und zu tanzen begänne, so wäre ich mir alsbald sicher, daß ich dabei, aus welchen Gründen auch immer, einem Wahrnehmungsirrtum unterliege. Und dies obwohl ein jeder solche Fall sich zunächst einmal ganz wie ein Regelfall von wahrer Wahrnehmung ausnimmt. Denn auch in den extremsten Fällen dieser Art vollziehen wir zunächst einmal eine Deutung unserer Sinneseindrücke und sind damit eben in Wahrnehmung als intendierter und prätendierter Erdeutung von etwas begriffen. Gleichwohl steht fest: Es kann diese Sicherheit, mit der wir trotzdem solche Fälle dann als Irrtum verwerfen — so groß sie auch immer sein mag — doch niemals Gewißheit sein, und das heißt jetzt: Sie kann niemals absolute, sondern immer nur relative Sicherheit sein.

Damit aber stellen sich nun die Begriffe „absolut" und „relativ" ein, deren Gegensatz in dieser Frage weiterhilft. Zugleich gestattet er in

---

[2] Von jenen Fällen, in denen Erfahrung auch einmal ungewiß sein kann, z. B. von jenen Schlüssen aus wahrgenommenen Wirkungen auf ganz bestimmte nichtwahrgenommene Ursachen derselben (vgl. oben S. 78 Anm.), kann in diesem Zusammenhang abgesehen werden.

diesem Zusammenhang einen ersten Text von Kant (A 155, B 194) aufzunehmen und den wichtigen Sinn desselben voll zu entfalten: Daß wir die Wahrheit oder Falschheit unserer Erfahrung nicht mit absoluter, sondern nur mit relativer Sicherheit feststellen können, heißt gar nichts anderes, als daß einem Fall von Erfahrung, wie Kant formuliert, seine Wahrheit oder seine Falschheit niemals „an ihm selbst" (das heißt 'losgelöst' von anderen Fällen, eben 'absolut') „angesehen werden kann", nicht so, wie einem einzelnen Ding sehr wohl „an ihm selbst" etwa eine Eigenschaft einfach „angesehen werden kann". Und das bedeutet, ins Positive gewendet: Die Wahrheit oder die Falschheit eines Falls von Erfahrung kann immer nur 'in Beziehung' zu anderen Fällen, eben 'relativ' auf andere Erfahrung bestimmt werden. Und tatsächlich machen wir Erfahrung, auch unsere Wahrnehmung, niemals isoliert als Einzelfall, sondern immer zusammen mit anderer in einem Erfahrungs- oder Wahrnehmungs*kontext*.

Mag dies indessen auf den ersten Blick auch einleuchten, so wird bei näherem Zusehen doch wieder fraglich, wie wir auf diese relative Weise überhaupt zu einer Verifikation oder Falsifikation unserer Erfahrung gelangen können. Denn was hat jene andere Erfahrung, relativ worauf wir angeblich die Wahrheit oder Falschheit einzelner Erfahrungsfälle bestimmen, diesen eigentlich voraus, daß sie ihnen zum Kriterium ihrer Wahrheit oder Falschheit gereichen könnte? Jener Erfahrung sind wir uns doch selber niemals absolut, sondern bloß relativ sicher; wenn sie in dieser Hinsicht also keinerlei Sonderstellung besitzt, wie könnte dann jene Erfahrung uns die Wahrheit oder Falschheit anderer Erfahrung überhaupt, auch nur relativ sicher bestimmen lassen? Bedeutet diese generelle Relativität nicht vielmehr, daß unsere Verifikation oder Falsifikation eigentlich ganz willkürlich erfolgt und damit eine Unterscheidung zwischen Wahrheit und Falschheit unserer Erfahrung eigentlich überhaupt nicht möglich ist, nicht einmal mit relativer Sicherheit?

Daß dies indessen sehr wohl möglich ist, wird deutlich, wenn wir noch einmal auf unser Beispiel einer Sinnestäuschung zurückblicken. Relativ worauf eigentlich sind wir so sicher: Bei jenem Schreibtisch, der plötzlich auf dem Fußboden zu tanzen beginnt, muß es sich um einen Fall von Wahrnehmungsirrtum, also um falsche Erfahrung handeln? Welche andere Erfahrung ist es eigentlich, die uns als Kriterium dafür dient, daß wir mit relativer Sicherheit diese Erfahrung als Falschheit verwerfen? Die Antwort darauf aber dürfte lauten: Zum Beispiel die Erfahrung der Gravitation gibt uns die Sicherheit, die Erfahrung von einem tanzenden Schreibtisch für Wahrnehmungsirrtum zu halten.

Diese Erfahrung der Gravitation jedoch tritt keineswegs wie die

Erfahrung vom tanzenden Schreibtisch als ein Einzelfall auf. Sie wird vielmehr seit langem und ständig durch eine unübersehbare Fülle einzelner Erfahrungen gestützt und bildet zusammen mit anderer solcher Erfahrung eines der Fundamente unserer naturwissenschaftlichen Gesamterfahrung von der Außenwelt überhaupt. Und nichts Geringeres als diese Gesamterfahrung unserer Naturwissenschaft müßten wir fallen lassen, um die Erfahrung vom Tanz eines Schreibtisches für Wahrheit zu halten. Relativ auf diese Gesamterfahrung lassen wir statt ihrer vielmehr diese Einzelerfahrung fallen.

Damit aber zeigt sich nunmehr: Unser Kriterium für die Unterscheidung zwischen Wahrheit und Falschheit unseres Erfahrens ist nicht nur ein bloß relatives, sondern es hängt in seiner Relativität im genannten Sinne damit zusammen, daß es auch ein bloß quantitatives Kriterium ist. Was uns jene Sicherheit gibt, mit der wir eine Erfahrung wie jene vom Schreibtisch als Irrtum verwerfen, ist in erster Linie die rein quantitative Überzahl jener Erfahrungen von der Gravitation, die als ein wesentlicher Bestandteil in jene Gesamterfahrung eingegangen sind und immer wieder eingehen. Sie gehören mit zu jenem sogenannten naturwissenschaftlichen Weltbild, dessen Wahrheit mittlerweile, wenn auch nicht absolut, im Sinne der Gewißheit, so doch in hohem Grade gesichert sein dürfte.

Indes ist solch ein Rückgriff bis auf Erfahrung, wie sie als jenes Weltbild wissenschaftlich durchgeführt vorliegt, dabei eigentlich gar nicht nötig. Schon allein im Zusammenhang unserer alltäglichen Wahrnehmung als dem Ursprung aller unserer Erfahrung sind wir uns in hohem Grade sicher, es habe solche Wahrnehmung als Wahrnehmungsirrtum auszuscheiden. Auch diese Sicherheit jedoch gewinnen wir allein aus einem relativen und quantitativen Kriterium, nämlich aus der großen Überzahl der Wahrnehmungen heraus, die uns alltäglich im Zusammenhang so überwiegend gelingen, daß wir aufgrund der Wahrheit solcher Wahrnehmung uns in der wahrgenommenen Außenwelt relativ sicher bewegen können und dabei auch vor so etwas wie einem tanzenden Schreibtisch relativ gesichert sind. Und dementsprechend kann diese unsere Sicherheit im Hinblick auf Wahrheit und Falschheit bei verschiedenen Fällen von Wahrnehmung oder Erfahrung jeweils auch größer oder kleiner sein, je nach dem, wieweit wir es aus dem Zusammenhang unserer überwiegend gelungenen Wahrnehmung oder Erfahrung heraus für möglich halten können, daß sie sich in ihn einbeziehen lassen oder nicht.

Daß dieses bloß relative Kriterium zugleich ein bloß quantitatives ist, läßt sich in seinem Sinn noch weiter verdeutlichen, indem man noch einmal auf den entsprechenden Gegensatz zurückblickt. Denn in der Tat müßte als Gegensatz zu diesem relativen ein absolutes Kriterium für die Unterscheidung zwischen Wahrheit und Falschheit unserer Erfahrung auch im Gegensatz zu diesem quantitativen ein qualitatives Kriterium sein. Die Wahrheit oder Falschheit einem Einzelfall von Erfahrung 'an ihm selbst' anzusehen, das heißt 'losgelöst' von anderen, eben 'absolut', diese Möglichkeit müßte tatsächlich bedeuten, daß man so wie einem einzelnen Ding seine Farbe etwa auch einem einzelnen Urteil seine Wahrheit oder Falschheit wie eine Qualität einfach ansehen könnte. Gerade dies jedoch ist eben nicht der Fall.

Spätestens an dieser Stelle aber gilt es dann auch noch einmal eigens darauf hinzuweisen: Dieses bloß Quantitative und Relative betrifft lediglich die „Verifikation" und „Falsifikation", das heißt die *Bestimmung* oder *Feststellung* von Wahrheit und Falschheit, doch keineswegs etwa diese Wahrheit und Falschheit selbst. Den Unterschied zwischen Wahrheit und Falschheit unserer Erfahrung haben wir oben als einen absoluten und qualitativen dem bloß relativen und quantitativen Unterschied von Deutlichkeit und Undeutlichkeit eines Abbilds entgegengesetzt. Dieser absolute und qualitative Unterschied von Wahrheit und Falschheit aber bleibt als ein solcher bestehen, auch wenn wir diese Wahrheit oder Falschheit immer nur mit relativer und quantitativ größerer oder geringerer Sicherheit feststellen können. Daß wir uns der Wahrheit oder Falschheit unserer Erfahrungen immer nur mehr oder weniger sicher sind, heißt keineswegs, daß diese Erfahrungen selbst etwa immer nur mehr oder weniger wahr bzw. nur mehr oder weniger falsch sind. Deshalb wäre es auch ein Fehler, etwa Wahrheit mit Verifiziertheit gleichzusetzen und Falschheit mit Falsifiziertheit. Vielmehr kann ein Versuch der Verifikation oder Falsifikation von etwas überhaupt nur sinnvoll sein, sofern dasjenige, was dabei verifiziert oder falsifiziert, das heißt als wahr oder falsch *festgestellt* werden soll, selbst schon immer wahr oder falsch *ist*.

Dieses Kriterium für Verifikation und Falsifikation ist nun ersichtlich das einzige, auf das wir zurückgreifen können. Und selbst als jenes bloß relative und quantitative Kriterium steht es uns überhaupt nur deshalb zur Verfügung, weil faktisch unsere Wahrnehmung oder Erfahrung weitaus öfter gelingt als mißlingt. Faktisch verfügen wir immer wieder über einen relativ gesicherten Wahrnehmungs- oder Erfahrungsschatz, mit dem wir neuauftretende Wahrnehmungen oder Erfahrungen ausdrücklich oder unausdrücklich vergleichen können[3].

---

[3] Daß auch dieser Wahrnehmungs- und Erfahrungsschatz selbst immer nur

Auch nur dadurch aber besitzen wir überhaupt eine Möglichkeit, zwischen Wahrheit und Falschheit zu unterscheiden, etwas zu verifizieren oder zu falsifizieren.

Denn man braucht lediglich einmal anzunehmen, unsere Wahrnehmungen oder Erfahrungen würden ebensooft gelingen wie mißlingen, und man sieht sofort: Uns wäre dann Verifikation und Falsifikation und damit Unterscheidung zwischen Wahrheit und Falschheit unserer Wahrnehmung oder Erfahrung überhaupt nicht möglich, nicht einmal mehr in jenem relativen Sinne. Insbesondere hätten wir dann in Fällen von Wahrnehmungen oder Erfahrungen, die im Widerspruch zu anderen Wahrnehmungen oder Erfahrungen stehen, keinerlei Möglichkeit zu entscheiden, welche davon wir jeweils gegenüber der anderen als falsche zu verwerfen bzw. als wahre aufrechtzuerhalten haben.

Diese Annahme indessen verstieße nicht nur gegen jenes Faktum, daß unsere Wahrnehmung oder Erfahrung tatsächlich weitaus öfter gelingt als mißlingt. Sie verstieße damit vor allem auch dagegen, daß solche Erkenntnis grundsätzlich als Intention entspringt, weil nirgendwo anders als darin auch der Grund dafür liegt, daß sie immer wieder weit überwiegend wahr wird. Auch dieses Faktum unserer Erkenntnis, von dem bereits die Rede war (vgl. S. 125 f.), ist allein auf die Intentionalität unserer Erkenntnis zurückzuführen, wie sie in der Deutungstheorie entfaltet wurde.

Als ein Fall solcher Intentionalität ist jede Erkenntnis eben immer schon von vornherein ein Fall von Erfolgsintention und niemals etwa das Unding einer Mißerfolgsintention oder auch nur das Unding einer Intention, die ebenso sehr Erfolg wie Mißerfolg und somit letztlich keines von beiden intendierte, sondern ihrem Erfolg oder Mißerfolg

als relativ gesichert gelten kann, zeigt sich besonders deutlich daran: Es werden öfters auch größere oder kleinere Teile aus ihm selber ausgeschieden, etwa weil sein übriger Teil zusammen mit neuauftretenden Wahrnehmungen oder Erfahrungen, die sich immer weniger abweisen lassen, immer mehr einen neuen und besser gesicherten Zusammenhang bildet, wogegen jene Teile nicht mehr ankommen können. Das sind dann solche Fälle, die uns, wenn sie ein größeres Ausmaß gewinnen, als „wissenschaftliche Revolutionen" gelten, wie etwa jene Ablösung des Ptolemäischen Weltbildes durch das Kopernikanische, worauf Kant zur Kennzeichnung seiner eigenen Revolution verweist. Zum Verlauf solcher wissenschaftlicher Revolutionen vgl. Th. S. Kuhn, *Die Struktur wissenschaftlicher Revolutionen*, Frankfurt 1967; zur daran anschließenden Diskussion vgl. jetzt E. Ströker, *Wissenschaftsgeschichte als Herausforderung*, Frankfurt 1976.

gegenüber gleichgültig wäre [4]. Nur im letzteren Falle wäre es auch verständlich, wenn dabei ebensooft ein Erfolg wie ein Mißerfolg auftreten würde, weil Erkennen dann dem Werfen einer Münze vergleichbar wäre, bei dem sich langfristig, wenn es mit rechten Dingen zugeht, die beiden Möglichkeiten gleich oft einstellen müssen.

Daß Erkennen dagegen so weit überwiegend erfolgreich ist, wird allein dadurch verständlich, daß es eben nicht wie Werfen einer Münze seinen beiden Möglichkeiten gegenüber neutral ist, sondern als Intention vielmehr einseitig, gleichsam parteilich, indem es immer wieder nur die eine seiner beiden Möglichkeiten, ausschließlich seinen Erfolg intendiert. Schon von Anbeginn, bereits in seinem Ursprung als Wahrnehmung zielt es deutend ausschließlich darauf, etwas zu erdeuten; und allein darin liegt der Grund dafür, daß es als Erfolg solcher Erfolgsintention dieses Etwas als die Wirklichkeit von Dingen der Außenwelt auch in der weit überwiegenden Zahl aller Fälle tatsächlich erzielt und von daher als Erkennen auch ebenso überwiegend wahr ist. Dies jedoch gilt nicht allein für Wahrnehmung und Erkenntnis als Einzelfall, dies gilt vor allem auch für den weiteren Wahrnehmungs- oder Erkenntniszusammenhang, in welchem sie auftreten: Durch unsere ausschließlich einseitige Erfolgsintention stehen wir faktisch auch immer schon in einem Zusammenhang weit überwiegender Wahrheit und haben deshalb mit demselben Übergewicht darin die Wirklichkeit uns gegenüber stehen, als faktisch erzielten Erfolg von uns selbst.

Nur wenn man dies alles im Auge behält, vermag man schließlich auch noch zu sehen: Jenes relative und quantitative Kriterium, das allein wir für die Verifikation und Falsifikation von Wahrnehmung oder Erfahrung besitzen, ist letztlich nur das Widerspruchsprin-

---

[4] Hieran zeigt sich übrigens auch: Erst eine Erkenntnistheorie, welche Erkenntnis voll als Intentionalität berücksichtigt, vermag zu erklären, daß es zu Wahrheit oder Falschheit als Erfolg oder Mißerfolg einer Intention eine weitere Möglichkeit gar nicht geben kann. Damit ist aber nicht allein begründet, was diese Einführung in die Erkenntnistheorie von Anbeginn als Faktum vorausgesetzt hatte, nämlich Erkenntnis als das, was entweder wahr oder falsch sei. Diese strenge Alternative zeigt vielmehr ferner, daß auch tatsächlich nur eine „zweiwertige Logik" möglich ist. Selbst diese sogenannte zweiwertige ist nämlich bei Berücksichtigung der Intentionalität von Wahrheit und Falschheit eigentlich nur eine einwertige Logik. Denn im genannten Sinne intendiert wird davon auch immer nur eines, Wahrheit als Erfolg, was freilich gerade als Intendiertes auch ausbleiben kann und lediglich von daher dann eigens benannt wird, was aber letztlich ebenfalls nur den, wenn auch ausgebliebenen *Erfolg* bedeutet.

zip[5], das dann in diesem relativen und quantitativen Sinne aber auch durchaus als ein positives Kriterium zur Feststellung von Wahrheit oder Falschheit unserer Erfahrung gelten muß. Und das steht auch mit der Kantischen Erkenntnistheorie, die sich als Deutungstheorie entfalten läßt, durchaus im Einklang. Nur kann man dies leicht übersehen, weil demgegenüber Kant selber dem Widerspruchsprinzip diesen positiven Charakter immer wieder mit Nachdruck bestreitet. Davon aber darf man sich nicht irreführen lassen.

Dies tut Kant nämlich immer wieder nur im Hinblick auf Einzelfälle von Erkenntnis. Er vernachlässigt dabei jenen Zusammenhang, worin sie insbesondere als Wahrnehmung oder Erfahrung jeweils auftritt und worin ihre Wahrheit immer wieder weit überwiegt. Das hängt damit zusammen, daß er dies im Rahmen seiner Unterscheidung zwischen analytischen und synthetischen Urteilen tut[6]. Dabei kann er gar nicht umhin, sich jeweils auf Einzelfälle von Urteilen zu beschränken und damit von dem Kontext gerade abzusehen, in welchem insbesondere Wahrnehmung oder Erfahrung als synthetisches Urteil immer wieder auftritt. Im Hinblick auf solche Einzelfälle aber besitzt jenes Widerspruchsprinzip auch tatsächlich keinerlei positive Funktion, und zwar weder für die Bestimmung ihrer Wahrheit noch für die Bestimmung ihrer Falschheit.

Im Falle der Wahrheit ist dies ohne weiteres einzusehen, „denn ein Erkenntnis, welches sich widerspricht, ist zwar falsch, wenn es sich aber nicht widerspricht, nicht allemal wahr", wie Kant sehr treffend formuliert[7]: Die Widerspruchsfreiheit einer Erkenntnis bedeutet noch nicht sogleich ihre Wahrheit, sondern lediglich ihre Konsistenz, wie man heute zu sagen pflegt. Im Falle der Falschheit dagegen ist das nicht

---

[5] Jener Erfahrungsschatz, relativ worauf wir diese Möglichkeit der Verifikation und Falsifikation besitzen, beruht natürlich seiner internen Struktur nach auch noch auf weiteren Prinzipien. Diese kommen insbesondere an seiner Systematisierung in den Naturwissenschaften zum Ausdruck und tragen auch zu dieser Möglichkeit mit bei. Diese Prinzipien aber thematisiert heute speziell die Wissenschaftstheorie, während ihr gegenüber der Erkenntnistheorie heute wiederum speziell das Thema des Ursprungs unserer Erfahrung zufällt. Daher kann auch an dieser Stelle hierfür nur auf jene Wissenschaftstheorie verwiesen werden. Vgl. z. B. E. Ströker, *Einführung in die Wissenschaftstheorie*, Darmstadt 1973.

[6] Vgl. z. B. A 150 ff., B 189 ff. Diese Unterscheidung liegt jedoch der Sache nach auch schon den Ausführungen über Wahrheit und Wahrheitskriterium in A 58 ff., B 82 ff. zugrunde.

[7] *Logik*, Akad.-Ausg., Bd. 9, S. 51.

ohne weiteres einzusehen. Gerade die soeben angeführte Formulierung Kants könnte nämlich nahelegen: Zumindest für die Bestimmung der Falschheit besitzt das Widerspruchsprinzip doch eine positive Funktion, denn eine widersprüchliche Erkenntnis ist eben sehr wohl „allemal falsch".

Dabei muß man aber im Auge behalten: Es geht hier um die Bestimmung von Wahrheit oder Falschheit der Wahrnehmung oder Erfahrung, und das heißt der empirischen Erkenntnis, also kurz: um empirische Wahrheit oder Falschheit. Hält man dies fest, so zeigt sich: Auch für die Bestimmung solcher empirischer Falschheit besitzt das Widerspruchsprinzip keinerlei positive Funktion. Denn falsch ist eine widersprüchliche Erkenntnis, auch eine empirische, schon allein durch ihre logische Form, weshalb man dabei auch von logischer oder formaler Falschheit spricht. Für diese aber spielt der Gehalt der Teilerkenntnisse, die in ihr miteinander im Widerspruch stehen, in diesem Falle ihr empirischer Gehalt, überhaupt keine Rolle. Deshalb läßt sich auch allein mit Hilfe dieses Widerspruchsprinzips in keiner Weise positiv bestimmen, in welcher von beiden nun eigentlich die empirische Falschheit zu suchen ist.

Daß demgegenüber gerade nach Kants Erkenntnistheorie dem Widerspruchsprinzip aber auch noch die entscheidende positive Funktion für Verifikation und Falsifikation der Erfahrung zufällt, kann leicht übersehen werden. Denn im Vergleich mit jenem negativen Sinn des Widerspruchsprinzips arbeitet Kant den positiven Sinn desselben so gut wie überhaupt nicht aus. Dies wiederum hängt damit zusammen, daß er auch insbesondere den neuen Sinn von Wahrheit nicht mehr entfaltet, der aus seiner Kopernikanischen Wende entspringt.

Diese vollzieht er nämlich nicht nur gegen die überlieferte Abbildtheorie und Rezeptivitätsauffassung der Erkenntnis überhaupt, sondern der Sache nach auch ganz speziell gegen ihren Begriff der Wahrheit als „Übereinstimmung" der Erkenntnis „mit ihrem Gegenstand", freilich ohne letzteres auch hinreichend zur Sprache zu bringen. Dennoch läßt sich gerade an diesem überlieferten Wahrheitsbegriff selbst, den Kant seiner Sprache nach beizubehalten scheint, verständlich machen, daß er der Sache nach unhaltbar ist, und zwar zunächst noch ganz unabhängig von dem neuen erkenntnistheoretischen Standpunkt Kants.

Schon oben wurde dargelegt: Der Sache nach unhaltbar ist als erstes der spezifisch abbildtheoretische Begriff von Wahrheit der Erkenntnis im Sinne der „Adäquatheit" oder „Korrespondenz" oder „Übereinstimmung" eines Abbilds mit einem Abgebildeten. Denn gleichviel in

welcher Variante diese Auffassung auch überliefert sein mag, — sofern
dabei nur immer an irgendeinem Normalsinn von „Abbild" festgehalten wird, kann damit lediglich der quantitative und relative Gegensatz
eines Mehr oder Weniger an Deutlichkeit bzw. Undeutlichkeit gemeint
sein. Dies aber kann für Erkenntnis nicht zutreffen, weil deren Wahrheit oder Falschheit vielmehr einen qualitativen und absoluten Gegensatz bildet und damit ein Mehr oder Weniger des einen oder anderen
nicht zuläßt. Und in der Tat findet sich spätestens seit der *Kritik der
reinen Vernunft*, obwohl Kant weiterhin von Wahrheit als „Übereinstimmung" der Erkenntnis „mit ihrem Gegenstand" spricht (z. B.
A 57 ff., B 82 ff.), bei ihm kein einziger Beleg mehr dafür, daß er damit etwa noch jenen abbildtheoretischen Sinn verbände.

Im Gegenteil, es läßt sich belegen: Gerade weil er nicht mehr diesen
Sinn damit verbindet, spricht Kant von „Übereinstimmung" der Erkenntnis „mit ihrem Gegenstand" nur noch in einem anderen, aber
ebensowenig haltbaren Sinne. Dieser läßt sich nämlich leicht aus dem
Sinn des Gegenbegriffs der „Nichtübereinstimmung" entnehmen: Wahr
soll eine Erkenntnis sein, wenn sie mit ihrem Gegenstand in dem Sinne
übereinstimmt, in dem falsche Erkenntnis „mit dem Gegenstande, auf
den sie bezogen wird, nicht übereinstimmt" (A 58, B 83). Dies letztere
jedoch formuliert Kant wiederholt auch so, daß eine Erkenntnis falsch
sei, wenn sie „dem Gegenstande widerspreche" oder „dem Objekt
widerspreche" (vgl. A 59, B 84; A 151, B 191). Und in der Tat ist auch
nicht abzusehen, wie von Wahrheit als Übereinstimmung oder Falschheit als Nichtübereinstimmung überhaupt noch in einem anderen als
eben diesem Sinn gesprochen werden könnte, nachdem der abbildtheoretische nicht mehr in Frage kommt. Gerade weil Kant an dem eigentümlich qualitativen und absoluten Gegensatz von Wahrheit und
Falschheit festhält, kann Erkenntnis auch nur noch genau in diesem
Sinne „übereinstimmen" oder auch „nicht übereinstimmen", und das
heißt, als etwas entweder Wahres oder Falsches kann sie nur „widersprechen" oder auch „nicht widersprechen".

Nur tritt eben daran dann auch endgültig zutage: Diese ganze Theorie von Wahrheit und Falschheit als „Übereinstimmung" und „Nichtübereinstimmung" der Erkenntnis „mit ihrem Gegenstand" ist in der
Tat bereits der Sache nach unhaltbar. Kann nämlich etwas Wahres
oder Falsches nur in dem Sinne „übereinstimmen" oder auch „nicht
übereinstimmen", daß es „widerspricht" oder auch „nicht widerspricht", so kann es prinzipiell auch nur einem selber Wahren oder Falschen „widersprechen" oder auch „nicht widersprechen" und in diesem
Sinne somit auch nur mit einem selber Wahren oder Falschen „überein-

stimmen" oder auch „nicht übereinstimmen". Was aber soll es dann überhaupt heißen, Wahrheit sei „Übereinstimmung" und Falschheit sei „Nichtübereinstimmung" einer Erkenntnis „mit einem Gegenstand" oder „mit einem Objekt", also mit einem Ding oder Ereignis der Außenwelt, wo doch prinzipiell keines von ihnen etwas Wahres oder Falsches ist und somit auch nichts, dem Erkenntnis „widersprechen" oder auch „nicht widersprechen" könnte? Die Redeweise von Falschheit einer Erkenntnis, welche mit ihrem Gegenstand „nicht übereinstimme", indem sie diesem Gegenstand „widerspreche", erweist sich sonach vielmehr als leere Metapher und damit auch die Redeweise von Wahrheit einer Erkenntnis, welche mit ihrem Gegenstand „übereinstimmt", indem sie diesem Gegenstand „nicht widerspricht", als schlechterdings nichtssagend.

Und auf den ersten Blick kann man nur mit Verwunderung zur Kenntnis nehmen: Nicht allein wird diese Theorie der Wahrheit oder Falschheit als Übereinstimmung oder Nichtübereinstimmung, und zwar gerade im Sinne des Widerspruchs oder Nichtwiderspruchs zwischen Erkenntnis und Gegenstand bis heute allen Ernstes übernommen. Es wird dabei zugleich auch Kant bis heute unterstellt, er selber habe diese Theorie aus der Überlieferung mit allem Ernst übernommen [8]. Ja, selbst namhafte Denker, wie zum Beispiel Hegel, Brentano und Heidegger, versichern immer wieder, sie hätten den Eindruck gewonnen, auch Kant sei über eine solche Übernahme dieser überlieferten Wahrheitstheorie hinaus keinen Schritt weitergekommen [9].

Die Verwunderung über diesen Eindruck weicht indessen sehr schnell, sobald man ferner bemerkt, daß die Gewinnung desselben für alle Genannten einen höchst willkommenen Gewinn bedeutet. Er gestattet ihnen nämlich, mit dem schwierigen und unbequemen Grundgedanken der Kopernikanischen Wende, es könne nicht die Erkenntnis vom Gegenstand, sondern es müsse umgekehrt der Gegenstand von der Er-

---

[8] Vgl. z. B. H. Wagner, *Philosophie und Reflexion*, S. 34; R. Stuhlmann-Laeisz, *Kants Logik*, Berlin 1976, S. 27 f., S. 29 ff. Im letzteren Fall verwundert die unkritische Übernahme der leeren Metapher vom „Widerspruch" zwischen Erkenntnis und Gegenstand um so mehr, als Stuhlmann-Laeisz ansonsten gegen solche schlechten Metaphern doch überaus empfindlich und kritisch ist.

[9] Vgl. Hegel, *Wissenschaft der Logik*, hrsg. v. H. Glockner, Bd. 5, S. 27. Brentano, *Wahrheit und Evidenz*, Leipzig 1930, S. 13. Heidegger, *Sein und Zeit*, 11. Aufl., Tübingen 1967, S. 215; wiederholt in *Nietzsche*, Bd. 1, Pfullingen 1961, S. 514 f.

kenntnis abhängen, kurzen Prozeß zu machen, um wieder zu bequemen vorkopernikanischen Auffassungen zurückzukehren [10].

Deshalb unterläßt auch keiner von ihnen den Versuch, diesen Gewinn noch eigens zu sichern. Zu diesem Zweck zitieren sie einen Text aus der *Kritik der reinen Vernunft*, der ihnen als Beleg dafür geeignet erscheint. Sagt denn nicht an jener berühmten Stelle Kant selbst von seiner *Kritik der reinen Vernunft:* „Die Namenerklärung der Wahrheit, daß sie nämlich die Übereinstimmung der Erkenntnis mit ihrem Gegenstand sei, wird hier geschenkt und vorausgesetzt" (A 58, B 82)? Nur verstellt ihnen allen ihre Voreingenommenheit eben gänzlich den Blick dafür, daß Kant in diesem Satz das „hier" keineswegs, wie sie meinen, auf diese *Kritik der reinen Vernunft* bezieht. Keineswegs bringt Kant, wie sie es gerne sähen, hier etwa zum Ausdruck, er selber halte an dem überlieferten Begriff der Wahrheit fest. Befreit man sich nämlich von diesem Vorurteil, so sieht man auch leicht: Kant bezieht dieses „hier" vielmehr auf eine historisch überlieferte Frage-Antwort-Situation der Antike, die er im vorausgehenden Satz kurz gekennzeichnet hat. Und allein von jener Situation behauptet er dann, es werde „hier" jener Begriff der Wahrheit als Übereinstimmung der Erkenntnis mit ihrem Gegenstande „geschenkt und vorausgesetzt" [11].

Gegen dieses allzu bereitwillige Mißverstehen gilt es sicherzustellen: Aus Kants Kopernikanischer Wende entspringt tatsächlich ein Wahrheitsbegriff, der gegenüber dem überlieferten Begriff der Wahrheit als

[10] So hebt z. B. Hegel an der genannten Stelle ausdrücklich hervor: Für ihn sei die, vermeintliche, Übernahme jenes alten Wahrheitsbegriffes durch Kant „von großem, ja von dem höchsten Werte", und zwar insbesondere dann, wenn er „sich derselben bei der Grundbehauptung des transzendentalen Idealismus erinnert". Denn sie allein erlaubt, notdürftig genug, eine Verschleierung der Leichtfertigkeit, mit welcher Hegel anschließend die Reflexion auf den Erscheinungscharakter der Außenwelt und damit die Errungenschaft der Kopernikanischen Wende wieder preisgibt. — Und gegenüber Windelband, der mit Kant an dieser Wende festhalten möchte, fragt dann auch Brentano an jener Stelle geradezu triumphierend: „Also was lehrt hier Kant? Etwa, daß es falsch sei, so wie Frühere zu sagen, Wahrheit sei die Übereinstimmung eines Urteils mit seinem Gegenstande? Im Gegenteile, er setzt es als bekannt voraus. Und also auch sicher in dem bekannten Sinne". — An Brentano wiederum schließt Heidegger sich ausdrücklich an, wenn er in *Sein und Zeit* behauptet, „daß auch Kant an diesem Wahrheitsbegriff festhält, so sehr, daß er ihn gar nicht erst zur Erörterung stellt".

[11] Vgl. dazu G. Prauss, *Zum Wahrheitsproblem bei Kant*, Kant-Studien, Bd. 60, 1969; jetzt in: G. Prauss (Hrsg.), *Kant. Zur Deutung seiner Theorie von Erkennen und Handeln*, Köln 1973.

Übereinstimmung der Erkenntnis mit ihrem Gegenstand in der Tat einen umwälzend neuen Sinn besitzt. Ihn sicherzustellen, erfordert indessen nicht mehr als ihn herauszustellen und damit lediglich nachzuholen, was Kant versäumte. Denn wie von selbst grenzt dieser neue Sinn von Wahrheit, hat man ihn erst einmal voll expliziert, sich von jenem alten ab.

Dies läßt sich erreichen, indem man einmal die Bedeutung eines überaus knapp formulierten Textes voll entfaltet, in dem sich Kant ausdrücklich gegen die überlieferte Theorie der Wahrheit als Übereinstimmung wendet [12]. Ganz im Sinne dieser Überlieferung setzt Kant ein mit dem Satz: „Mein Urteil soll", wie diese Theorie im Falle seiner Wahrheit behauptet, „mit dem Objekt übereinstimmen". Ganz im Sinne seiner Kopernikanischen Wende, die er gegen diese Theorie vollzieht, setzt er jedoch sofort dagegen: „Nun kann ich das Objekt nur mit meiner Erkenntnis vergleichen dadurch, daß ich es erkenne." [13]

Darin liegt als erstes die wichtige Feststellung Kants: Bei ihrer Auffassung der Wahrheit als Übereinstimmung der Erkenntnis mit ihrem Objekt macht jene Theorie ganz selbstverständlich eine Voraussetzung, die keineswegs selbstverständlich ist. Sie nimmt an, es sei möglich, Erkenntnis und Objekt jeweils miteinander zu vergleichen, um die Übereinstimmung dieser Erkenntnis mit diesem Objekt jeweils festzustellen. Sie geht davon aus, man könne sich gleichsam zwischen Objekt und Erkenntnis stellen und sie so miteinander vergleichen, wie man etwa zwischen zwei Objekten — das eine in der einen Hand, das andere in der andern Hand — hin- und herblicken kann, um sie in irgendeiner Hinsicht miteinander zu vergleichen.

Doch bereits von diesem Ausgangspunkt her geht diese Theorie fehl. Denn bereits die Voraussetzung, so wie zwischen zwei Objekte könne man auch zwischen Erkenntnis und ihr Objekt gleichsam dazwischentreten, um durch Vergleich zwischen ihnen eine Übereinstimmung festzustellen, ist verfehlt. Mit dieser Voraussetzung nämlich ist diese Theorie von vornherein der Illusion verfallen, in einen solchen Vergleich mit Erkenntnis könne das Objekt jeweils ohne Erkenntnis, gleichsam nackt gezogen werden.

Genau von dieser Illusion der Überlieferung befreit uns Kant mit seiner Kopernikanischen Wende, indem er sich als erster klar macht: „Nun kann ich das Objekt nur mit meiner Erkenntnis vergleichen da-

---

[12] Akad.-Ausg., Bd. 16, S. 251, R 2143; vgl. auch Bd. 24, S. 386 f.
[13] Bei dieser Formulierung gilt es zu beachten, daß sinngemäß das „dadurch" unmittelbar dem „nur" folgen müßte.

durch, daß ich es erkenne". Und das heißt: Ein jeder Versuch, durch einen Vergleich die Übereinstimmung von Erkenntnis mit ihrem Objekt festzustellen, führt nur scheinbar dazu, daß man zwischen sie gelangt und dort dann die Erkenntnis auf der einen Seite mit dem Objekt auf der anderen Seite vergleicht. In Wahrheit kann ein solcher Versuch vielmehr allenfalls zu einer neuerlichen Erkenntnis dieses Objektes führen, eben weil man überhaupt nur durch Erkenntnis zu so etwas wie einem Objekt zu gelangen vermag: Um irgendeine Erkenntnis von einem Objekt „mit diesem Objekt" zu vergleichen, muß man dieses Objekt zumindest wahrnehmen, so daß dabei jene Erkenntnis auch niemals einfach „mit diesem Objekt" zu vergleichen ist, sondern immer nur mit diesem *wahrgenommenen* Objekt, und das heißt eigentlich mit dieser *Wahrnehmung von* diesem Objekt. Und da solche Wahrnehmung selber immer schon im Vollsinn des Wortes eine wahre oder falsche Erkenntnis ist, kann ein Vergleich und eine Übereinstimmung eben prinzipiell niemals etwa zwischen Erkenntnis und Objekt stattfinden, sondern immer nur zwischen Erkenntnis und Erkenntnis des Objekts. Und dies um so mehr, als Übereinstimmung oder Nichtübereinstimmung im Sinne von Widerspruch oder Nichtwiderspruch ohnehin ausschließlich zwischen solchem auftreten kann, das selbst schon etwas Wahres oder Falsches ist.

Daß tatsächlich auch Kant selbst jenen kurzen Text in diesem Sinne verstanden und in seinen Vorlesungen entfaltet hat, bezeugt eine Vorlesungsnachschrift, die *Logik Philippi*. Dort heißt es in diesem Zusammenhang: „Ich kann den Gegenstand selbst mit meiner Erkenntnis nicht vergleichen, sondern nur die Erkenntnis des Gegenstandes mit der Erkenntnis desselben Gegenstandes . . . Denn was wir [dabei] Gegenstände nennen, sind nur unsere Erkenntnisse [von Gegenständen]."[14] Wie aus der Datierung beider Texte hervorgeht, hat Kant somit im Hinblick auf das Wahrheitsproblem den Grundgedanken seiner Kopernikanischen Wende schon verhältnismäßig früh, nämlich bereits um 1772 formuliert, und zwar in einer Weise, die er später offenbar niemals wieder aufgenommen hat. Und die Erklärung dafür dürfte lauten, daß der daraus entspringende Wahrheitsbegriff sich auch allererst im Rahmen einer voll entfalteten Deutungstheorie halten läßt, zu der Kant aber nicht mehr ganz durchdringt.

Besonders der letztere Text kann erst aus dieser Deutungstheorie verständlich werden. Zunächst einmal bedeutet er nicht etwa jenes

[14] Akad.-Ausg., Bd. 24, S. 387. Die Wörter in eckigen Klammern sind erläuternde Zusätze des Verf.

Unsinnige, das schon im vorigen zurückgewiesen wurde, nämlich daß wir beispielsweise in der Wahrnehmung etwa gar nicht Dinge oder Ereignisse der Außenwelt zu Gegenständen hätten, sondern Erkenntnisse, also dergleichen wie jene wahren oder falschen „Gedanken" bzw. „Sachverhalte" oder „Tatsachen". Er bedeutet vielmehr jenes Sinnvolle, daß wir diese Dinge oder Ereignisse nur durch Erkenntnis zu Gegenständen haben. Dies jedoch, so plausibel es auch sein mag, scheint unplausibel zu werden, wenn es dann ferner so verstanden wird, daß eben deshalb auch niemals eine Erkenntnis mit ihrem Gegenstand, sondern immer nur eine Erkenntnis dieses Gegenstandes mit einer Erkenntnis desselben Gegenstandes zu vergleichen sei. Warum sollte es nicht trotzdem möglich sein, eine Erkenntnis mit einem Gegenstand, wenn auch freilich mit einem erkannten, zu vergleichen?

Im Rahmen der Deutungstheorie jedoch kann nicht einmal der Schein dieses Unplausiblen entstehen. Denn dieser Vergleich soll ja erfolgen zum Zwecke der Feststellung von Wahrheit als „Übereinstimmung" oder von Falschheit als „Nichtübereinstimmung" einer Erkenntnis mit ihrem Gegenstand. Dieser Theorie gemäß ist Erkenntnis jedoch bereits von ihrem Ursprung in der Wahrnehmung her jeweils Deutung und muß von daher auch in ihrer differenziertesten Ausgestaltung als empirische Wissenschaft grundsätzlich Deutung bleiben. Entsprechend ist auch der Gegenstand solcher Erkenntnis, ob nun als Gegenstand einfacher Wahrnehmung oder komplexer Wissenschaft, immer wieder das durch solche Deutung allererst Erdeutete [15], dasjenige, was solche Erkenntnis selber immer wieder allererst als ihren Erfolg erzielt.

---

[15] Daß auch empirische Wissenschaft letztlich nur Weiterentwicklung unserer alltäglichen Wahrnehmung ist, daran hält auch die moderne Wissenschaftstheorie fest (vgl. oben S. 7). Daß solche Wissenschaft aber damit letztlich auch den grundsätzlichen Deutungscharakter dieser Wahrnehmung behält, dafür spricht insbesondere eine Einsicht in ihre interne Struktur, zu der gerade die neueste Wissenschaftstheorie gelangt (vgl. zum folgenden W. Stegmüller, *Probleme und Resultate der Wissenschaftstheorie und Analytischen Philosophie*, Bd. 4, Einleitung). Ihrer internen Struktur nach galt empirische Wissenschaft bisher nämlich als Begründungszusammenhang einer Vielzahl von Sätzen. Seit neuestem jedoch beginnt man immer mehr einzusehen, solche Wissenschaft bestehe eigentlich jeweils nur in einem einzigen, wenn auch hochkomplexen Satz. Sollte diese Auffassung sich halten lassen, so hätte sie zwei große Vorteile. Als solch ein einziger komplexer Satz müßte eine jede empirische Wissenschaft grundsätzlich auch insgesamt als eine Deutung subjektiv-privater Sinnesdaten unserer Innenwelt gelten. Und erst damit bliebe auch gesichert und verständlich, daß sie tatsächlich insgesamt

Ihre Wahrheit als „Übereinstimmung mit ihrem Gegenstand" durch Vergleich mit diesem Gegenstand feststellen zu wollen, bedeutet danach den Versuch, solche Erkenntnis zur Feststellung ihres Erfolgs mit ihrem Erfolg zu vergleichen, also etwas schlechterdings Unsinniges. Womöglich noch deutlicher aber wird das im Falle ihrer Falschheit. Bedeutet nämlich falsch zu deuten soviel wie nichts zu erdeuten, keinen Erfolg zu erzielen — eine Einsicht, der bereits Kant, wie es scheint, gelegentlich wieder nahekommt [16] — so liegt auf seiten ihres Gegenstandes auch von vornherein gar nichts vor, womit sich Erkenntnis überhaupt vergleichen ließe, und darum auch erst recht nichts, dem sie „widersprechen", mit dem sie „nicht übereinstimmen" könnte.

Daraus erhellt endgültig: Indem sich der Begriff von Wahrheit als Übereinstimmung der Erkenntnis mit ihrem Gegenstand auf diese Weise als unhaltbar herausstellt, muß er im Rahmen weitergeführter Kantischer Deutungstheorie am Ende unausweichlich umschlagen in den Begriff der Wahrheit als Übereinstimmung der Erkenntnis eines Gegenstandes mit anderer Erkenntnis desselben. Das heißt dann aber weiter: Im Rahmen dieser Deutungstheorie muß entsprechend auch die überlieferte „Korrespondenztheorie" der Wahrheit unausweichlich in „Kohärenztheorie" derselben umschlagen, wonach wir als Kriterium für Wahrheit in der Tat allein das Widerspruchsprinzip besitzen.

Nur gilt es eben für all dies, was sich damit ergibt, auch den Rahmen festzuhalten, in dem es sich ergibt, weil dieser Rahmen zu diesem Ergebnis wesentlich mit dazugehört. Denn im Rahmen von Deutungstheorie bildet das Widerspruchsprinzip keineswegs nur das negative, sondern durchaus auch das positive Kriterium für Wahrheit. Und im Rahmen von Deutungstheorie ist auch die Kohärenztheorie dieser Wahrheit keineswegs etwas „philosophisch Doktrinäres und Paradoxes", womit man einen „spekulativen Bereich" betrete [17].

eine *empirische* Wissenschaft bildet. Eben damit aber wäre dann ebenfalls sichergestellt: Solche empirische Wissenschaft kann auch grundsätzlich nur von den daraus erdeuteten Dingen der Außenwelt unserer alltäglichen Wahrnehmung handeln. Erst dies aber würde sie auch endgültig vor dem Anschein bewahren, als geriete sie im Fortschritt ihrer Forschungen selber in eine Art von metaphysischem Unsinn, nämlich diese Dinge unserer Außenwelt dabei durch etwas anderes zu ersetzen und damit statt von dieser Empirie von etwas anderem zu handeln: Auch und gerade ihre Redeweise von „Atomen", „Elektronen" und dergleichen wäre dann als eine ganz bestimmte Redeweise über solche Dinge zu verstehen.

[16] Vgl. z. B. Akad.-Ausg., Bd. 24, S. 525, S. 543.

[17] G. Patzig, *Sprache und Logik*, Göttingen 1970, S. 44.

Diesen Eindruck gewinnt man nämlich nur, weil man meint, durch eine solche Kohärenztheorie der Wahrheit, wonach wir unsere Erkenntnis immer nur mit anderer Erkenntnis auf Übereinstimmung oder Nichtübereinstimmung hin vergleichen können, werde letztlich behauptet, zu so etwas wie Gegenständen könnten wir gar nicht gelangen, die Wirklichkeit der Dinge und Ereignisse in der Außenwelt könnten wir niemals erreichen. Vielmehr sei uns dadurch, daß wir immer nur Erkenntnis mit Erkenntnis vergleichen können, der Bezug zu all dem prinzipiell abgeschnitten, der Zugang dazu gleichsam wie durch eine Mauer versperrt [18].

Das ist jedoch ein Irrtum, der im Rahmen von Deutungstheorie gar nicht erst unterlaufen kann. Denn sie führt zu der Einsicht: Gerade diese Erkenntnis selbst, die uns von dieser Wirklichkeit fernzuhalten scheint, ist vielmehr dasjenige, worin wir schon von vornherein, schon allein von der Intention her immer wieder auf nichts anderes als diese Wirklichkeit aus sind, auch dann, wenn wir diese Erkenntnis mit anderer solcher Erkenntnis vergleichen, weil wir auch darin ausschließlich auf diese Wirklichkeit ausgehen. Um zu solcher Wirklichkeit zu gelangen, gilt es deshalb auch nur scheinbar, aus Erkenntnis auszutreten, sie gleichsam wie eine Mauer zu durchstoßen, um etwa dadurch erst eigentlich zur Wirklichkeit hinzuzutreten; es gilt dazu vielmehr, in Erkenntnis gerade einzutreten, weil Erkenntnis selbst gar nichts anderes ist als unsere Art und Weise, ursprünglich aus uns heraus auf Wirklichkeit auszugehen.

Und weil es immer wieder nur diese Wirklichkeit ist, worauf wir in Erkenntnis zielen, ist sie es auch, was wir als den Erfolg dieser Erfolgsintention in der weit überwiegenden Zahl aller Fälle auch tatsächlich erzielen. Schon an ihrem Ursprung, in der Wahrnehmung als Deutung unserer Innenwelt, gelangen wir deshalb faktisch immer wieder zu einem weit überwiegenden Zusammenhang erdeuteter Außenwelt und durch sie als den Erfolg dieser Deutung eben auch zu einem entsprechenden Zusammenhang erfolgreicher Deutung als „wahrer" Erkenntnis. Und aufgrund seines Überwiegens steht dieser Zusammenhang selbst uns auch immer wieder als ein Maßstab zur Verfügung, relativ worauf wir mit relativer Sicherheit andere Wahrnehmung oder Erkenntnis, wenn sie mit ihm „übereinstimmt", ihm „nicht widerspricht", als „wahre" ihm zuschlagen, und wenn sie mit ihm „nicht übereinstimmt", ihm „widerspricht", als „falsche" aus ihm ausscheiden.

Deshalb ist an jener frühen Einsicht Kants auch durchaus festzuhal-

---

[18] Vgl. oben S. 150 ff., Anm. 21, 22 und 23.

ten. Sie lautet nämlich im ganzen: „Ich kann den Gegenstand selbst mit meiner Erkenntnis nicht vergleichen, sondern nur die Erkenntnis des Gegenstandes mit der Erkenntnis desselben Gegenstandes, *und wenn sie stimmen, so sage ich, die Erkenntnis ist wahr . . . Die Wahrheit ist die Zusammenstimmung der Erkenntnisse vom Gegenstande mit sich selbst.*"[19] Nur sieht Kant hier eines offenbar noch nicht: Daß wir Wahrheit wenigstens als solche Kohärenz besitzen und als positives Kriterium derselben wenigstens das Widerspruchsprinzip, dies ermöglichen wir uns selbst, indem wir die dafür entscheidende Vorbedingung dabei von vornherein aus uns selbst heraus erfüllen.

Für isolierte Einzelfälle von Wahrnehmung und Erkenntnis kann das Widerspruchsprinzip — daran ist mit Kant festzuhalten — jeweils nur ein negatives Kriterium ihrer empirischen Wahrheit oder Falschheit bilden. Und anders als der letzte Text es nahelegen könnte, ändert sich daran auch dadurch noch nichts, daß man diese Isolierung einzelner Wahrnehmung oder Erkenntnis aufgibt und sie in dem Zusammenhang mit anderer Wahrnehmung oder Erkenntnis betrachtet, in dem sie jeweils auftritt. Dies ändert sich im genannten Sinne vielmehr allererst dadurch, daß innerhalb dieses Zusammenhangs immer schon irgendein überwiegender Zusammenhang wahrer Wahrnehmung oder Erkenntnis auftritt, in bezug auf den das Widerspruchsprinzip zum positiven Kriterium wird für Wahrheit als „Kohärenz" und für Falschheit als „Nichtkohärenz" mit diesem Zusammenhang selbst [20].

---

[19] Akad.-Ausg., Bd. 24, S. 387 (kursiv vom Verf.). Als die ersten Vertreter einer solchen Kohärenztheorie der Wahrheit pflegt man heute Blanshard und Neurath zu nennen (vgl. B. Puntel, *Wahrheitstheorien in der neueren Philosophie*, Darmstadt 1978, S. 175, S. 177 ff.). Die oben vorgeführten Stellen, welche belegen, daß bereits Kant über diese Einsicht verfügte, scheinen unbekannt zu sein. Und eben das, was Kant dabei noch nicht mit in Rechnung stellt, nämlich den Intentionalitätscharakter unserer Erkenntnis, der dafür eine notwendige Voraussetzung bildet, fehlt auch bei jenen Vertretern. Nur in Ermangelung dieser weiteren Einsicht kann z. B. Schlick überhaupt zu der Meinung gelangen, es könnten seine Einwände gegen Neuraths Kohärenztheorie ankommen (vgl. B. Puntel, a. a. O., S. ˙179 ff.). Nimmt man nämlich diese Einsicht mit hinzu, so sind Schlicks Einwände hinfällig.

[20] Neuerdings wird darauf hingewiesen, als Kriterium für Wahrheit sei „Kohärenz" von „Konsistenz" als bloßer Widerspruchsfreiheit zu unterscheiden (vgl. B. Puntel, a. a. O., z. B. S. 191). Dabei ist mit „Kohärenz" aber eigentlich der Inbegriff dessen gemeint, worin die interne systematische Einheit jenes Erfahrungsschatzes besteht, also letztlich jener Maßstab selbst und gar nicht das Kriterium für *Übereinstimmung* von etwas anderem *mit* diesem

Dieser letztere Zusammenhang jedoch wird in der Tat von uns selbst ermöglicht, wie die Deutungstheorie durch ihre Reflexion auf den Vollsinn der Intentionalität von Wahrnehmung und Erkenntnis zu zeigen vermag. Indem wir darin immer wieder von vornherein Erfolg und nichts als Erfolg intendieren, richten wir unser ganzes Denken auch von vornherein mit allem was dazugehört so ausschließlich darauf ein, ihn zu erzielen, daß innerhalb des Zusammenhangs von Wahrnehmung und Erkenntnis auch immer wieder schon von vornherein ganz einseitig eine Verschiebung eintritt zugunsten eines weit überwiegenden Zusammenhangs von tatsächlich erzieltem Erfolg, von tatsächlich erzielter Wirklichkeit, die als Erfolg von Wahrnehmen oder Erkennen als Zielen eben „Wahrheit" desselben heißt. Und als dieser Zusammenhang steht sie auch immer wieder schon von vornherein für die Beurteilung zur Verfügung, ob weitere Wahrnehmung und Erkenntnis nun als Erneuerung und damit Bestätigung oder gar als Erweiterung dieses Erfolges gelten kann oder nicht.

Erst später trägt Kant Formulierungen nach, die bezeugen, daß er im Rahmen seiner Deutungstheorie, zu welcher er zumindest ansetzt, auch dieser Einsicht zumindest nahe kommt: Ohne daß all unser Denken in Wahrnehmung und Erkenntnis immer schon diesen Erfolg intendierte und ihn deshalb immer schon überwiegend auch erzielte, würden wir „keinen zusammenhängenden Verstandesgebrauch, und in dessen Ermangelung kein zureichendes Merkmal empirischer Wahrheit haben". [21]

Maßstab. Kriterium dafür aber, daß etwas wahr oder falsch ist, indem es jeweils, obwohl extern zu ihm, doch mit ihm übereinstimmt oder auch nicht, ist und bleibt allein das Widerspruchsprinzip, und im Sinne dieses eigentlichen Wahrheitskriteriums ist dann zwischen „Kohärenz" und „Konsistenz" ein Unterschied nicht mehr zu sehen.

[21] A 651, B 679, vgl. A 680, B 708, dazu oben S. 157 Anm. 3. Der Ausdruck „zureichend" ist in diesem Satz wörtlich zu nehmen. Kant meint damit nicht „hinreichend" (vgl. z. B. A 151, B 191) in dem Sinne, als hätten wir doch ein Kriterium, das uns empirische Wahrheit mit absoluter Sicherheit oder Gewißheit feststellen ließe. Er meint vielmehr: Es bildet jener Zusammenhang in Verbindung mit dem Widerspruchsprinzip ein Kriterium, welches für uns „zureicht", um mit relativer Sicherheit überhaupt empirische Wahrheit von empirischer Falschheit zu scheiden. Vgl. auch A 491 f., B 519 f., wo Kant für dasselbe zwar „hinreichend" sagt, wo aber aus dem Kontext hervorgeht, daß er auch damit lediglich „genugsam" meint.

## § 21. Wirklichkeit als Erfolg

### a) Der Begriff einer Verwirklichung von Wirklichem

Wahrheit ist Wirklichkeit, sofern sie als Erfolg einer entsprechenden Intention zuzuschreiben ist, so hat sich ergeben, und Falschheit ist Unwirklichkeit, sofern sie als Mißerfolg dieser Intention auf Wirklichkeit zuzuschreiben ist. Und grundsätzlich ist es Wirklichkeit und nicht etwa Unwirklichkeit, was wir in Wahrnehmung und Erkenntnis immer schon von vornherein intendieren. Deshalb ist es auch eben diese Wirklichkeit, was wir als den Erfolg dieser Intention immer wieder schon von vornherein so überwiegend erzielen, daß sie in jedem Fall, in dem dieser Erfolg tatsächlich einmal fragwürdig sein mag, für die Entscheidung darüber maßgebend ist. Und sollte es darunter auch tatsächlich einmal Fälle geben, für die aus irgendwelchen Gründen dieser Maßstab nicht zur Verfügung stünde, so wären dies tatsächlich auch Fälle, die sich im theoretischen Bereich von Erkenntnis selbst überhaupt nicht mehr entscheiden ließen, sondern allenfalls noch im praktischen Bereich, nämlich indem auf solches Erkennen gestütztes Handeln selbst auf die Dauer gelänge oder mißlänge.

Dringender als diese Frage, die abermals in das Gebiet der Handlungstheorie hinüberführt [1], muß sich hier jedoch eine andere stellen, die in den Bereich der Erkenntnistheorie gehört. Mag es auch immer unausweichlich sein, Wahrnehmung und Erkenntnis als Intentionalität anzuerkennen, weil sie hinreichend verständlich nur als etwas werden kann, das entweder Erfolg oder Mißerfolg hat: Trifft es tatsächlich zu, daß sie als diese Intention gerade Wirklichkeit und nichts als Wirklichkeit intendiert, die sich deshalb auch als Erfolg dieser Intention einstellt, so daß als Mißerfolg von ihr auch eben diese intendierte Wirklichkeit gerade ausbleibt? Es kann doch gar nicht übersehen werden, daß eine Theorie, die zu solch einem Ergebnis gelangt, zunächst einmal auf Unverständnis und demzufolge auf Ablehnung stoßen muß, weil sich dieses Ergebnis nicht ohne weiteres mitvollziehen läßt.

Die Schwierigkeit, die dem im Wege steht, liegt allerdings weniger darin, daß dieses Ergebnis, indem es Wirklichkeit und Unwirklichkeit als Erfolg und Mißerfolg von Erkenntnis ermittelt, die „Wahrheit" und „Falschheit" derselben als eigentlich überflüssiges und noch dazu irreführendes Doppel dieses Erfolges und Mißerfolges entlarvt: Ließe sich dieses Ergebnis halten, so wäre auch die Konsequenz davon zu ver-

---

[1] Vgl. dazu oben S. 132. Anm. 3.

schmerzen, nämlich daß dann „Wahrheit" und „Falschheit" auch ein bloßer Fall von eigentümlicher Sprache sind und nicht auch von eigentümlicher Sache. Zumal der damit einhergehende Theoretizismus von Erkenntnis als bloß selbstzweckhafter „Wahrheitssuche" dann gleichfalls aufzugeben wäre zugunsten von Erkenntnis als eigentlicher „Wirklichkeitssuche".

Die Schwierigkeit liegt vielmehr darin, diese Wirklichkeit erst als Erfolg von „Suche" selbst zu verstehen. Denn muß nicht gerade das, von dem sich sinnvoll sagen läßt, es werde gesucht, zumindest in dem Sinne immer schon wirklich sein, daß als Erfolg dieses Suchens nur das Finden, nicht jedoch die Wirklichkeit des Gefundenen gelten kann? Muß nicht gerade das, was intendiert, worauf gezielt wird, immer schon wirklich sein, so daß es nicht als Wirkliches, sondern lediglich als Erreichtes oder Erzieltes den Erfolg einer Intention bilden kann? Auch im Falle eines Schützen ist doch das Ziel, worauf er zielt, schon immer wirklich, so daß der Erfolg seines Zielens auch nur im Treffen dieses Ziels bestehen kann, nicht jedoch darin, es etwa allererst zu verwirklichen. Und dies so sehr, daß auch getroffen überhaupt nur etwas werden kann, das wirklich ist.

Fragen dieser Art liegen immer wieder so nahe, weil es so scheint, als läge — noch bevor sie überhaupt recht gestellt sind — bereits die Antwort darauf nebst Begründung dafür bereit: Dies müsse in der Tat so sein, weil auch Erkennen doch eigentlich darin bestehe, lediglich „etwas zu treffen", nämlich etwas bloß „zum Gegenstand zu gewinnen"; und ebenso wie für das Treffen von etwas müsse doch auch für die Vergegenständlichung von etwas dieses Etwas als Wirkliches immer schon vorliegen. Deshalb könne auch als Erfolg von Erkennen nicht die Wirklichkeit von etwas, sondern nur die Gegenständlichkeit von etwas gelten, kurz die Gegenständlichkeit von Wirklichkeit und nicht diese Wirklichkeit selbst: so wie ja auch als Erfolg von Zielen überhaupt nur die Getroffenheit von Wirklichkeit gelten könne und nicht etwa diese Wirklichkeit selbst. Die Wirklichkeit der Dinge und Ereignisse der Außenwelt liegt vielmehr immer schon als ein „Ansichsein" vor, und von daher kann Erkenntnis auch immer wieder nur nachträglich darauf zielen, dieses „ansichseiende" Wirkliche auch noch zum Gegenstand zu gewinnen [2], es gleichsam mit ihrem Licht zu „treffen" und damit seine ansichseiend-dunkle Wirklichkeit zu gegenständlich-heller zu gewinnen.

Indes versucht auch diese Auffassung lediglich auf neue Weise, jene alte Rezeptivitätsauffassung zur Geltung zu bringen. Nur läßt sie sich

---

[2] Vgl. H. Wagner, a. a. O., S. 87 ff., S. 94, S. 99 f., S. 167.

als solche hier besonders schwer durchschauen, weil diese Auffassung von Erkenntnis als Intention auf Vergegenständlichung von etwas Wirklichem zunächst einmal den Eindruck erweckt, als sei damit die Spontaneität als Intentionalität von Erkenntnis tatsächlich voll berücksichtigt. Erst eine genauere und weiter vorangetriebene Reflexion auf Erkenntnis vermag zu zeigen: Letzteres ist nur scheinbar der Fall, und aus diesem Grunde ist auch mit Kant, der aus seinen Ansätzen zu einer Deutungstheorie als Intentionalitätstheorie der Erkenntnis heraus diese Auffassung immer wieder zurückweist, an einer grundsätzlich anderen Auffassung durchaus festzuhalten.

Schon allein die Grundvorstellung, die jene Auffassung leitet, erweist sich bei genauerer Betrachtung als ein unhaltbares Vorurteil. Das Wesen von Intentionalität hat man nämlich von Grund auf verkannt, wenn man meint, intendiert werden könne nur etwas, das bereits wirklich ist. Denn nimmt man es genau, so trifft das nicht einmal für jenes Beispiel vom Schützen zu, das in diesem Sinne auf den ersten Blick so überzeugend wirkt. Er zielt nämlich keineswegs einfach auf etwas Wirkliches, zum Beispiel auf die Zielscheibe, sondern er zielt vielmehr eigentlich darauf, beispielsweise einen Pfeil, der sich auf seinem Bogen befindet, ins Ziel zu bringen, in bestimmter Weise mit der Zielscheibe zu vereinigen. Diese bestimmte *Vereinigung* von Pfeil *mit* Zielscheibe jedoch ist dabei keineswegs etwas schon Wirkliches, sonst brauchte ja der Schütze gar nicht erst darauf zu zielen. Und es läßt sich auch überhaupt nicht absehen, wie es zu dem Ergebnis dieser Überlegung jemals eine Ausnahme geben könnte.

Behält man das im Blick, so scheint sich damit der genaue Gegensatz zu jenem Vorurteil zu ergeben: Intendiert werden kann nur etwas, das nicht wirklich ist, also keineswegs etwas Wirkliches, sondern eigentlich nur etwas Unwirkliches, weil Intentionalität als solche selbst gerade darauf ausgeht, etwas Unwirkliches allererst zu verwirklichen. Und da nach allem, was sich schon ergeben hat, Erkenntnis in jedem Falle eine Intention ist, so wäre damit auf verhältnismäßig einfache Weise gesichert: Entgegen jenem Vorurteil hat auch Erkenntnis ihren Erfolg jeweils tatsächlich in der Verwirklichung von etwas und nicht bloß in der Vergegenständlichung von etwas, für welche dieses Etwas immer schon als Wirkliches vorliegen müßte.

Indes ist nicht zu übersehen, daß dieses Ergebnis sich nicht ohne weiteres halten läßt. Mag es auch immer jenes Vorurteil zurückweisen, Intentionalität könne sich allein auf Wirkliches richten, so vermag es dies doch offenbar nur, weil es am Beispiel jenes Schützen entwickelt ist, das gar kein Beispiel für Erkennen, sondern für Handeln darstellt.

Und für eine Intention als Handlung läßt sich allerdings sehr einfach zeigen, daß Intentionalität auf solches ziele, was nicht wirklich ist, um es allererst zu verwirklichen. Wird dabei aber mit entwickelt, in welchem Sinne dies für Intentionalität als Handeln tatsächlich zutrifft, so wird dabei von neuem fraglich, in welchem Sinne dies auch für Intentionalität als Erkennen zutreffen könnte.

Denn auf etwas, das nicht wirklich ist, zielt Intentionalität als Handeln immer wieder nur in dem Sinne, daß sie etwas, das wirklich ist, in irgendeiner Weise verändert und somit immer wieder dieses Wirkliche gerade überschreitet, um über es hinaus gerade anderes, eben solches, das nicht wirklich ist, durch Verwirklichung als Wirkliches zu gewinnen. In diesem Sinne aber kann das auf Intentionalität als Erkennen in der Tat niemals zutreffen. Denn verglichen mit Intentionalität als Handeln, als das sie im genannten Sinne jeweils Wirkliches gerade überschreitet, besteht Intentionalität als Erkennen vielmehr darin, dieses Wirkliche jeweils gerade nicht zu überschreiten, sondern eben bei diesem Wirklichen selbst jeweils stehen zu bleiben. Im Unterschied zum Handeln als der Intention, die immer wieder über Wirkliches hinaus auf Nichtwirkliches zielt, um es allererst zu verwirklichen, ist und bleibt deshalb Erkennen vielmehr diejenige Intention, die auf Wirkliches selbst zielt.

Was aber könnte es dann heißen, daß Intentionalität auch als dieses Erkennen, als das sie in jedem Falle auf Wirkliches selbst zielt, dieses Wirkliche ebenfalls jeweils als Erfolg allererst erzielt, daß Intentionalität mithin so, wie sie als Handeln jeweils Unwirkliches allererst verwirklicht, auch als Erkennen jeweils Wirkliches allererst verwirklicht? Ist nicht vielmehr die offenbar paradoxe Rede von der 'Verwirklichung eines Wirklichen', zu der diese ganze Überlegung am Ende zwangsläufig führt, der endgültige Nachweis dafür, daß diese ganze Überlegung aufgegeben und endlich zugestanden werden muß, eine Intention von Wirklichem sei Erkennen nur in dem Sinne, daß es lediglich auf Vergegenständlichung von Wirklichem und nicht etwa auf 'Verwirklichung von Wirklichem' ziele?

Indessen gibt es mehr als einen Grund, mit diesem Zugeständnis zurückzuhalten. Denn zum einen würde es letztlich die Rückkehr zu jener Rezeptivitätsauffassung von Erkennen bedeuten, deren Unhaltbarkeit sich mittlerweile schon in mehr als einer Hinsicht erwiesen hat. Zum andern aber reicht vor allem auch jener Anlaß für solch ein Zugeständnis bei weitem nicht aus. Mag jene Rede von 'Verwirklichung eines Wirklichen' auf den ersten Blick auch noch so paradox anmuten, sie ist es keineswegs, sondern lediglich eine zugespitzte Formulierung der Erkenntnisproblematik selbst, die jenen Anschein des Paradoxen verliert, sobald man sie als solche auch versteht.

Daß Intentionalität als Handeln auf Verwirklichung von Unwirklichem zielt, als Erkennen dagegen auf Verwirklichung von Wirklichem, ist nämlich bei genauerem Zusehen lediglich der Ausdruck dafür, daß Erkennen zwar nicht einfach Handeln ist, wohl aber handlungs*artig*. Damit jedoch ergibt sich hier lediglich noch einmal, was sich als ein Grundproblem von Erkennen bereits ergeben hatte: Daß jeweils auch Erkennen als eine „Intention" und somit als etwas ergeht, das entweder „Erfolg" oder „Mißerfolg" hat — alle solchen Kennzeichnungen von Erkennen erfolgen lediglich als notwendige Metaphern, Übertragungen vom Handeln her, die indessen nicht einmal möglich, geschweige denn notwendig wären, hätte nicht Erkennen, wie wir jetzt sagen, zumindest den Charakter einer Handlungs*artigkeit*. Diese aber würde sich nur noch in einem weiteren, wenn auch entscheidenden Punkt erweisen, wäre Erkennen tatsächlich als die Intention der Verwirklichung von Wirklichem anzusetzen.

Als solche teilte sie mit dem Handeln nämlich nicht nur, daß sie als Intention etwas ist, das entweder Erfolg oder Mißerfolg hat, sondern auch noch, daß sie diesen Erfolg jeweils in der Wirklichkeit von etwas hätte und diesen Mißerfolg jeweils entsprechend in der Unwirklichkeit von etwas. Denn tatsächlich ist das Handeln als die Intention der Verwirklichung von etwas Unwirklichem ein Mißerfolg, wenn dieses Etwas dabei unwirklich bleibt, und ein Erfolg nur dann, wenn dieses Etwas dabei nicht unwirklich bleibt, sondern wirklich wird. Ein solcher Erfolg von Intentionalität als Handeln aber kann diese Wirklichkeit von etwas dann nur sein, wenn eben diese Wirklichkeit es auch ist, was solche Intentionalität von vornherein intendiert.

Das heißt dann aber: Ebenso wie als Intention der Verwirklichung von etwas Unwirklichem kann Handeln auch als Intention der Verwirklichung von etwas Wirklichem gekennzeichnet werden, also in derselben Weise wie das Erkennen. Als Handeln sowohl wie als Erkennen ginge Intentionalität danach in jedem Fall auf Wirklichkeit von etwas aus, weil sie auch nur in dieser Wirklichkeit von etwas ihren Erfolg hätte und nur in der Unwirklichkeit dieses Etwas ihren Mißerfolg.

Doch ist auch dieses Ergebnis nicht so zu verstehen, als sei damit der Unterschied von Erkennen und Handeln, der im vorigen noch als Unterschied zwischen einer Intention der Verwirklichung von Wirklichem und einer Intention der Verwirklichung von Unwirklichem festgehalten war, nunmehr endgültig aus der Hand gegeben. Muß daher beides jetzt als Intention der Verwirklichung von Wirklichem gelten, so müßte es vielmehr möglich sein, auch im Rahmen dieses neuen Ergebnisses noch festzuhalten, was genau eigentlich damit gemeint war, im Unterschied zum Erkennen sei Handeln eine Intention der Verwirklichung von Unwirklichem.

Und diese Möglichkeit besteht hier tatsächlich: Daß Handeln auf Verwirklichung von Unwirklichem ziele, ist lediglich eine andere, aber gleichbedeutende Formulierung dafür, daß Handeln darauf in einer ganz bestimmten Weise zielt, nämlich indem es dabei im genannten Sinne das Wirkliche überschreitet. Denn ausschließlich vom Wirklichen her gesehen, wovon Handeln ausgeht, indem es darüber hinausgeht, ist dasjenige, worauf es in dieser Weise ausgeht, etwas Unwirkliches. Dagegen für sich selbst betrachtet, ist dasjenige, worauf Handeln in dieser Weise ausgeht, was es als Intention intendiert, ebenfalls etwas Wirkliches, nur eben nicht das Wirkliche, über das es dabei vielmehr gerade hinausgeht. Daß Handeln auf Verwirklichung von Unwirklichem ausgeht, ist somit lediglich eine andere Formulierung dafür, daß es auf Verwirklichung von Wirklichem zielt und dabei vom Wirklichen ausgeht, daß es also immer nur aus dem Wirklichen heraus auf Verwirklichung von Wirklichem ausgeht.

Damit aber ist nun ein Ergebnis erzielt, das im Rahmen einer Theorie von Intentionalität zum ersten Mal eine Kennzeichnung dieser Intentionalität als Handeln sowohl wie als Erkennen gestattet, an welcher deutlich wird, worin eigentlich die Gemeinsamkeit als auch die Unterschiedlichkeit von Erkennen und Handeln besteht.

Denn dieses Ergebnis, daß Handeln immer nur aus dem Wirklichen heraus auf Verwirklichung von Wirklichem zielt, besagt nichts anderes, als daß Handeln niemals ursprünglich, sondern immer nur abgeleitet, niemals unmittelbar, sondern immer nur mittelbar auf Wirkliches ausgeht, eben weil es dazu immer schon von Wirklichem ausgeht. Menschliches Handeln ist keineswegs etwa dergleichen wie Erschaffung von etwas aus nichts, *creatio ex nihilo*, sondern eben lediglich Schaffung von etwas aus etwas, und das heißt Umschaffung von etwas Wirklichem in etwas anderes Wirkliches.

Demnach geht Intentionalität, die in jedem Falle auf Wirkliches ausgeht, als Handeln nur mittelbar, nur abgeleitet auf Wirkliches aus und gewinnt deshalb, wenn sie darin erfolgreich ist, Wirkliches auch immer nur mittelbar, immer nur abgeleitet und niemals etwa ursprünglich und unmittelbar: Handeln ist lediglich die Weise, wie Intentionalität zur Verwirklichung von Wirklichem bloß dadurch gelangt, daß sie bei Wirklichem immer schon ist und nur aus ihm heraus, nämlich durch bloße Veränderung und somit Überschreitung desselben dann etwas anderes verwirklicht.

Demgegenüber geht Intentionalität als Erkennen, wie schon bemerkt, zwar ebenfalls auf Wirkliches aus, jedoch gerade nicht in dem Sinne, daß sie ebenfalls schon immer bei Wirklichem wäre und lediglich noch darauf zielte, dieses Wirkliche zu verändern und somit auf anderes hin zu überschreiten. Daß sie als Erkennen ganz im Gegenteil zum Handeln immer wieder bei diesem Wirklichen selber stehen bleibt, dieses Wirkliche als solches selbst gewinnt, daran zeigt sich vielmehr, daß Intentionalität keineswegs immer schon bei Wirklichem ist, sondern immer erst zu Wirklichem gelangen muß, eben als Erkennen. Ganz im Gegenteil zum Handeln geht demnach Intentionalität, die in jedem Falle auf Wirkliches ausgeht, als Erkennen gerade ursprünglich und unmittelbar auf Wirkliches aus und gewinnt deshalb, wenn sie darin erfolgreich ist, Wirkliches auch immer wieder ursprünglich und unmittelbar und nicht etwa, wie als Handeln, immer nur mittelbar und abgeleitet aus Wirklichem [3].

Damit wäre nun zwar gekennzeichnet, worin Erkennen und Handeln ihre eigentliche Gemeinsamkeit und ihre eigentliche Unterschiedlichkeit besitzen, nämlich daß Intentionalität in beidem auf Wirkliches ausgeht, daß sie jedoch im Handeln nur mittelbar und abgeleitet, im Erkennen dagegen unmittelbar und ursprünglich auf Wirkliches ausgeht. Behält man dabei aber mit im Blick, was dieses letztere seinem Vollsinn nach bedeuten soll, so ergibt sich, wie es scheint, eine neue Schwierigkeit. Denn daß Intentionalität in jedem Fall, auch als Erkennen, eine Intention auf Wirkliches sein müsse, dies soll ja bedeuten: Auch Erkennen könne eigentlich nur eine Intention auf Verwirklichung von Wirklichem sein und nicht etwa bloß auf Vergegenständlichung von Wirklichem. Denn auch als Erfolg dieser Intention müsse eigentlich die Wirklichkeit und nicht etwa die bloße Gegenständlichkeit von etwas gelten.

Im Zusammenhang mit dem zuletzt erzielten Ergebnis aber würde das bedeuten, Erkennen sei nicht nur Intention auf *Verwirklichung* von Wirklichem, sondern sogar Intention auf *ursprüngliche* und *unmittelbare* Verwirklichung von Wirklichem. Dies aber liefe doch offenbar auf nichts anderes hinaus, als daß zwar nicht das Handeln, wohl aber

---

[3] Es sei denn, man legte dabei von vornherein statt ursprüngliches und unmittelbares vielmehr nur abgeleitetes und mittelbares Erkennen zugrunde, wie zum Beispiel Schließen aus Prämissen, das dann freilich trivialerweise auch nur abgeleitete oder mittelbare Gewinnung von Wirklichkeit sein kann.

ausgerechnet das Erkennen so etwas wie *creatio ex nihilo* sein müßte,
weil es als unmittelbare und ursprüngliche Verwirklichung von Wirklichem doch offenbar nur Erschaffung von Wirklichem aus nichts sein
könnte. Und das wäre in der Tat etwas schlechthin Widersinniges.

Sieht man jedoch genauer zu, so zeigt sich: Statt zu diesem Widersinn führt der Vergleich von Erkennen mit Handeln hier vielmehr zur
endgültigen Kennzeichnung der Handlungsartigkeit und damit der
Einzigartigkeit dessen, was im Verlauf dieser Abhandlung als ursprüngliche und unmittelbare Erkenntnis festzuhalten und theoretisch
zu entfalten war, nämlich der Wahrnehmung.

Von ihr hat sich dabei ergeben: Als Deutung ist sie jeweils die spontane Intention eines Subjekts, etwas anderes seiner selbst als Objekt zu
erdeuten, und das heißt als Erfolg seiner Intention zu erzielen. Wäre
nun unter diesem Erfolg tatsächlich die Wirklichkeit und nicht bloß die
Gegenständlichkeit von etwas zu verstehen, so müßte sich unter der
Deutung als Intention auf ursprüngliche und unmittelbare Erdeutung
von etwas auch eine Intention auf ursprüngliche und unmittelbare Verwirklichung von Wirklichem verstehen lassen.

Dies aber hängt, wie aus dem vorigen hervorgeht, von der Erfüllung
einer zweifachen Bedingung ab: Unbeschadet des eigentümlichen Cha-
rakters von Erkenntnis, und das heißt von etwas, das noch keine Handlung ist, muß zum einen verständlich werden, daß Erkenntnis dann
zwar nicht *als* eine Handlung, wohl aber *wie* eine Handlung etwas
Wirkliches jeweils allererst verwirklicht; und zum andern muß dabei
zugleich verständlich werden, daß solche Erkenntnis, obwohl sie als
ursprüngliche und unmittelbare dann auch dieses Wirkliche ursprünglich und unmittelbar verwirklichen müßte, dadurch dennoch nicht zur
Widersinnigkeit einer *creatio ex nihilo* würde.

Diese zweifache Bedingung aber ist tatsächlich erfüllt, und zwar
ineinem durch etwas, das schon längst ermittelt ist als wesentliches
Aufbaustück gerade der Wahrnehmung als ursprünglicher und unmittelbarer Erkenntnis von Dingen der Außenwelt. Wahrzunehmen
heißt nämlich nicht nur, etwas zu erdeuten: Dinge der Außenwelt; dem
zuvor heißt wahrnehmen vielmehr zunächst einmal, etwas zu deuten: Sinnesdaten der Innenwelt. Und zusammengenommen heißt das:
Wahrnehmung besteht nicht einfach darin, Dinge der Außenwelt zu
erdeuten, sondern sie durch Deutung von Sinnesdaten der Innenwelt
zu erdeuten, und das heißt: Wahrnehmung ist Erdeutung von Dingen
der Außenwelt *aus* Sinnesdaten der Innenwelt.

Wäre demnach diese ursprüngliche und unmittelbare Erkenntnis als
Erdeutung von etwas eine ursprüngliche und unmittelbare Verwirk-

lichung von Wirklichem, so wäre sie durchaus nicht dergleichen wie *creatio ex nihilo*. Denn diese Sinnesdaten sind ja keineswegs nichts, sondern durchaus etwas, und damit wäre auch diese Verwirklichung von Wirklichem nicht Erschaffung von etwas aus nichts, sondern eben lediglich Verwirklichung von etwas aus etwas.

So gewiß indessen diese Sinnesdaten nicht einfach nichts, sondern etwas sind, so gewiß sind sie anderseits doch in dem Sinne nichts, daß sie zwar etwas, aber nichts von dem sind, was immer wieder erst aus ihnen heraus zu erdeuten ist, daß sie eben nicht Außenwelt, sondern nur Innenwelt sind. Wäre demnach erdeutete Außenwelt als Erfolg von Deutung in dem Sinne zu verstehen, daß diese Intention eigentlich Wirklichkeit und nicht etwa nur Gegenständlichkeit von Außenwelt erzielt, so wäre auch verständlich: Als eine Deutung ist Wahrnehmung zwar nicht *als* Handlung, wohl aber *wie* eine Handlung jeweils Intention der Verwirklichung von Wirklichem und somit handlungs*artig*.

Denn wie Handeln bestünde sie in der Intention, auf die Verwirklichung von Wirklichem in der Weise auszugehen, daß sie dazu von etwas anderem ausgeht und somit nur darüber hinaus, allein durch Überschreitung desselben, auf dieses Wirkliche ausgeht. Anders als Handeln aber bestünde sie in der Intention, Wirkliches ursprünglich und unmittelbar zu verwirklichen, weil jenes andere, von dem sie dazu ausgeht, keineswegs auch selbst schon solches Wirkliche ist, so daß sie dabei zu solchem Wirklichen, wenn sie darin erfolgreich ist, eben in der Tat ursprünglich und unmittelbar gelangte. Demgegenüber besteht nämlich Handeln nur deshalb in der Intention einer bloß mittelbaren und abgeleiteten Verwirklichung von Wirklichem, weil in seinem Fall das andere, von dem auch dieses Handeln jeweils ausgeht, sehr wohl selbst schon solches Wirkliche ist, so daß Handeln, wenn es erfolgreich ist, auch in der Tat nur mittelbar und abgeleitet zu solchem Wirklichen gelangt.

Auf eben diese Handlungsartigkeit von Erkenntnis, und zwar gerade der Wahrnehmung als ursprünglicher und unmittelbarer Erkenntnis will Kant im Rahmen seiner neuen Erkenntnistheorie immer wieder hinaus. Da er jedoch in diesem Rahmen über den erstmals entdeckten Charakter dieser Erkenntnis als Deutung von Innenwelt und damit als Intention der Erdeutung von Außenwelt noch nicht voll verfügt, bleibt er auch in dieser Hinsicht immer wieder mißverständlich.

Denn ohne jeden Zweifel versucht er, gerade die Handlungsartigkeit dieser Erkenntnis als der Intention auf ursprüngliche und unmittelbare Verwirklichung von Wirklichem zu kennzeichnen. Trotzdem entsteht dabei immer wieder der Eindruck, als werde Erkenntnis damit eigent-

lich nur als die Intention auf ursprüngliche und unmittelbare Vergegenständlichung von Wirklichem gekennzeichnet. Denn Kant versucht dies
nur mit Hilfe des Ausdrucks „Wahrnehmung" selbst, der jedoch durch
seinen rezeptiven Sinn immer wieder schon von vornherein das Gelingen dieses Versuches vereitelt. Kommt man Kant jedoch bei diesem
Versuch zu Hilfe mit den Ausdrücken für das, was er mit „Wahrnehmung" eigentlich meint, nämlich „Deutung" und „Erdeutung", so tritt
auch jene Handlungsartigkeit dieser Erkenntnis als der Intention auf
ursprüngliche und unmittelbare Verwirklichung von Wirklichem deutlich hervor.

Denn Kant geht tatsächlich so weit, die Wirklichkeit von etwas in
bestimmtem Sinne an die Wahrnehmung dieses Etwas zu binden (z. B.
A 492 f., B 521 f.). Jedoch in welchem Sinn dies gemeint ist und auch
allein gemeint sein kann, wird dabei allerdings durch das dazu verwen-
dete Wort „Wahrnehmung" und seinen rezeptiven Sinn von vornherein verdeckt. Denn dies klingt so, als wäre etwas wirklich nur, wenn es
auch wirklich wahrgenommen werde, und als hörte, wenn diese Wahrnehmung aufhört, auch es selbst auf, wirklich zu sein. Deshalb muß
Kant auch sofort Vorkehrungen dagegen treffen, daß er damit nicht
dieses Unsinnige meint, sondern sich durchaus darüber im klaren ist:
Dinge können sehr wohl wirklich sein, auch wenn sie nicht wahrgenommen werden. Er wählt deshalb ein Beispiel und sagt: „Daß es Einwoh-
ner im Monde geben könne, ob sie gleich kein Mensch jemals wahrgenommen hat, muß allerdings eingeräumt werden, aber es bedeutet nur
so viel: daß wir in dem möglichen Fortschritt der Erfahrung auf sie
treffen können" (A 493, B 521).

Dies jedoch klingt wiederum nach einer Zurücknahme, nämlich so
als wolle Kant die Wirklichkeit von etwas keineswegs an wirkliche,
sondern nur an mögliche Wahrnehmung dieses Etwas binden: Wenn
etwas wirklich ist, so muß es möglich sein, dieses Etwas auch wahrzunehmen. Und dies scheint ja auch ganz vernünftig zu sein: Allein dasjenige kann als ein wirkliches Ding in der Außenwelt gelten, das dort
prinzipiell auch wahrgenommen oder aus Wahrgenommenem zumindest erschlossen werden kann.

Nur hätte Kant dann freilich, um lediglich zu diesem Ergebnis zu
kommen, sich den gesamten Aufwand seiner ganz spezifischen Erkenntnistheorie ersparen können. Denn selbst der extremste Vertreter einer
Rezeptivitätsauffassung oder gar einer Abbildtheorie der Wahrnehmung vermöchte diese Meinung zu teilen. Vor allem aber würde dies
dann umgekehrt bedeuten, die Wahrnehmung von etwas lediglich als
die Vergegenständlichung von etwas aufzufassen, dessen Wirklichkeit

schon immer als „Ansichsein" dafür vorliegt, und eben dies ist nachweislich gerade nicht die Meinung Kants (vgl. z. B. ebd.).

Deshalb rückt er anschließend auch sogleich wieder davon ab, indem
er deutlich zu erkennen gibt, daß er damit mehr als bloß mögliche
Wahrnehmung meint. Kurz danach sagt er nämlich, Dinge der Außenwelt „sind *also* alsdann wirklich, wenn sie mit meinem *wirklichen* Bewußtsein in einem empirischen Zusammenhang stehen" (A 493, B 521,
kursiv vom Verf.). Und da er mit diesem „Bewußtsein" in diesem
Kontext nichts anderes als *Wahrnehmungs*bewußtsein meint, hat er
damit Wirklichkeit von Dingen der Außenwelt erneut an *wirkliche*
Wahrnehmung derselben gebunden. Deshalb müßte er auch erneut jene
Vorkehrungen gegen jenes Unsinnige treffen. Dies aber liefe wieder
auf eine Bindung von Wirklichkeit an bloße Möglichkeit von Wahrnehmung hinaus und mithin auf Wahrnehmung als bloße Vergegenständlichung von „ansichseiender" Wirklichkeit, was Kant jedoch nicht
meint, und damit drehte sich das ganze im Kreise.

Denn wie er neben diesen vorsichtigen Formulierungen hier und auch
sonst oft genug unvorsichtig formuliert, „sind demnach Gegenstände
der Erfahrung niemals an sich selbst, sondern nur in der Erfahrung gegeben, und existieren außer derselben gar nicht" (A 492, B 521). Damit
will Kant nämlich nicht etwa sagen, daß es dergleichen wie Außenwelt,
das heißt etwas Anderes als uns selbst gar nicht gebe, oder daß es dies
etwa immer nur dann jeweils gebe, wenn es gerade wahrgenommen
werde. Damit will er vielmehr sagen, was es ursprünglich und eigentlich *bedeutet* und auch allein bedeuten *kann*[4], von so etwas wie Außenwelt zu sagen, sie existiere oder sie sei wirklich oder es gebe sie.

Dies jedoch, was ihm dabei eigentlich vorschwebt, läßt sich tatsächlich formulieren, sofern man nur dabei die Ausdrücke der „Wahrnehmung" oder „Erfahrung" von etwas, welche im genannten Sinne
irreführen, auf angemessene Weise durch Ausdrücke für das ersetzt,
was Wahrnehmung oder Erfahrung nach Kant ursprünglich und eigentlich ist, nämlich „Deutung" von etwas bzw. „Erdeutung" von etwas.

Wie schon bemerkt, reicht es nicht aus, zu sagen, etwas sei wirklich,
wenn es wahrgenommen sei, weil etwas wirklich ist, auch wenn es nicht
wahrgenommen ist. Um dabei überhaupt eine zureichende Aussage zu
erhalten, muß man deshalb ergänzen und sagen, etwas sei wirklich,
wenn es wahrgenommen *oder wahrnehmbar* sei. Dies aber liegt ausschließlich an dem unhaltbaren rezeptiven Sinn von „Wahrnehmen",

---

[4] Vgl. A 493, B 521: „. . . bedeutet entweder . . . oder es hat gar keine
Bedeutung."

wonach zum einen Wirkliches schon immer als „Ansichsein" vorgegeben wäre und dann zum andern Wahrnehmung nur noch Vergegenständlichung dieses Wirklichen bedeuten könnte. Keineswegs aber ist es
unhaltbar, zu sagen, etwas sei wirklich, wenn es erdeutet sei, sofern die
Erdeutung von etwas eben jene Verwirklichung von etwas bedeutet:
Wirklich wäre danach etwas, wenn es verwirklicht wäre; Wirklichkeit
von etwas bedeutete sonach Verwirklichtheit von etwas.

Freilich muß sich hier sofort ein weiterer Einwand erheben. Selbst
wenn man einmal davon absieht, daß vorerst noch keinerlei Begründung für die Auffassung vorliegt, als ursprüngliche Erdeutung von
etwas müsse sogenannte „Wahrnehmung" auch eigentlich als Verwirklichung von etwas gelten und nicht als bloße Vergegenständlichung von
etwas schon Wirklichem: Muß nicht auch im Rahmen dieser Auffassung
selber eingeräumt werden, daß etwas doch wirklich ist, auch wenn es
nicht erdeutet ist?

Nur fällt an diesem Einwand auch sogleich als erstes auf, wie schwer
es ist, gegen jene Auffassung der „Wahrnehmung" von etwas diese
Auffassung der „Erdeutung" von etwas tatsächlich durchzusetzen, so
schwer, daß hier sich vielmehr umgekehrt jene gegen diese wieder
durchzusetzen droht. Denn daß etwas wirklich sei, auch wenn es nicht
erdeutet sei, dies klingt wieder so, als könne doch auch etwas zu erdeuten nur heißen, etwas zu vergegenständlichen und nicht etwa es zu
verwirklichen, weil doch etwas, das erdeutet wird, auch wirklich sein
muß.

Hält man jedoch auch demgegenüber daran fest, als Erdeutung von
etwas müsse Wahrnehmung die Verwirklichung dieses Etwas bedeuten,
so fällt an jenem Einwand als zweites auch noch auf, welch eine Kühnheit in jener Behauptung steckt, die jenen Einwand ausmacht. Diese
Kühnheit bleibt im Rahmen jener rezeptiven Auffassung der „Wahrnehmung" ganz unauffällig und wird erst im Rahmen dieser spontanen
und intentionalen Auffassung derselben als Erdeutung auffällig. Denn
zu behaupten, etwas sei wirklich, auch wenn es nicht wahrgenommen
sei, klingt wenig kühn, weil solch eine Behauptung von Wirklichkeit
auch lediglich expliziert, was der rezeptive Sinn von „Wahrnehmen"
immer schon impliziert. Dennoch ist es in der Tat insofern eine Kühnheit, als es eben durchaus möglich bleibt, daß ein Ding der Außenwelt,
wie etwa der Kölner Dom, zum Beispiel jetzt, wo er von mir, oder
kommende Nacht, wo er vielleicht überhaupt nicht wahrgenommen ist,
auch nicht wirklich ist, indem er beispielsweise eingefallen oder zer-
stört worden ist. Formuliert man aber jene Behauptung im Sinne der
Deutungstheorie um, so tritt auch ihre Kühnheit deutlich zutage. Denn

daß etwas wirklich sei, auch wenn es nicht erdeutet sei, heißt dann nichts anderes, als daß etwas wirklich ist, auch wenn es nicht verwirklicht ist.

So kühn jedoch diese Behauptung auch sein mag, in dieser Formulierung ist ihr und damit auch jenem Einwand stattzugeben: Auch wenn er nicht erdeutet ist und damit in diesem Sinne auch nicht verwirklicht, ist zum Beispiel der Kölner Dom durchaus wirklich, mag es auch noch so kühn sein, dies zu behaupten. Nur ist freilich auch die Art und Weise, wie man diesem berechtigten Einwand dann Rechnung trägt, genau entsprechend umzuformulieren. Weil etwas wirklich ist, auch wenn es nicht wahrgenommen ist, konnte im Rahmen jener Rezeptivitätsauffassung wirklich sein nicht einfach wahrgenommen sein bedeuten, sondern nur wahrgenommen *oder wahrnehmbar* sein. Genau entsprechend aber gilt dann im Rahmen von Deutungstheorie: Weil etwas wirklich ist, auch wenn es nicht erdeutet ist, kann wirklich sein nicht einfach erdeutet sein heißen, sondern nur erdeutet *oder erdeutbar* sein. In voller Umformulierung aber heißt das schließlich: Weil etwas wirklich ist, auch wenn es nicht verwirklicht ist, kann wirklich sein nicht einfach verwirklicht sein bedeuten, sondern nur verwirklicht *oder verwirklichbar* sein.

Die Notwendigkeit dieser Entsprechung indessen kann leicht darüber hinwegtäuschen, wie fundamental sich gerade voneinander unterscheidet, was hier miteinander in solcher Entsprechung steht.

Zur angemessenen Kennzeichnung dafür, daß etwas wirklich sei, war nicht nur im Falle von „wahrnehmen" so zu formulieren, daß es wahrgenommen *oder wahrnehmbar* sei, sondern auch im Falle von „verwirklichen" entsprechend, daß es verwirklicht *oder verwirklichbar* sei. Trotzdem bedeutet letzteres gegenüber dem ersteren doch etwas grundsätzlich anderes. Denn im Gegensatz zum ersteren setzt letzteres dieses Etwas gerade nicht als ein immer schon Wirkliches voraus, auch wenn es aus der Entsprechung heraus zunächst vielleicht so klingen mag.

Ist nämlich etwas in dem Sinne wirklich, daß es erdeutet oder erdeutbar ist und somit verwirklicht oder verwirklichbar, so ist dabei gewiß nicht mit „verwirklicht", aber auch nicht mit „verwirklichbar" etwa die Wirklichkeit dieses Etwas vorausgesetzt. Vielmehr ist mit „verwirklichbar" allenfalls eine Möglichkeit, jedoch die Möglichkeit von etwas grundsätzlich anderem vorausgesetzt, nämlich die der Verwirklichung dieses Etwas. Daß etwas wirklich sei, heißt demnach, daß es erdeutet oder daß seine Erdeutung möglich sei und daß es somit in diesem Sinne verwirklicht oder daß seine Verwirklichung möglich sei. Es wird also dadurch, daß etwas sehr wohl wirklich ist, auch wenn es nicht verwirklicht ist, so wenig vorausgesetzt, dieses Etwas sei immer schon wirklich, daß vielmehr diese seine Wirklichkeit, die angeblich immer schon als ein „Ansichsein" vorliegt, lediglich die Möglichkeit seiner Verwirklichung bedeutet. Eben dies ist somit der ursprüngliche und eigentliche Sinn der „Wirklichkeit" von etwas, nämlich daß es erdeutet und damit verwirklicht ist, und dies so sehr, daß es auch dann, wenn es nicht erdeutet und somit nicht verwirklicht ist, wirklich doch nur in dem Sinne ist, daß eben solche Erdeutung und damit Verwirklichung desselben möglich ist.

Was wir alle in alltäglicher „Wahrnehmung" immer wieder für eine als „Ansichsein" immer schon vorgegebene „Wirklichkeit" halten, die Außenwelt der Dinge und Ereignisse, kann in Wahrheit nur als Verwirklichtheit oder Verwirklichbarkeit durch uns selber gelten, weil eben diese sogenannte „Wirklichkeit" allein das immer wieder durch uns selbst Erdeutete oder Erdeutbare sein kann. Daß es Außenwelt, wie zum Beispiel den Kölner Dom, angeblich als immer schon „ansich" bestehende „Wirklichkeit" gibt, heißt danach vielmehr eigentlich, daß es dies als etwas immer erst Erdeutetes oder Erdeutbares und in diesem Sinne erst Verwirklichtes oder Verwirklichbares gibt. Insofern ist im ursprünglichen und eigentlichen Sinne „wirklich" in der Tat nur das, was jeweils nicht nur mit „möglichem", sondern „mit wirklichem Bewußtsein in einem Zusammenhang steht" (vgl. oben S. 180 ff.): was mit dem wirklichen Bewußtsein der „Wahrnehmung" als ursprünglicher Erdeutung und damit Verwirklichung als das eben dadurch Verwirklichte auch tatsächlich zusammenhängt.

Ein anderes als dieses Ergebnis kann man offenbar auch gar nicht erzielen, sofern man nur mit Kant und seiner Deutungstheorie daran festhält: Zu so etwas wie einer „Wirklichkeit", die als Außenwelt immer ein anderes seiner selbst ist, kann ein endlich-beschränktes Subjekt ursprünglich eben immer nur durch Sinnesdaten gelangen, die als Innenwelt jedoch Teil seiner selbst sind. Also kann es nur dadurch dazu gelangen, daß es diese Daten jeweils durch Deutung auf ein anderes seiner selbst hin überschreitet und damit dieses andere als Wirklichkeit der Außenwelt durch Erdeutung aus diesen Daten der Innenwelt heraus jeweils immer wieder allererst verwirklicht: Soll dergleichen wie ein endlich-beschränktes Subjekt zu so etwas wie Wirklichkeit der Außenwelt als anderem seiner selbst in sogenannter „Wahrnehmung" überhaupt einen Zugang besitzen, und soll es dabei auch mit rechten Dingen zugehen, so kann dieser Zugang auch nicht auf irgendeine Weise „privilegiert" sein, als höhere „Eingebung" oder „Offenbarung" über Außenwelt (vgl. oben S. 33 f.). Er muß dann vielmehr sozusagen als

„harte Arbeit" der Deutung von und Erdeutung aus Sinnesdaten erfolgen, die zu so etwas wie einer Außenwelt als Wirklichkeit nur über
solche Innenwelt gelangt, indem sie immer wieder erst aus ihr heraus
jene Wirklichkeit selber ursprünglich verwirklicht. Entsprechend kann
er auch prinzipiell nicht darin bestehen, in bloß rezeptiver „Wahrnehmung" von Außenwelt diese angeblich immer schon vorgegebene
„Wirklichkeit" lediglich noch zum Gegenstand zu gewinnen.

### b) Wirklichkeit und Gegenständlichkeit von etwas

An dieser Stelle sei der Leser dieser Zeilen ausdrücklich darüber ver-
ständigt, daß nicht nur er, sondern auch der Autor dieser Zeilen angesichts solcher Konsequenzen, wie sie sich hier ergeben, immer wieder
zunächst einmal Befremden verspürt: Als ursprüngliche Erdeutung von
Außenwelt sollte Wahrnehmung nicht ursprüngliche Vergegenständlichung, sondern ursprüngliche Verwirklichung dieser Wirklichkeit
sein, — wo kämen wir denn hin?

Trotzdem muß er sich dann auch immer wieder davon überzeugen,
daß bei allem Befremden doch eben diese Konsequenzen tatsächlich zu
ziehen sind, weil es ein letztes und entscheidendes Argument dafür gibt,
dem offenbar nicht zu entkommen ist. Und dieses Argument ist auch
deshalb so ernst zu nehmen, weil es nicht nur einerseits von einem Faktum unserer Wahrnehmung ausgeht, sondern auch anderseits zur Erneuerung und weiterer Begründung eines Kernstücks Kantischer
Erkenntnistheorie führt.

Die Theorie der Wahrnehmung als Deutung war im vorigen soweit
gesichert, daß Wahrnehmung als wahre oder falsche Deutung sich allein
verstehen ließ als erfolgreiche oder erfolglose Intention von etwas.
Denn wahr oder falsch zu deuten konnte nur heißen, etwas oder nichts
zu erdeuten, nämlich das in jedem Falle intendierte Etwas zu erzielen
oder nicht zu erzielen und somit darin, daß sich dieses intendierte Etwas auch tatsächlich einstellt, jeweils den Erfolg dieser Deutungsinten-
tion zu haben, oder darin, daß es ausbleibt, den entsprechenden
Mißerfolg.

Nach wie vor offen aber ist die Frage, was dabei eigentlich unter
dem Etwas zu verstehen sei, worauf die Wahrnehmung als Intention
der Deutung zielt und das sie als wahre oder erfolgreiche Deutung,
nämlich als Erdeutung, auch erzielt. Daß sie als falsche oder erfolglose
Deutung gerade darin besteht, *nichts* zu erdeuten, *nichts* zu erzielen,
legt freilich zumindest nahe, das entsprechende *Etwas* im Sinne von

*etwas Wirkliches* zu verstehen. Demzufolge wäre dann unter Wahrnehmung als Ursprung von Erkenntnis auch Deutung als ursprüngliche Intention auf Wirklichkeit zu verstehen und unter wahrer Wahrnehmung als erfolgreicher Deutung eben die ursprüngliche Erdeutung von Außenwelt als ursprüngliche *Verwirklichung* dieser Wirklichkeit selbst.

Und regt sich gegen so etwas jenes Befremden nicht auch zu Recht, zumal doch statt dieser befremdlichen Auffassung, so scheint es, auch noch jene weitaus plausiblere zur Verfügung steht: Wenn es schon unumgänglich ist, Wahrnehmung als Deutung aufzufassen und damit als Intention der Erdeutung von etwas, so läßt sich doch darunter, wie es scheint, statt einer befremdlichen Intention auf Verwirklichung von Wirklichem eine durchaus plausible Intention auf bloße Vergegenständlichung von Wirklichem verstehen.

Nur müßte sich dann — und damit beginnt jenes letzte und entscheidende Argument, das sich hartnäckigerweise immer wieder geradezu aufdrängt — die falsche Wahrnehmung ebenso wie die wahre, die erfolglose ebenso wie die erfolgreiche Deutung als eine solche Intention auf bloße Vergegenständlichung von Wirklichem verstehen lassen. Anscheinend ist es doch so überaus plausibel, bei wahrer Wahrnehmung als erfolgreicher Deutung diesen Erfolg derselben darin zu erblicken, daß dabei nicht etwa allererst etwas verwirklicht, sondern etwas schon Wirkliches lediglich noch vergegenständlicht wird. Also müßte es doch auch zumindest annähernd plausibel sein, bei falscher Wahrnehmung als erfolgloser Deutung diesen Mißerfolg derselben darin zu erblicken, daß dabei keineswegs etwas unverwirklicht, sondern etwas schon Wirkliches lediglich unvergegenständlicht bleibt.

Eine solche Auffassung der falschen Wahrnehmung als erfolgloser Deutung aber ist nicht nur nicht annähernd so plausibel, wie jene Auffassung der wahren Wahrnehmung plausibel wenigstens erscheint. Es bleibt dabei vielmehr schlechterdings unerfindlich, was mit einer solchen Auffassung überhaupt gemeint sein sollte, welchen vernünftigen Sinn man mit ihr überhaupt verbinden könnte: Wahrnehmung, die auf mysteriöse Weise in Beziehung zu etwas schon Wirklichem träte, nur daß eben dieses Wirkliche dabei unvergegenständlicht bliebe, für diese Wahrnehmung nicht zum Gegenstand würde?

Eben diese Unverständlichkeit indessen wird sofort verständlich, wenn man sich klarmacht: Letztlich beruht sie nur darauf, daß diese ganze Auffassung die Sachlage auf den Kopf stellt. Man braucht sie nämlich nur noch einmal etwas zugespitzter zu formulieren, und man sieht sofort, daß diese Auffassung die Sache selbst, die wir als „Wahrnehmung" kennen, von Grund auf verkehrt, indem sie gegen ein fun-

damentales Faktum dieser Wahrnehmung selbst verstößt. In zugespitzter Formulierung besagt diese Auffassung nämlich: Bei wahrer
Wahrnehmung als erfolgreicher Deutung bestehe dieser Erfolg darin,
daß dabei etwas vergegenständlicht, etwas zum Gegenstand gewonnen
werde; bei falscher Wahrnehmung als erfolgloser Deutung dagegen
bestehe dieser Mißerfolg darin, daß dabei nichts vergegenständlicht,
nichts zum Gegenstand gewonnen werde.

Dies jedoch ist schlechterdings unhaltbar, weil es einem Faktum
unserer Wahrnehmung offenkundig zuwiderläuft. Zwar trifft es durchaus zu, daß in wahrer Wahrnehmung als erfolgreicher Deutung etwas
vergegenständlicht oder zum Gegenstand wird. Keineswegs aber trifft
es zu, daß in falscher Wahrnehmung als erfolgloser Deutung etwa
nichts vergegenständlicht oder zum Gegenstand würde. Auch in jeder
Art von Wahrnehmungsirrtum — in Sinnestäuschung sowohl wie in
Traum oder Halluzination oder noch anderen Arten von Irrtum — ist
uns etwas gegenständlich, haben wir etwas zum Gegenstand. Denn umgekehrt ist in der Tat auch jede Art von Wahrnehmungsirrtum jeweils
ein bestimmtes Bewußtsein von etwas, eben Bewußtsein jeweils genau
dessen, was uns dabei gegenständlich ist.

Darum sind alle Arten von solchem Bewußtsein auch nicht etwa deshalb Irrtum, weil dabei dieses Etwas nicht gegenständlich wäre, sondern
ausschließlich deshalb, weil dieses Etwas, das dabei sehr wohl gegenständlich ist, nicht auch wirklich ist. Daß bei irrtümlicher Wahrnehmung zum Beispiel von einem Stein — also bei Sinnestäuschung, Halluzination oder Traum von einem Stein — dieser Stein „nur vermeint"
sei, heißt ja nicht, daß etwa die Gegenständlichkeit dieses Steins nur
vermeint wäre, sondern heißt, daß ausschließlich die Wirklichkeit dieses
in jedem Falle gegenständlichen Steins nur vermeint ist. Und tatsächlich ist es auch allein die Wirklichkeit des jeweils Gegenständlichen, die
in der Wahrnehmung als ursprünglicher Prätention von Erfolg prätendiert wird: Immer wieder halten wir das dabei Gegenständliche zunächst einmal auch für wirklich.

Dies bedeutet dann aber vor allem auch umgekehrt für die wahre
Wahrnehmung als erfolgreiche Deutung, daß sie nicht etwa deshalb
wahr oder erfolgreich ist, weil ihr etwas gegenständlich ist, denn gegenständlich ist der Wahrnehmung etwas auch dann, wenn sie falsch oder
erfolglos ist. Wahr oder erfolgreich ist sie vielmehr ausschließlich deshalb, weil in diesem Falle dasjenige, was ihr ebenso wie der falschen
oder erfolglosen Wahrnehmung gegenständlich ist, auch wirklich ist.
Wahre Wahrnehmung als erfolgreiche Deutung kann demnach in der
Tat ihren Erfolg schlechterdings nicht in der Gegenständlichkeit von

etwas haben, sondern ausschließlich in der Wirklichkeit von etwas, darin nämlich, daß in ihrem Falle mit der Gegenständlichkeit von etwas auch die Wirklichkeit dieses Etwas einhergeht. Entsprechend kann auch falsche Wahrnehmung als erfolglose Deutung in der Tat ihren Mißerfolg schlechterdings nicht in der Ungegenständlichkeit von etwas haben, sondern ausschließlich in der Unwirklichkeit von etwas, darin nämlich, daß in ihrem Falle mit der Gegenständlichkeit von etwas gerade nicht auch die Wirklichkeit dieses Etwas einhergeht, sondern ausbleibt.

Besteht somit wahre Wahrnehmung als erfolgreiche Deutung darin, daß dabei „etwas erdeutet" wird, so kann dies auch schlechterdings nicht einfach heißen, daß dabei bloß „etwas vergegenständlicht" wird. Dies muß dann vielmehr eigentlich bedeuten, daß dabei „etwas verwirklicht", eben Wirklichkeit von etwas ursprünglich verwirklicht wird. Denn auch nur die Erzielung solcher Wirklichkeit, eben die Verwirklichung von Wirklichkeit, kann als Erfolg von Wahrnehmung als Intention der Erdeutung von etwas gelten. Und besteht falsche Wahrnehmung als erfolglose Deutung darin, daß dabei „nichts erdeutet" wird, so kann dies auch schlechterdings nicht heißen, daß dabei etwa „nichts vergegenständlicht" würde. Dies muß dann vielmehr eigentlich bedeuten, daß dabei „nichts verwirklicht", nämlich die intendierte und prätendierte Wirklichkeit von etwas gerade nicht verwirklicht wird. Denn auch nur die Nichterzielung solcher Wirklichkeit, eben die Nichtverwirklichung derselben kann als Mißerfolg von Wahrnehmung als Intention der Erdeutung von etwas gelten.

Was jene Auffassung von Grund auf verkehrt, ist somit nichts Geringeres als das Verhältnis, das in der Wahrnehmung jeweils zwischen der Gegenständlichkeit von etwas und der Wirklichkeit dieses Etwas besteht. Da sie die Wahrnehmung von vornherein als bloße Rezeptivität versteht, kann sie auch gar nicht umhin, die Gegenständlichkeit von etwas in der Wahrnehmung als abhängig von der Wirklichkeit dieses Etwas anzusetzen: Nur etwas, das immer schon wirklich ist, kann darin auch gegenständlich sein. Und in der Tat entsteht dieser Anschein insofern sehr leicht, als in wahrer Wahrnehmung die Gegenständlichkeit von etwas mit der Wirklichkeit dieses Etwas tatsächlich einhergeht. Eben das aber täuscht dann darüber hinweg, daß hier vielmehr genau die umgekehrte Abhängigkeit bestehen muß, weil auch in falscher Wahrnehmung die Gegenständlichkeit von etwas vorliegt, ohne daß damit auch die Wirklichkeit dieses Etwas einherginge.

Entgegen jener Rezeptivitätsauffassung gilt es deshalb im Rahmen einer Deutungstheorie der Wahrnehmung als Spontaneität und Inten-

tionalität herauszustellen: In der Wahrnehmung als Intention der Erdeutung von etwas kann die Gegenständlichkeit von etwas keineswegs
abhängig sein von der Wirklichkeit dieses Etwas, sondern es muß darin
vielmehr umgekehrt die Wirklichkeit von etwas abhängig sein von der
Gegenständlichkeit dieses etwas. In solcher Wahrnehmung erfolgt dergleichen wie Vergegenständlichung von etwas überhaupt nur, um dadurch Verwirklichung dieses Etwas zu erzielen; und nur das, was
grundsätzlich vergegenständlicht ist, kann auch verwirklicht oder verwirklichbar und damit „wirklich" sein; nur das, was grundsätzlich
vergegenständlicht ist, kann auch erdeutet oder erdeutbar und damit
wirklich sein.

Hiermit aber findet ein Ergebnis, das bereits im vorigen erzielt worden ist, eine wichtige Bestätigung. Im Rahmen der Deutungstheorie
von Erkenntnis wurde klar, daß in der Tat, wie Kant behauptet, einer
Erkenntnis weder ihre Wahrheit noch ihre Falschheit einfach „an ihr
selbst", das heißt „losgelöst von anderer" Erkenntnis „angesehen"
werden kann. Wahrheit oder Falschheit einer Erkenntnis sind vielmehr
im genannten Sinne immer nur „in bezug auf andere" Erkenntnis
feststellbar.

Eben dieses Ergebnis über Erkenntnis aber ergibt sich jetzt noch einmal als genau entsprechendes Ergebnis über ihren Gegenstand. Ebensowenig wie einer einzelnen Erkenntnis an ihr selbst ihre Wahrheit
oder Falschheit einfach anzusehen ist, kann entsprechend dem einzelnen Gegenstand derselben seine Wirklichkeit oder Unwirklichkeit
etwa an ihm selbst einfach angesehen werden. Ob dasjenige, was uns in
einer Wahrnehmung als Ursprung von Erkenntnis in jedem Falle
gegenständlich ist, auch wirklich ist oder nicht, läßt sich vielmehr
gleicherweise immer nur in bezug auf anderes Gegenständliche feststellen. Und dies bedeutet, daß auch alles, was im vorigen über Verifikation und Falsifikation von Erkenntnis ausgeführt wurde, sich hier
— *mutatis mutandis* — auf Realifikation und Irrealifikation — *sit
venia verbis* — des Gegenstandes von Erkenntnis überträgt. Denn was
jeweils das einzelne Gegenständliche an ihm selbst betrifft, so sieht es
immer gleich aus, einerlei ob es zum Beispiel als ein Stein nun tatsächlich erdeutet und damit verwirklicht ist oder ob es bloß geträumt oder
hallziniert ist, und umgekehrt[5].

---

[5] Dagegen möchte man vielleicht einwenden, es sei doch tatsächliche Wahrnehmung von etwas weitaus lebhafter und deutlicher als beispielsweise bloßer
Traum von etwas und somit schon allein dadurch von ihm unterscheidbar.
Dieser Einwand aber beruht auf einem methodischen Fehler. Denn der Anschein größerer Lebhaftigkeit und Deutlichkeit von Wahrnehmung gegenüber

Nur daß dies freilich auch nicht weiter verwundert, da diese beiden Ergebnisse eigentlich nur ein einziges sind, das sich damit indessen weiter bestätigt. Denn Wahrheit, so hat sich ergeben, *ist* Wirklichkeit, sofern sie als Erfolg einer entsprechenden Intention zuzuschreiben ist, und Falschheit *ist* Unwirklichkeit, sofern sie als Mißerfolg einer Intention auf Wirklichkeit zuzuschreiben ist. Und diese Wirklichkeit oder Unwirklichkeit ist eben, wie sich inzwischen weiter ergeben hat, jeweils die einer bestimmten Gegenständlichkeit, die dabei in jedem Falle vorliegt, auch wenn Wirklichkeit derselben nicht vorliegt.

Damit findet aber auch noch ein weiteres Ergebnis, das im vorigen bereits erzielt worden ist, eine wichtige Ergänzung. Als Deutung von Innenwelt bzw. Erdeutung von Außenwelt kann wahre oder falsche Wahrnehmung, so hat sich ergeben, nur als Spontaneität und Intentionalität verstanden werden, nämlich als erfolgreiche oder erfolglose Intention von etwas. Daraus jedoch ergab sich weiter, daß so etwas wie eine Intention und damit auch Wahrnehmung ihren Erfolg immer nur in etwas außerhalb ihrer selbst haben kann, in einem anderen ihrer selbst, eben in Außenwelt, und niemals etwa in sich selbst oder in etwas, das zu ihr selbst gehört. Dies aber führte umgekehrt zu dem Kriterium, es müsse alles, was im Rahmen solcher Intentionalität zwar immer mit auftritt, niemals aber etwa als Erfolg derselben auftritt, grundsätzlich als das Intendieren selbst oder zumindest als ein wesentliches Aufbaustück desselben auftreten.

So konnte nicht nur das Denken, sondern auch der gedachte Gedanke, die in jeglichem Wahrnehmungs- oder Erkenntnisgebilde enthalten sind, niemals etwa als Erfolg desselben gelten, sondern beide zusammen mußten vielmehr jeweils das Erkennen oder Wahrnehmen als Intendieren selbst ausmachen. Nur scheinbar konnten deshalb auch die Wahrheit oder Falschheit als etwas, das gemäß der Redeweise von wahrer und von falscher Wahrnehmung zu diesem Erkenntnisgebilde selber gehört, als der eigentliche Erfolg oder Mißerfolg desselben gelten. Denn letzteres sind Wahrheit oder Falschheit nur der Sprache, nur dem Scheine nach, gleichsam nur als sprachlicher Reflex von dem, was der

---

Traum kann überhaupt nur deshalb entstehen, weil man dabei *aktuale* Wahrnehmung mit bloß *erinnertem* Traum vergleicht. Mit ihm aber müßte man, bei methodisch einwandfreiem Verfahren, auch bloß *erinnerte* Wahrnehmung vergleichen, womit sich ihr vermeintlicher Vorrang an Deutlichkeit und Lebhaftigkeit sehr schnell als bloßer Schein erwiese. Und damit wäre auch der Weg frei zu der Einsicht, daß *aktualer* Traum *aktualer* Wahrnehmung an Deutlichkeit und Lebhaftigkeit wohl schwerlich nachstehen dürfte.

Sache nach Erfolg oder Mißerfolg von Wahrnehmen oder Erkennen eigentlich ausmacht, nämlich Wirklichkeit oder Unwirklichkeit dessen, was darin gegenständlich wird.

Sind aber alle diese Überlegungen richtig, so ist aus ihnen auch eine noch weitergehende Konsequenz zu ziehen, deren Notwendigkeit einzusehen ebenso schwierig wie wichtig ist. Als Erfolg von Wahrnehmung oder Erkenntnis kann nur die Wirklichkeit von etwas gelten und als Mißerfolg nur die Unwirklichkeit dieses Etwas, nämlich genau des Etwas, das dabei in jedem Falle gegenständlich wird. Dann aber kann auch eben diese Gegenständlichkeit von etwas gerade nicht als Erfolg solcher Wahrnehmung oder Erkenntnis gelten, eben weil sie dabei in jedem Fall vorliegt, bei falscher nicht weniger als bei wahrer. Im Gegensatz zu jener Wirklichkeit von etwas, die sich dabei als Erfolg einer Intention einstellen, als Mißerfolg derselben aber auch ausbleiben kann, ist mithin die Gegenständlichkeit dieses Etwas vielmehr von grundsätzlich anderer Art. Denn sie kann keineswegs sich einstellen oder auch ausbleiben, sondern sie muß vielmehr in jedem Fall vorliegen, damit überhaupt etwas, aber eben etwas anderes als sie selbst sich als Erfolg einstellen oder als Mißerfolg ausbleiben kann, nämlich die Wirklichkeit dieses gegenständlichen Etwas.

Auch diese seine Gegenständlichkeit kann somit nur zu dem gehören, was immer schon erfolgen muß, weil allein aufgrund dessen und in Beziehung dazu etwas als Erfolg oder Mißerfolg auftreten kann, nämlich zu einer Intention. Auch das Etwas, das in jedem Falle einer Intention, ob nun einer erfolgreichen oder erfolglosen, gegenständlich wird, muß demnach mit zu dieser Intention selbst gehören; und dies ist unter anderem deshalb so schwer zu verstehen, weil eben dieses selbige Etwas es ist, das bei erfolgreicher Intention auch noch wirklich wird und als solches dann gerade nicht zu dieser Intention selber gehört, sondern ihr gegenüber gerade ein anderes ist als sie selbst.

Indes ist diese Gegenständlichkeit von etwas in der Wahrnehmung oder Erkenntnis als solcher, und das heißt die Zugehörigkeit dieses gegenständlichen Etwas zum Wahrnehmen oder Erkennen als Intendieren selbst, auch noch in genau entgegengesetzter Richtung schwer verständlich. Denn daß nicht nur in wahrer, sondern auch in falscher Wahrnehmung — in Sinnestäuschung, Traum oder Halluzination — auf jeden Fall etwas gegenständlich ist, auch wenn es dabei nicht wirklich ist, das läßt noch einmal die Versuchung übermächtig werden, dies einfach so zu verstehen, als sei dabei zwar nicht Außenwelt, wohl aber Innenwelt gegenständlich: die Sinnesdaten, Empfindungen, Anschauungen in der Sinnlichkeit selbst (vgl. oben S. 93 f.).

Doch wie im vorigen so wäre dies auch hier ein fundamentales Mißverständnis. Denn diese Innenwelt selbst ist ja auf ihre Weise dabei durchaus wirklich, so daß es sich, wenn sie es wäre, was in solchen Fällen gegenständlich wird, auch niemals um falsche Erkenntnis handeln könnte. Daß es sich dabei um Falschheit handelt, liegt vielmehr daran, daß in solchen Fällen gerade nicht diese Innenwelt, sondern eigentlich Außenwelt gegenständlich ist, nur daß sie dabei eben nicht auch wirklich ist.

Und in der Tat ist Wahrnehmung als solche, auch als falsche, eben Deutung von Innenwelt, und das heißt Überschreitung derselben auf Außenwelt hin. Dergleichen wie Innenwelt hat Wahrnehmung als Deutung dabei immer schon von vornherein, das heißt schon allein ihrer Intention nach, auf Außenwelt hin überschritten, einerlei ob die dadurch intendierte Wirklichkeit von Außenwelt tatsächlich erzielt wird oder nicht: Diese oder jene Sinnesdaten hat sie dabei immer schon auf dieses oder jenes Ding oder Ereignis der Außenwelt, zum Beispiel auf einen Stein hin gedeutet, gleichviel ob das, was ihr damit zum Gegenstand wird, ein Stein, als Außenwelt nun auch Wirklichkeit wird oder nicht.

Indem sie dabei also immer schon gedeutet ist, liegt Innenwelt bei Wahrnehmung auch immer nur in der Weise vor, daß sie dabei immer schon umgesetzt und damit integriert ist in etwas, das zu erdeuten und damit zu verwirklichen diese Wahrnehmung intendiert, das ihr dabei als etwas zu Erdeutendes jedoch auch immer schon als zu erdeutende *Außenwelt* gegenständlich ist, beispielsweise als zu erdeutender Stein schon immer gleichsam vorschwebt, auch wenn er faktisch nicht erdeutet ist und damit auch nicht wirklich.

Dieses für Wahrnehmung als Ursprung von Erkenntnis immer schon Gegenständliche als etwas zu denken, das immer schon zum Intendieren selbst, zur Wahrnehmung als Intention der Erdeutung von etwas dazugehört, gleichviel ob sie damit auch erfolgreich ist oder nicht, bedeutet somit letztlich die folgende Schwierigkeit: Dieses immer schon gegenständliche Etwas kann schlechterdings nicht etwas Empirisches sein. Denn was zum Beispiel einer Wahrnehmung wie „Dies ist ein Stein" als solcher selbst, ob sie nun wahr ist oder falsch, auf jeden Fall bereits als Stein vorschwebt und damit gegenständlich wird, ist ja noch kein wirklicher Stein, kein Stück empirisch-physischer Außenwelt, weil er dies, nämlich außer gegenständlich auch noch wirklich eben nur bei wahrer Wahrnehmung ist. Ebensowenig aber ist aus den genannten Gründen dieses dabei Vorschwebende und damit Gegenständliche etwa einfach das entsprechende Sinnesdatum, das als ein Stück empirischpsychischer Innenwelt auf seine Weise wirklich ist. Erst recht aber ist es nicht etwa das Wahrnehmen oder Erkennen selbst, das im Unterschied zu diesen empirischen Seinsgebilden jeweils das besondere Empirische eines wahren oder falschen Sinngebildes darstellt.

Mit diesem Gegenständlichen ist vielmehr nichts Geringeres ermittelt als das nichtempirische Korrelat zu etwas, das ebenfalls nur etwas Nichtempirisches sein kann, nämlich zu jenem Denken von Gedanken, das gerade in der Wahrnehmung als Ursprung von Erkenntnis immer schon am Werke ist. Als etwas „Nichtsinnliches" kann dieses Denken zum Beispiel nach Frege auch nur etwas Nichtempirisches sein, ebenso wie nach Kant: Er versteht es als Leistung eines nichtempirischen oder transzendentalen Subjekts, das als dieses Leistende im Empirischen wahrer oder falscher Erkenntnis allein durch jene transzendentale Reflexion zu ermitteln ist, die auf diese Weise Zugang gewinnt zu dem nichtempirischen Grund dieses Empirischen.

Noch weiter als Frege aber stößt Kant durch seine transzendentale Reflexion auch noch dazu vor: Es liegt nicht allein dem Empirischen der wahren oder falschen Wahrnehmung oder Erkenntnis, sondern auch dem Empirischen, das sie zum Wahrgenommenen oder Erkannten gewinnt, etwas Nichtempirisches zugrunde. Er nennt es in Entsprechung zu jenem nichtempirischen oder transzendentalen Subjekt das nichtempirische oder transzendentale Objekt bzw. den nichtempirischen oder transzendentalen Gegenstand (z. B. A 104 f., A 109, A 250 f., A 393). Und damit meint er Gegenstand oder Objekt im Sinne eines Korrelats zu jenem Subjekt, dem so etwas auf irgendeine Weise korrelieren müsse, weil dieses Subjekt unter anderem gerade als jenes Denken auftrete, und das heißt als etwas, das durch Kategorien „a priori auf Objekte gehe" (A 79, B 105, dazu oben S. 132, Anm. 5).

Zweifellos ist dieses Kernstück Kantischer Erkenntnistheorie mit Schwierigkeiten belastet, die bis heute nicht gelöst sind. Das liegt insbesondere an folgendem. Gerade als ein apriorisches Ausgehen auf Objekte kann dieses Denken offenbar nur verständlich werden, soweit es gelingt zu verstehen, wie jenes Subjekt durch seinen Verstand a priori seine Sinnlichkeit zu gestalten vermag. Dies versucht Kant in seiner Theorie der „Schematisierung", das heißt der Versinnlichung des Verstandes (vgl. A 137 ff., B 176 ff.), und wie kein anderes Stück seiner Lehre bedürfte sie im Zusammenhang mit seiner Theorie der Sinnlichkeit überhaupt einer von Grund auf neuen sachlich-systematischen Konstruktion.

Im Rahmen einer bloßen Einführung in Erkenntnistheorie kann solch ein Versuch indessen nicht unternommen werden, er wäre vielmehr Aufgabe einer entsprechenden Ausführung von Erkenntnistheorie. Wohl aber führt sie hier am Ende noch zumindest dazu, den Grundgedanken dieser Kantischen Lehre zu erneuern, indem sie ihn erneut als eine offenbar unausweichliche Konsequenz aus dem empirischen Faktum von Erkenntnis selber zieht und dabei weiter verdeutlicht und begründet.

Wenn es richtig ist, Erkenntnis sei bereits an ihrem Ursprung als wahre oder falsche Wahrnehmung nur aus Subjektivität heraus zu verstehen, welche von vornherein als Spontaneität und Intentionalität auftrete, so muß dies in der Tat bedeuten, daß sie schon in der Wahrnehmung als Deutung und damit schon von Anbeginn als Intention der Erdeutung von etwas ergeht. Und dieses Etwas kann als der Erfolg, auf den solche Intention von vornherein ausgeht, dann auch tatsächlich nur etwas außerhalb dieser Intention selbst sein, nur Außenwelt als Objekt gegenüber dieser Intention als Subjekt, die somit in der Tat von vornherein, a priori, auf Objekte ausgeht.

Unter diesen Objekten als einem Erfolg, der sich bei wahrer Deutung einstellt, bei falscher aber ausbleibt, ist indessen prinzipiell nur die *Wirklichkeit* dieser Außenwelt zu verstehen. Denn auch sie allein ist es, was im ersten Fall tatsächlich verwirklicht wird, im zweiten aber unverwirklicht bleibt, obwohl Verwirklichung von Wirklichkeit dabei in jedem Fall intendiert wird. Keineswegs ist unter diesen Objekten etwa die *Gegenständlichkeit* dieser Außenwelt zu verstehen, weil auch keineswegs etwa sie es ist, was sich bei wahrer Deutung als Erfolg einstellte, bei falscher dagegen als Mißerfolg ausbliebe. Indem dabei Vergegenständlichung von etwas vielmehr in jedem Fall erfolgt, ist auch Gegenständlichkeit von etwas gar nichts, *was* dabei allererst zu intendieren und damit als Erfolg davon auch allererst zu erzielen wäre; sie ist vielmehr gerade dasjenige, *wodurch* allererst etwas, aber eben etwas anderes als sie selbst als Erfolg zu erzielen ist, eben die Verwirklichung der Wirklichkeit des dabei immer schon vergegenständlichten Etwas.

Vergegenständlichung von etwas ist somit nicht nur *wie* das Intendieren von etwas, sondern letztlich *als* dieses Intendieren selber dasjenige, was in der Deutung immer schon ergehen muß, damit sie als Erdeutung die Verwirklichung der Wirklichkeit dieses Etwas als Erfolg erzielen kann oder auch nicht. Zu dem, was immer nur im Rahmen von Intentionalität auftritt, doch niemals als Erfolg oder Mißerfolg eines Intendierens und mithin auch nur als dieses Intendieren selbst auftreten kann, gehört somit nicht allein dasjenige, was jeweils das Wahrnehmungs- oder Erkenntnisgebilde selbst ausmacht, nämlich jener

darin gedachte Gedanke. Zu diesem immer schon ergehenden Intendieren als solchem gehört vielmehr ferner: Aus sich heraus ist es von vornherein als dieser gedachte Gedanke selbst auch immer schon Gedanke
von etwas, das dabei gerade nicht mehr wie Denken und Gedanke das
Wahrnehmungs- oder Erkenntnisgebilde selbst ausmacht, sondern das
als etwas, das für Wahrnehmen oder Erkennen bereits gegenständlich
wird, diesen bereits gegenübertritt.

Da so etwas wie eine Intention eben als solche selber Intention von
etwas ist, entfaltet sie sich von vornherein nicht nur zu einem Intendieren im Sinne von Wahrnehmen oder Erkennen, sondern ebenso von
vornherein zu einem Intendierten als dabei Vergegenständlichten, weil
sie Verwirklichung von Wirklichkeit, die sie dabei als Erfolg intendiert,
überhaupt nur intendieren kann von etwas, das sie immer schon vergegenständlicht hat. Und was angeblich als Wahrheit oder Falschheit
einer Wahrnehmung oder Erkenntnis als eines gedachten Gedanken
auftritt, Erfolg oder Mißerfolg einer Intention, tritt eigentlich auf als
Wirklichkeit oder Unwirklichkeit des dabei durch einen gedachten Gedanken von etwas jeweils vergegenständlichten Etwas.

Als eine aus Intendieren selbst hervorgehende ist diese immer schon
von vornherein ergehende Vergegenständlichung von etwas aber in der
Tat, wie Kant gelegentlich formuliert, ein apriorischer „Entwurf" der
Gegenständlichkeit dieses Etwas. Und wie Kant dabei ebenfalls formuliert, muß solcher Entwurf diese Gegenständlichkeit jeweils auch tatsächlich als ein „Schema" entwerfen, das heißt als eine apriorische Gestaltung von Sinnlichkeit durch Verstand [6]. Denn zum Entwurf eines
solchen Schemas als eines nichtempirischen oder transzendentalen Gegenstandes kommt es jeweils nur innerhalb jener Deutung von Sinnesdaten; sie aber muß als Überschreitung solcher Innenwelt auf Außenwelt hin letztlich auf einer Umsetzung dieser Daten beruhen und somit
auf apriorischer Umgestaltung der Sinnlichkeit selbst, in der sie jeweils
auftreten.

Damit jedoch erweist sich dieses schwierige Kernstück Kantischer Erkenntnistheorie hier zumindest im Ansatz als durchaus verständlich
und wohlbegründet, mag ihm eine zureichende Durchführung bisher
auch noch fehlen. Jedenfalls scheint Erkenntnistheorie, sofern sie ihr
Thema — in erster Linie den Ursprung von Erkenntnis als Wahrnehmung von Außenwelt — wirklich voll thematisiert und kein Bestandstück des empirischen Faktums dieser Erkenntnis und dieser Außenwelt

[6] Vgl. z. B. B XIII mit B XVI, ferner *Prolegomena*, Akad.-Ausg., Bd. 4,
S. 318 f., *Kritik der praktischen Vernunft*, a. a. O., Bd. 5, S. 68 f.

vernachlässigt, auch heute noch unweigerlich in einen „transzendentalen Idealismus" Kantischer Art zu führen. Zur Erklärung dieses empirischen Faktums ist es offenbar unumgänglich, durch entsprechende Reflexion darauf ins Auge zu fassen: Diesem Faktum liegt nicht nur von der Seite des Wahrnehmens oder Erkennens her, im nichtempirischen Denken von Gedanken, sondern auch nach der Seite des Wahrgenommenen oder Erkannten hin, im dadurch entworfenen nichtempirischen Gegenstand, jeweils etwas Nichtempirisches zugrunde, und beides ist letztlich auch wohl kaum auf etwas anderes zurückzuführen als auf jene nichtempirische oder transzendentale Subjektivität als Spontaneität und Intentionalität. Durch ihre Reflexion auf das Empirische führt Philosophie anscheinend unausweichlich in diese nichtempirische Tiefendimension des Empirischen selbst. Und aus ihr heraus, aus der sie das Empirische allererst hinreichend zu erklären vermag, wird Philosophie nicht allein als Erkenntnistheorie, worin Erkenntnis selbst sich bereits als handlungsartig erweist, sondern erst recht als Handlungstheorie zu einer eigenständigen nichtempirischen Wissenschaft vom Empirischen.

### c) Kritik der Auffassung von Wirklichkeit bei Kant und Frege

In dieser Art von Wissenschaft wird man sich um so mehr bestärkt sehen dürfen, als auch erst in ihrem Rahmen sich die Lösung für ein schwieriges Problem abzeichnet, angesichts dessen man gerade in jüngster Zeit immer wieder der Meinung ist, erst Frege habe eine befriedigende Lösung dafür gefunden. Erst Frege nämlich, so meint man, vermochte eine zureichende Antwort auf die Frage zu geben, wovon eigentlich die Rede ist, wenn wir sagen, etwas sei wirklich oder real oder es gebe etwas oder etwas existiere — oder nicht.

Die Schwierigkeit dieser Frage liegt nämlich darin, daß wir dabei immer wieder in der Weise sprechen, als sei jeweils von Dingen, zum Beispiel von Bäumen die Rede, wenn wir sagen, daß Bäume existieren oder wirklich sind. In dieser Weise aber kann das offenbar nicht zutreffen. Denn demzufolge müßte auch dann, wenn wir zum Beispiel sagen, daß Einhörner *nicht* existieren oder *nicht* wirklich sind, von Dingen die Rede sein, nämlich von den Einhörnern, nur kann dies eben so nicht zutreffen, da sie ja gar nicht existieren, gar nicht wirklich sind.

Man rühmt deshalb als eine Entdeckung Freges [7], daß unter anderem

7 Vgl. *Die Grundlagen der Arithmetik*, Darmstadt 1961, § 53.

auch aus diesem Grund in solchen Existenzaussagen nicht von solchen Dingen die Rede sein könne, weil Existenz oder Wirklichkeit sowie deren Gegenteile auch nicht von solchen Dingen prädiziert werden können[8]. Nur kann man freilich nicht umhin, dabei wenigstens darauf hinzuweisen, daß Frege darin offenbar einen Vorgänger hat. Denn war es nicht Kant, der bereits entdeckte, daß „Sein" oder „Existenz", sosehr es auch den Anschein haben mag, kein reales Prädikat von Dingen ist? Nur fügt man freilich auch sogleich hinzu: „Aber Kant sagte doch nichts Genaues darüber, was für ein Prädikat Existenz denn sonst sein könne, und welchem Träger das Prädikat der Existenz denn mit Recht sollte zuerkannt werden können" (ebd. S. 90).

Dies sagte vielmehr, so meint man, erst Frege, nämlich daß in solchen Existenzaussagen keineswegs von Dingen selbst, sondern vom Begriff derselben die Rede sei[9]. Nur übersieht man dabei freilich, daß diese Auffassung der Existenzaussage bereits von Kant selbst, und zwar schon lange vor der *Kritik der reinen Vernunft* formuliert worden ist. Von der „Existenz", die er auch „Dasein" nennt, sagt Kant bereits 1763 ausdrücklich: „Es ist aber das Dasein ... nicht sowohl ein Prädikat von dem Dinge selbst, als vielmehr von dem Gedanken, den man davon hat", wobei er für „Gedanke", wie der unmittelbare Kontext ausweist, auch „Vorstellung" und „Begriff" sagt[10]. Daß er dann 1781 in dieser Hinsicht angeblich „nichts Genaues" sagte, könnte demnach nur heißen, daß er in dieser Hinsicht einen Rückschritt machte.

Denn ohne jeden Zweifel ist seine berühmte These, „Sein ist kein reales Prädikat" (A 598, B 626), nur eine verkürzte Formulierung dessen, was er eigentlich ausdrücken will, nämlich „Sein ist kein reales Prädikat *von Dingen*". Mit dieser These will er lediglich verneinen, daß „Existenz" oder „Dasein" oder „Sein" ein *reales* Prädikat sei, das heißt ein Prädikat von eigentümlichem *Sachgehalt*. Denn auch ausschließlich darum geht es im Rahmen seiner Kritik des ontologischen Gottesbeweises, in dem er diese These formuliert[11]. Keineswegs will er mit ihr etwa auch noch verneinen, daß „Existenz" oder „Dasein" oder

[8] Vgl. G. Patzig, *Sprache und Logik*, Göttingen 1970, S. 89 f.

[9] Vgl. Frege, a. a. O., G. Patzig, S. 89 f. Und bis heute hält man diese Meinung so entschieden für die einzig richtige, daß man sie diesbezüglichen Untersuchungen immer wieder geradezu als Selbstverständlichkeit zugrunde legt. Vgl. unten S. 211, Anm. 18.

[10] *Der einzig mögliche Beweisgrund zu einer Demonstration des Daseins Gottes*, Akad.-Ausg., Bd. 2, S. 72.

[11] Ausschließlich der Erläuterung dessen, was es eigentlich heißt, das Sein sei kein *reales* Prädikat von Dingen, dient auch Kants berühmtes Beispiel von

„Sein" ein Prädikat von *Dingen* sei. Und in der Tat spricht er hier auch kein einziges Mal mehr davon, daß in einer Existenzaussage etwa vom Begriff die Rede sei statt von entsprechenden Dingen. Vielmehr sagt er ganz im Gegenteil von der Existenzaussage sogar wiederholt, sie besage, „daß gerade der Gegenstand meines Begriffes existiere" (A 600, B 628), ja daß sie letztlich „den Gegenstand und dessen Position an sich selbst" bedeute (A 599, B 627, vgl. A 601, B 629; A 639, B 667). An seine frühere Auffassung erinnert hier lediglich dies noch, daß Kant mit eigener Hervorhebung hinzufügt, diese „Position" als Sinn der Existenzaussage setze zwar „den Gegenstand", jedoch „den *Gegenstand* in Beziehung auf meinen *Begriff*" (A 599, B 627)[12].

Damit aber tut Kant nicht nur keinen Rückschritt hinter seine frühere Auffassung zurück, damit gelingt ihm vielmehr im Gegenteil sogar ein wichtiger Fortschritt über sie hinaus, und zwar durchaus zu einer genaueren Auffassung, mit welcher Kant, wenn auch nicht eine letzte, so doch eine weitaus größere Genauigkeit erzielt sowohl gegenüber seiner früheren als auch gegenüber der Auffassung Freges. In dieser neuen Auffassung Kants vermag man offenbar nur deshalb „nichts Genaues" zu erblicken, weil man von dem Schein mathematisch-formallogischer Perfektion der Auffassung Freges so geblendet ist, daß man gar nicht mehr sieht, wie wenig perfekt sie in Wirklichkeit ist, ebensowenig wie jene frühere Auffassung Kants.

Denn daß in einer Existenzaussage, wie zum Beispiel „Bäume existieren", nicht von Dingen, eben nicht von Bäumen die Rede sei, besagt als erstes, daß Existenz auch keine Eigenschaft solcher Dinge sei. In dieser

---

den 100 Talern (A 599, B 627), welches letztlich unverständlich bleiben muß, sofern man nicht auch den genauen Sinn dieser These versteht, den es erläutert.

[12] Deshalb stellt Stuhlmann-Laeisz (*Freges Auseinandersetzung mit der Auffassung von „Existenz" als einem Prädikat der ersten Stufe und Kants Argumentation gegen den ontologischen Gottesbeweis*, in: Frege und die moderne Grundlagenforschung, hrsg. v. Chr. Thiel, Meisenheim 1975) die Sachlage auf den Kopf, wenn er behauptet, Kant vertrete hier die Meinung Freges (S. 119). Denn nicht nur läßt sich dies hier durch keine einzige Stelle belegen, dies läßt sich sogar mindestens durch die zuletzt genannten Stellen widerlegen, mit denen Stuhlmann-Laeisz sich auseinandersetzen müßte. Statt dessen ignoriert er sie und zitiert jene andere Stelle (S. 131), offenbar ohne es als störend zu empfinden, daß dieser Text von 1763 etwa 20 Jahre älter ist und 1781 nicht mehr wiederholt wird, weder sinngemäß noch wörtlich. Denn auch der Gedanke, Kant könnte gerade diese Meinung Freges schon seit 20 Jahren aufgegeben haben, kommt Stuhlmann-Laeisz anscheinend nicht, da sie ihm ohne Frage als die richtige gilt.

Hinsicht unterscheidet eine Existenzaussage sich grundsätzlich von einer Prädikation wie zum Beispiel „Bäume wachsen", in der durchaus von Bäumen und damit von Dingen die Rede ist, und dementsprechend ist Wachsen oder Wachstum auch durchaus eine Eigenschaft dieser Bäume. Daß nun aber in einer solchen Existenzaussage statt von Dingen vielmehr von dem entsprechenden Begriff, statt von Bäumen vielmehr von dem Begriff „Baum" die Rede sei, verleitet Frege zu der Behauptung, daß Existenz statt Eigenschaft dieser Dinge vielmehr „Eigenschaft des Begriffs" dieser Dinge sei [13].

Diese Behauptung indessen, die man als ein „überraschendes Ergebnis" ohne Kritik von ihm übernimmt [14], kann eigentlich nur in dem Sinne überraschen, daß man von Frege ansonsten Gründlicheres gewohnt ist. Denn gerade nach seiner eigenen Festlegung des Sinns von „Eigenschaft" im Unterschied zu dem von „Merkmal" [15] ist diese Behauptung unhaltbar. Danach müßte sie nämlich besagen: Daß Bäume existieren, bedeute eigentlich, daß der Begriff „Baum" existiere, daß die Existenz von Bäumen also eigentlich in der Existenz des Begriffes „Baum" bestehe. Diese Behauptung aber wäre nicht nur falsch, sie führte außerdem auch noch zu einem Widersinn: Denn wäre die Existenz von Dingen eigentlich die Existenz von etwas anderem, von ihrem jeweiligen Begriff, so müßte auch die Existenz dieses Begriffes eigentlich die Existenz von etwas anderem, nämlich vom Begriff dieses Begriffes sein. Für diesen aber würde wieder dasselbe gelten, und so wäre ein widersinniger *regressus in infinitum* im Gange.

Freilich bleibt die Sache selbst, die Frege dabei vorschwebt, trotz dieser Schwierigkeit hier durchaus klar, nur wird an dieser Schwierigkeit eben auch noch klar: Aus Gründen jener Sache selbst kann Frege gar nicht umhin, sie prinzipiell anders zu formulieren, und zwar in dem Sinne anders, daß er zu den Formulierungen derselben ausgerechnet den Begriff der „Existenz" prinzipiell nicht mehr verwenden darf.

Dies aber führt in eine neue prinzipielle Schwierigkeit, denn dies bedeutet: Bei seinem Versuch, die Frage zu beantworten, wovon das Prädikat der Existenz denn nun eigentlich ausgesagt werde, wenn nicht von Dingen, und was Existenz denn nun eigentlich sei, wenn nicht Eigenschaft von Dingen, muß Frege eben diese Rede von Existenz selber

[13] Frege, a. a. O., S. 65. Dasselbe vorher schon ausführlich in dem *Dialog mit Pünjer über Existenz*, vgl. *Nachgelassene Schriften*, hrsg. v. H. Hermes, F. Kambartel, F. Kaulbach, Bd. 1, Hamburg 1969, S. 74.

[14] Z. B. G. Patzig, a. a. O., S. 89.

[15] Vgl. Frege, a. a. O., §§ 45 ff., dazu G. Patzig, a. a. O., S, 86 ff.

preisgeben. Das heißt: Die Antwort, die er darauf zu geben versucht, nämlich daß in Existenzaussagen statt von Dingen vielmehr von ihrem Begriff und statt von Eigenschaften der Dinge vielmehr von einer Eigenschaft ihres Begriffs die Rede sei, vermag er prinzipiell in keinem Satz zu geben, in dem er Existenz als Prädikat oder als Eigenschaft von etwas auch nur thematisiert, vermag er also gerade dann nicht zu geben, wenn er sie thematisiert.

Denn keinen Satz, den er damit begänne, erst einmal zu sagen: „Existenz ist kein Prädikat von Dingen, sondern . . ." oder „Existenz ist keine Eigenschaft von Dingen, sondern . . .", vermöchte Frege zu einem wahren Satz zu vollenden, indem er etwa fortführe zu sagen: „. . . sondern von einem Begriff". Das Prädikat oder die Eigenschaft von einem Begriff, die ihm dabei vorschweben, vermag Frege vielmehr allein durch Formulierungen anzugeben, die scheinbar nur zur Abwechslung, in Wahrheit jedoch als die einzig möglichen auftreten, nämlich dieses Prädikat oder diese Eigenschaft bestehe darin, daß dieser Begriff etwas „unter sich befasse" oder daß etwas „unter ihn falle" (vgl. ebd.).

Sollte es daher tatsächlich zutreffen, daß Kant „doch nichts Genaues" über Existenz sagte, so muß danach für Frege gelten, daß er darüber nicht nur nichts Genaues, sondern überhaupt nichts sagt. Ja, es muß ferner sogar auch noch gelten: Was Frege statt dessen tatsächlich sagt, läuft geradezu auf eine Bekräftigung dessen hinaus, daß Existenz selbst eben offenbar doch nur ein Prädikat oder eine Eigenschaft von Dingen sein könne, und mithin auch auf eine Bekräftigung der damit verbundenen Schwierigkeit, die er durch diese ganze Überlegung doch gerade lösen wollte. Denn das Entsprechende beim Begriff ist ja gerade nicht seine Existenz, sondern sein „Befassen von etwas unter sich" oder daß etwas „unter ihn fällt". Über Existenz selbst sagt Freges Antwort also tatsächlich so wenig, daß sie vielmehr lediglich darin besteht, unter dem rein mathematisch-formallogischen Gesichtspunkt der Substituierbarkeit für Existenz eine Äquivalenz anzugeben.

Und dagegen wäre freilich gar nichts einzuwenden, würde nur diese Äquivalenz auch inhaltlich etwas besagen. Denn was soll es hier eigentlich heißen, daß „unter einen Begriff" etwas „falle" oder daß „unter einem Begriff" etwas „befaßt" werde? Was es heißt, daß Äpfel zum Beispiel im Herbst unter Bäume fallen oder daß eine Katze unter ihren Pfoten eine Maus befaßt, dies ist verständlich, was aber sollte es hier wohl heißen, daß Bäume selbst auch noch unter den Begriff „Baum" fallen und daß Katzen selbst auch noch vom Begriff „Katze" unter sich befaßt werden? Gegen solche leeren Metaphern, gegen die doch Frege selbst sowohl wie diejenigen, die ihm folgen, ansonsten so empfindlich sind, zeigen sie alle sich in diesem Falle merkwürdig unempfindlich.

Da man es nun einmal für ausgemacht hält, in Existenzaussagen könne nur von Begriffen die Rede sein, versucht man deshalb vielmehr, die Leere jener Metaphern durch Formulierungen auszufüllen, die Frege selbst anscheinend nicht benutzt hat: Als eine Äquivalenz für Existenz von Dingen bedeute jenes „Fallen" oder „Befaßtwerden" von etwas „unter" Begriffe eine Eigenschaft dieser Begriffe selbst jeweils in dem Sinne, daß diese Begriffe „realisiert" seien, und zwar jeweils „realisiert in etwas", nämlich genau in demjenigen, was sie „unter sich befassen" oder was „unter sie fällt"[16]. Daß Bäume existieren, heiße demnach, daß in diesen Dingen der Begriff „Baum" realisiert sei; und daß zum Beispiel vier Bäume existieren, heiße entsprechend, daß der Begriff „Baum" viermal realisiert sei (vgl. ebd.).

Doch damit werden jene leeren Metaphern nur scheinbar mit einem verständlichen Inhalt erfüllt. Zwar wäre einerseits durchaus verständlich, daß ein Begriff „realisiert", ja sogar, daß er zum Beispiel „viermal realisiert" sei, jedoch ausschließlich in dem Sinne, daß er selber viermal oder auch nur einmal vorkommt, indem dieser Begriff etwa von vier Subjekten oder auch nur von einem Subjekt zum Beispiel „gebildet" oder „gedacht" oder „verwendet" wird. Nur wäre damit eben abermals nichts anderes als die Existenz des Begriffes selber bezeichnet, die jedoch als Äquivalent für die Existenz der entsprechenden Dinge prinzipiell ausscheiden muß. Genau aus diesem Grunde bleibt nämlich anderseits auch wieder schlechterdings unverständlich, was es eigentlich heißt, ein Begriff sei „realisiert", wenn damit gemeint sein soll, er sei „in etwas", nämlich in etwas anderem, in Dingen „realisiert", wenn also die „Realisierung" und damit die Existenz eines Begriffes die Existenz entsprechender Dinge bedeuten soll.

Alle diese Schwierigkeiten aber sind so prinzipieller Art, daß überhaupt nicht abzusehen ist, wie auch nur eine von ihnen sich lösen ließe. Angesichts dessen aber ist es dann auch keineswegs überraschend zu sehen: Von jenem Grund für alle diese Schwierigkeiten, nämlich von jenem Gedanken, den Kant selbst bereits sehr früh erwogen hatte, rückt er später wieder ab. Jedenfalls nimmt er seine frühe Idee, das „Dasein" oder die Existenz sei „nicht sowohl ein Prädikat von dem Dinge selbst, als vielmehr von dem Gedanken, den man davon hat", vom „Begriff" oder von der „Vorstellung" desselben, später offenbar niemals wieder auf. Und angesichts der damit verbundenen Schwierig-

16 Vgl. G. Patzig, a. a. O., S. 89.

keiten kann dies auch nicht als Rückschritt, sondern nur als Fortschritt gelten, auch wenn Kant mit den Erwägungen, die er in dieser Frage später anstellt, nicht bis zu einer endgültig-genauen Formulierung gelangt. Denn zumindest der systematische Ort, wo er für diese Schwierigkeiten eine Lösung sucht, tritt an der Art der Formulierung seiner späteren Erwägungen deutlich hervor.

Sowenig nämlich seine frühe Erwägung wiederkehrt, statt Prädikat der Dinge selbst sei Existenz vielmehr Prädikat des Begriffs dieser Dinge, sowenig kehrt Kant etwa einfach zurück zu dem schon damals von ihm erkannten „gemeinen Redegebrauch" [17], das heißt zur alltäglichen Redeweise, wonach diese Existenz einfach Prädikat der Dinge selber wäre. Diese letztere Auffassung ist nämlich nicht weniger schwierig als jene erstere, zwei Schwierigkeiten, die indessen letztlich einen inneren Zusammenhang miteinander bilden. Denn jede von beiden gibt immer wieder Anlaß, jeweils gerade zu der anderen Auffassung überzugehen und umgekehrt, da sich die jeweils andere auch immer wieder als ein Korrektiv anbietet, selbst aber eben genausosehr der umgekehrten Korrektur bedarf. Und in der Tat scheint Kant zumindest ansatzweise klargeworden zu sein: Als Lösung dafür könnte nur eine Auffassung in Frage kommen, die gleichsam als Mitte zwischen diesen beiden extremen und unhaltbaren Auffassungen eine haltbare vermittelte.

So nachdrücklich er nämlich gegenüber seiner früheren Auffassung betont, die Existenzaussage bedeute, „daß gerade der Gegenstand meines Begriffes existiere", so nachdrücklich betont er im selben Kontext auch wieder, daß diese Existenz dabei zwar „den *Gegenstand*", jedoch „den *Gegenstand* in Beziehung auf meinen *Begriff*" betreffe (A 599 f., B 627 f.).

Gerade bei der Formulierung dieser Auffassung jedoch, die ihm hier offensichtlich vorschwebt, kann man ihm mit den Mitteln seiner eigenen Erkenntnistheorie zu Hilfe kommen, wenn man sich nur klarmacht: Diese selbst schwebt ihm letztlich als Deutungstheorie vor, nämlich als Theorie der Subjektivität als Spontaneität und Intentionalität. Nicht der Begriff, sondern „gerade der Gegenstand meines Begriffs" soll es sein, wovon die Existenz ausgesagt werde, von diesem „Gegenstand" soll sie jedoch auch wieder nur „in Beziehung auf meinen Begriff" ausgesagt werden: Dies aber wird tatsächlich sofort verständlich, sofern man dabei unter „Gegenstand" nicht einfach sogleich ein wirkliches Etwas versteht, das wirkliche Ding in der Außenwelt, sondern eben

nur ein „gegenständliches" Etwas, und das heißt genau das Etwas, das
als jener „nichtempirische" oder „transzendentale Gegenstand" gerade
in der Wahrnehmung als Ursprung von Erkenntnis jeweils schon immer
gegenständlich wird, weil Gegenständlichkeit von etwas darin immer
schon von vornherein entworfen wird. Denn Wahrnehmung und somit
Erkenntnis selbst zielt als Deutung und damit als Intention der Erdeutung von etwas ja keineswegs auf Vergegenständlichung, sondern allein
auf Verwirklichung von etwas, das dafür gegenständlich immer schon
ist, weil seine Gegenständlichkeit dafür immer schon von vornherein
entworfen ist und entworfen sein muß, damit es als zu erdeutendes, als
zu erzielendes Wirkliches überhaupt ein *bestimmtes* Ziel sein kann
(vgl. oben S. 138 f., S. 188).

Intendiert Wahrnehmung als Deutung mithin allein Verwirklichung
der Wirklichkeit von etwas, dessen Gegenständlichkeit dafür als vor-
entworfene somit immer schon zur Verfügung stehen muß, so kann
diese Gegenständlichkeit darin auch nur durch etwas vorentworfen
sein, das seinerseits für solche Deutung immer schon zur Verfügung
stehen muß. Und in der Tat bedeutet Wahrnehmung als Ursprung wahrer oder falscher Erkenntnis das Denken eines Gedankens in dem Sinne,
daß dabei jeweils etwas durch etwas gedeutet wird, nämlich Anschauung der Sinnlichkeit durch Begriff des Verstandes. Entsprechend tritt
solche Wahrnehmung oder Erkenntnis auch immer nur in Form eines
Urteils auf, wie zum Beispiel „Dies ist ein Baum", welches darin besteht, einen Begriff wie „. . . Baum" bereits zu verwenden, und nicht
etwa darin, ihn allererst zu bilden, einen Begriff, der somit dafür
immer schon gebildet sein muß. Und entsprechend tritt solche
Wahrnehmung auch immer nur in Form der Deutung auf, welche
darin besteht, jene Anschauung durch diesen Begriff bereits zu
deuten, und nicht etwa darin, sie allererst durch ihn deutbar zu
machen, eine Anschauung, die somit durch ihn deutbar immer schon
sein muß.

Beides zusammengenommen bedeutet dann aber nichts anderes als
das folgende: Daß für Deutung von Anschauung durch Begriff, für
Wahrnehmung also, dieser Begriff schon immer gebildet sein muß, heißt
unter Miteinbeziehung von Anschauung, daß für solche Wahrnehmung
auch diese Anschauung schon immer durch eben diesen Begriff jeweils
deutbar gemacht sein muß. Sie muß nämlich durch ihn deutbar auf
etwas hin sein, das durch Verwendung dieses Begriffs zur Deutung
dann erdeutet, und das heißt verwirklicht wird oder nicht, das jedoch
in jedem Fall durch Bilden dieses Begriffs als Deutbarmachen dieser
Anschauung aus ihr heraus als zu Erdeutendes schon immer entworfen,

als zu Verwirklichendes immer schon projektiert und damit vergegenständlicht wird.

Daß dieser Entwurf somit darin besteht, Anschauung deutbar durch Begriff a priori zu machen, dadurch wird aber nicht nur noch einmal verständlich, daß Kant das dadurch Entworfene, den „nichtempirischen" oder „transzendentalen Gegenstand", als eine apriorische Gestalt zu verstehen versucht, welche die Sinnlichkeit, in der diese Anschauung auftritt, durch apriorischen Verstand jeweils annimmt. Dadurch kann vor allem auch erstmals verständlich werden: Es ist tatsächlich eben dieses a priori entworfene und damit auch immer schon gegenständliche Etwas, von dem in positiven oder negativen Existenzaussagen die Rede ist, und von diesem Etwas als Gegenstand ist dabei auch tatsächlich in bezug auf den entsprechenden Begriff davon die Rede.

Denn schon allein sprachlich fällt auf, daß es schlechterdings unmöglich ist, sinnvoll Existenz auszusagen, ohne sie von *etwas* auszusagen. Und die Notwendigkeit, daß man zur Formulierung einer Existenzaussage immer schon von *etwas* sprechen muß, weil man allein von diesem Etwas sagen kann, *es* existiere, ist offenbar eine so prinzipielle, daß man selbst zur Formulierung negativer Existenzaussagen immer schon von *etwas* sprechen muß, weil man auch hier allein von diesem Etwas sagen kann, *es* existiere nicht.

Eine Schwierigkeit liegt darin aber allein für den, der das unausgewiesene Vorurteil hegt, solch ein Etwas könne für eine Aussage gegenständlich nur sein, wenn es auch wirklich ist, wenn aber nicht, so könne dabei auch nicht von ihm, sondern allein von seinem Begriff die Rede sein, und das heißt abermals allein von etwas, das auch wirklich ist; nur kann die Wirklichkeit dieses Begriffs, die dabei freilich in jedem Fall besteht, prinzipiell nicht die von jenem Etwas bedeuten, die dabei keineswegs in jedem Fall besteht.

Doch ebenso wie jene unlösbare Schwierigkeit hat er sich dann auch diese allein durch sein Vorurteil selber bereitet. Und beide selbstgemachten Schwierigkeiten sind im Grunde auch nur die beiden Kehrseiten einer einzigen, allerdings fundamentalen Schwierigkeit, nämlich das Wesen von Subjektivität als Intentionalität zu denken, vor der man immer wieder versagt. Und dies wird unter anderem auch daran offenkundig, daß man gerade jenes Etwas als den Gegenstand der positiven oder negativen Existenzaussage verfehlt. Da es als das entsprechend Wirkliche dafür nicht in Frage kommen kann, flüchtet man sich — getrieben von der unbegründeten Vormeinung, es könne doch nur etwas immer schon Wirkliches auch Gegenstand sein — ganz übereilt sogleich über jenes Etwas hinweg zu dem entsprechenden Begriff, der ja dabei sehr wohl — wie man ebenso meint — als etwas Wirkliches besteht.

Damit aber übergeht man nicht nur, wie bemerkt, den Unterschied der Wirklichkeit dieses Begriffs, die dabei in jedem Fall besteht, gegenüber der Wirklichkeit jenes Etwas, die dabei keineswegs in jedem Fall besteht. Damit verkennt man vor allem, daß dieser Begriff dabei überhaupt nur in dem Sinne immer schon wirklich ist, daß er immer schon gebildet ist; dies aber heißt, daß er dabei durchaus nicht einfach als „Wirklichkeit" bloß „besteht", sondern recht eigentlich als eine *Wirksamkeit* jeweils *ergeht*, nämlich als erste Wirksamkeit von Intentionalität selbst schon immer auf etwas ausgeht, und das heißt auf etwas anderes seiner selbst. Nicht erst durch *Verwendung* eines gebildeten Begriffs zu einer wahren oder falschen Deutung, sondern bereits durch *Bildung* dieses Begriffes selbst geht Subjektivität als Intentionalität schon immer aus sich heraus und auf etwas anderes aus. Nur daß sie durch Bildung eines Begriffs, durch den sie Anschauung wahr oder falsch deutbar allererst macht, dieses andere als das, woraufhin diese Anschauung damit deutbar wird, allererst entwirft und entwerfen muß, um es als etwas, das auf diese Weise immer schon vergegenständlicht wird, in der Deutung solcher Anschauung durch solchen Begriff aus dieser Anschauung heraus zu einem anderen auch zu verwirklichen, es daraus zu erdeuten oder auch nicht.

Zu meinen, es könne in Aussagen wie „Bäume existieren" oder „Einhörner existieren nicht" allein vom Begriff „Bäume" oder „Einhörner" selber die Rede sein, heißt somit nichts Geringeres, als von vornherein das Wesen von Begriff als solchem und damit das Wesen von Subjektivität als Intentionalität selbst zu verkennen. Denn daß auch bereits im Begriff letztlich nur Intendieren selbst auftritt, heißt gar nichts anderes, als daß dergleichen wie Begriff überhaupt nur als etwas auftritt, das als Intendieren auch von vornherein nur als Hintendieren ergeht, nämlich als das ebenso von sich *aus* wie von sich *weg* und auf anderes *hin* Tendieren von Subjektivität als Intentionalität selbst. Und ebenso von sich *aus* wie von sich *weg* und auf anderes *hin* tendiert Subjektivität auch durch Begriff bereits so prinzipiell, daß sie durch eine Aussage, zu der sie solchen Begriff verwendet, auch prinzipiell immer nur von diesem anderen auszusagen vermag und prinzipiell niemals etwa von diesem Begriff selbst. In einer Aussage, in der zum Beispiel ein Begriff wie „Bäume" verwendet wird, kann durch diesen Begriff selbst prinzipiell nur von anderem als von ihm selbst die Rede sein, und zwar genau von solchem anderen, auf welches Subjektivität mit solchem Begriff selbst jeweils hintendiert.

Nur daß sie durch bloßen Begriff dieses andere nur entwirft, und das heißt, es zwar zu etwas Gegenständlichem gewinnt, doch nicht zu etwas Wirklichem. Letzteres geschieht vielmehr dadurch, daß sie diesen Begriff nicht nur bildet, sondern auch verwendet, und zwar zu einer Deutung, in der sie die durch den gebildeten Begriff deutbare Anschauung auch tatsächlich deutet und aus ihr heraus das gegenständliche Etwas, auf das hin sie deutbar ist, auch tatsächlich erdeutet, zu etwas Wirklichem auch tatsächlich verwirklicht. Und solche ursprüngliche Verwirklichung von Wirklichkeit als Objektivität erzielt Subjektivität jeweils als sogenannte „Wahrnehmung" von Außenwelt wie „Dies sind Bäume".

Einen Begriff wie „Bäume" aber kann sie auch noch grundsätzlich anders verwenden, nämlich nicht nur, um das durch ihn auf jeden Fall vergegenständlichte Etwas auch zu verwirklichen, wie in „Dies sind Bäume". Vielmehr kann und muß Subjektivität einen solchen Begriff auch dann verwenden, wenn es für sie gilt, statt dieses Vergegenständlichte auch zu verwirklichen vielmehr seine Wirklichkeit als solche selbst zu vergegenständlichen, nämlich zu thematisieren, wie in „Bäume existieren". Ebensowenig wie in „Dies sind Bäume" ist jedoch auch darin nicht etwa vom Begriff „Bäume" die Rede, sondern in der Tat ausschließlich von dem Etwas, das durch ihn immer schon entworfen und dadurch zum Gegenstand wird. Und von diesem Gegenstand ist darin auch in der Tat „in Beziehung auf den Begriff" die Rede, durch welchen er entworfen und vergegenständlicht ist.

Denn wie gezeigt, ist etwas wirklich nur in dem Sinne, daß es verwirklicht oder verwirklichbar ist, nämlich erdeutet oder erdeutbar. Darin aber ist tatsächlich nicht allein von dem Etwas die Rede, das durch Begriff vergegenständlicht wird, indem Anschauung durch ihn deutbar, nämlich auf dieses Etwas hin deutbar wird. Darin wird über dieses Etwas auch noch „in Beziehung auf diesen Begriff" eine Behauptung aufgestellt, nämlich daß es durch denselben Begriff, durch den es entworfen und damit vergegenständlicht ist, auch noch erdeutet oder erdeutbar, und das heißt verwirklicht oder verwirklichbar ist.

Über dieses Etwas wird diese Behauptung indessen nicht nur, wie Kant sagt, in Beziehung auf diesen Begriff aufgestellt, sondern auch noch, was Kant dabei nicht sagt, in Beziehung auf Anschauung (vgl. aber z. B. A 218, B 266). Denn daß dieses vergegenständlichte Etwas auch noch verwirklicht oder verwirklichbar ist, in dem Sinne, daß es erdeutet oder erdeutbar ist, heißt nicht nur zu behaupten, daß es durch den *Begriff*, durch den es vergegenständlicht ist, auch verwirklicht oder verwirklichbar ist. Dies heißt vielmehr ineinem damit ferner zu behaupten, daß es durch ihn aus der *Anschauung*, aus der heraus es vergegenständlich ist, auch verwirklicht oder verwirklichbar ist, nämlich erdeutet oder erdeutbar.

Hält man dies alles fest, so bleibt dann auch nicht länger unverständlich, sondern wird geradezu selbstverständlich, daß Existenzaussagen auch als negative möglich und sinnvoll sind. Denn auch in einer Aussage wie „Einhörner existieren nicht" ist keineswegs von dem Begriff „Einhörner" die Rede, sondern ebenfalls von dem Etwas, das Subjektivität auch durch die Bildung eines solchen Begriffs auf die genannte Weise als ein anderes seiner selbst, als Objektivität zwar nicht schon verwirklicht, wohl aber schon vergegenständlicht und vergegenständlichen muß, um auch nur davon aussagen zu können, daß es nicht existiere oder nicht wirklich sei. Allein von etwas, wovon man wie von einem Einhorn nicht nur eine begriffliche, sondern auch eine anschauliche Vorstellung hat, das man also wie ein Einhorn im genannten Sinne begrifflich und anschaulich zum Gegenstand hat, kann man sinnvoll sagen, daß es nicht existiert oder nicht wirklich ist. Denn auch das kann nur den Sinn besitzen, es sei dieses begrifflich-anschaulich schon immer vergegenständlichte Etwas nicht auch verwirklicht oder verwirklichbar, nämlich aus solcher Anschauung durch solchen Begriff nicht auch erdeutet oder erdeutbar.

### d) Wirklichkeit und Subjektivität

Spätestens daran aber wird auch offenkundig, worin der eigentliche Grund dafür liegt, daß man solche Schwierigkeiten hat, sich verständlich zu machen, wovon in Existenzaussagen eigentlich die Rede ist und was davon eigentlich ausgesagt wird. Der Grund dafür liegt letztlich nur darin: Ebenso wie die mit ihnen äquivalenten Wahrheitsaussagen, die ebensolche Schwierigkeit bereiten, sprechen Existenzaussagen im Grunde bereits ausschließlich von Subjektivität als Intentionalität selbst und von dem, was ihr als solcher wesentlich mitangehört. Beides sind Fälle, in denen Subjektivität nur scheinbar bei anderem ihrer selbst ist, in Fremdbewußtsein begriffen, recht eigentlich jedoch allein bei sich selbst ist, eben in Selbstbewußtsein begriffen.

Daß Wirklichkeit und somit auch Wahrheit darin thematisch werden, heißt nämlich, daß Subjektivität sich darin selbst bereits Thema wird, weil sie damit letztlich nur sich selbst als diejenige Intentionalität thematisiert, die so etwas wie „Wirklichkeit" oder „Wahrheit" allein als ihren Erfolg erzielt: Alles was in solchen Aussagen im einzelnen thematisch wird — sowohl die deutbare Anschauung als auch der Begriff, durch den sie deutbar ist, wie auch das Gegenständliche, auf das hin Anschauung durch Begriff deutbar ist — bildet jeweils ein wesentliches Aufbaustück von Intentionalität selbst; damit aber stellt es etwas dar, das keineswegs schon als solches ein Erfolg von Intendieren sein kann, sondern wodurch Intendieren allererst etwas anderes außer sich als einen Erfolg erzielen kann, eben durch Erdeutung von Außenwelt als Wirklichkeit allererst zu verwirklichen vermag.

Nur führt freilich die Ausschließlichkeit, mit welcher Intentionalität bereits als Erkennen und erst recht dann als Handeln auf nichts als Verwirklichung solcher Wirklichkeit aus ist, dazu, daß Subjektivität vor lauter Wirklichkeit, die sie aus diesem Grunde auch so weit überwiegend erzielt, einer Selbstvergessenheit anheimfällt, indem sie sich von dieser Wirklichkeit einfach überwältigen läßt. In genau dem Maße jedenfalls, in welchem Subjektivität als Intentionalität auf solche Wirklichkeit geradezu besessen ist, schlägt diese Wirklichkeit, indem sie von ihr tatsächlich erzielt wird, auch wieder umgekehrt auf sie zurück, indem sie Subjektivität geradezu in ihren Bann schlägt: Auf diese Weise ist Subjektivität nicht nur *auf* Wirklichkeit besessen, sie ist damit ebenso sehr *von* Wirklichkeit besessen und läßt sich demzufolge von ihr selber dazu hinreißen, sie als ein „Ansichsein" zu betrachten, das immer schon von sich aus vorgegeben und lediglich in „Wahrnehmung" noch hinzunehmen sei. Ihre Wirklichkeitsbesessenheit, die eigentlich Erfolgsbesessenheit der Subjektivität ist, so daß ihr Wirklichkeitsbewußtsein eigentlich auch Erfolgsbewußtsein und damit Selbstbewußtsein dieser Subjektivität sein müßte, führt auf diese Weise vielmehr zur Erfolgsvergessenheit und damit Selbstvergessenheit der Subjektivität.

Und eben dies kommt nicht allein im rezeptiven Sinn von „Wahrnehmung" zum Ausdruck, sondern vor allem auch im genau entsprechenden Sinn von „Existenz" oder „Wirklichkeit" selbst. Nur ihm zufolge nämlich klingt ein Existenzurteil wie „Bäume existieren" immer wieder zunächst einmal wie „Bäume wachsen" und spricht damit den Dingen ebenso wie Wachstum auch Wirklichkeit oder Existenz als etwas immer schon Vorgegebenes zu. Und ausschließlich darin liegt das grundsätzlich Verfehlte aller Existenzaussagen. Auch sie sind nicht etwa dadurch verfehlt, daß „Existenz" in ihnen *falsch verwendet* würde, weil sie statt Dingen vielmehr den entsprechenden Begriffen zuzusprechen wäre. Verfehlt sind sie vielmehr allein deshalb, weil „Existenz" und „Wirklichkeit" — genau entsprechend zu „Wahrnehmung" — im genannten Sinne *falsch gebildet* sind (vgl. oben S. 118 ff.).

In diesem falschen Sinne aber können sie gar nicht anders als zu verfehlten Existenzaussagen über wirkliche Dinge selbst verwendet werden.

Genau wie „Wahrnehmung" bedürfen daher auch „Existenz" und „Wirklichkeit" im Rahmen von Erkenntnistheorie einer Ersetzung durch Ausdrücke, die verdeutlichen, was eigentlich darunter zu verstehen sei: Scheinbar rezeptive „Wahrnehmung" von etwas ist eigentlich spontane Erdeutung von etwas; und scheinbar als „Ansichsein" vorgegebenes Wirkliche ist eigentlich das dadurch Erdeutete oder Erdeutbare und somit eigentlich das als Erfolg von Subjektivität selbst Verwirklichte oder Verwirklichbare.

Doch dieser eigentlich verfehlte Sinn von „Existenz" und „Wirklichkeit" selbst, der dem verfehlten Sinn von „Wahrnehmung" genau entspricht, wird von den Vertretern jener Meinung, statt Prädikat von Dingen sei „Existenz" oder „Wirklichkeit" vielmehr Prädikat ihres Begriffs, überhaupt nicht gesehen. Denn für eben diesen Sinn, der ihnen selbstverständlich als der einzig richtige gilt, sind sie deshalb schlechterdings blind und damit letztlich die Vertreter jener Wirklichkeitsbesessenheit und Selbstvergessenheit von Subjektivität, die sie in ihrem falschen Welt- und Selbstverständnis nur noch weiter bestärken.

Daher kommt auch keiner von ihnen auf den Gedanken, auch nur zu fragen, wie es zu solch merkwürdigen Existenzaussagen, die sie selbst doch immerhin für klärungsbedürftig halten, überhaupt kommen kann. Vor allem aber führt dies auch noch dazu, daß die Klärung, die sie dann zu geben versuchen, gar keine ist, und zwar so wenig, daß sie jenes eigentlich Verfehlte dieser Existenzaussagen nicht nur nicht bereinigt, sondern sogar noch besiegelt. Denn mit der Meinung, es müsse Existenz, da sie nicht Prädikat oder Eigenschaft von Dingen sein könne, vielmehr Prädikat oder Eigenschaft entsprechender Begriffe sein, setzen sie nicht nur die Dinge, sondern womöglich noch selbstvergessener auch die Begriffe als etwas Wirkliches einfach an, ohne im mindesten darauf zu reflektieren, was dabei Wirklichkeit jeweils eigentlich bedeuten könnte.

Die Unterlassung dieser Reflexion jedoch bedeutet nichts Geringeres als Unterlassung von Erkenntnistheorie selbst. Denn Wirklichkeit und damit Wahrheit sind nicht weniger als Wahrnehmung und Erkenntnis selber eigentümlich erkenntnistheoretische Probleme. Trotzdem versucht man hartnäckig immer wieder, sie ausschließlich im Rahmen von Mathematik, formaler Logik oder allenfalls Semantik zu behandeln, wo sie jedoch aus prinzipiellem Grunde fehl am Platz und daher nur geeignet sind, ein auswegloses Hin und Her in Gang zu setzen, das zu allem nur zu keiner Lösung führt [18]. Will man hier tatsächlich weiterkommen, so wird man sich schon entschließen müssen, zur Lösung dieser genuin erkenntnistheoretischen, und das heißt genuin philosophischen Probleme auch tatsächlich Philosophie zu treiben, nämlich Erkenntnistheorie, und das heißt letztlich Subjektivitätstheorie.

Denn in der Tat ist immer dann, wenn Wirklichkeit oder Wahrheit thematisch wird, letztlich allein von Subjektivität selber die Rede, so daß Subjektivität auch überall dort, wo sie in alltäglicher Redeweise über Wirklichkeit oder Wahrheit spricht, im Grunde über sich selbst spricht und mithin auch letztlich schon zumindest ansatzweise Erkenntnistheorie treibt. Nur tut sie dies auf eine Art, aus welcher hervorgeht: Sie ist dabei aus dem genannten Grunde in totaler Wirklichkeitsbesessenheit als totaler Selbstvergessenheit befangen und mithin auch in total verfehltem Ansatz zu Erkenntnistheorie.

Das eigentlich Verfehlte ihrer Redeweise über Wirklichkeit zu klären und aus seinem eigentlichen Grund heraus zu erklären, heißt somit letztlich gar nichts anderes, als Subjektivität über sich selbst aufzuklären, sie damit von der aus ihr selbst herrührenden Wirklichkeitsbesessenheit und Selbstvergessenheit zu befreien und ihre eigene, doch schon vom Ansatz her verfehlte Erkenntnistheorie richtig zu stellen: Wirklichkeit gibt es keineswegs immer schon als ein „Ansichsein", das in bloß rezeptiver „Wahrnehmung" lediglich noch entgegenzunehmen wäre, so daß es dabei nur noch 'unter Begriffe fiele', die es ebenfalls irgendwie gibt, so wie es ja auch die Bäume gibt, worunter Äpfel fallen, eine Auffassung, in welcher wirklichkeitsbesessene und selbstvergessene Subjektivität sich auf diese Weise durch Mathematik, formale Logik oder Semantik auch noch bestätigt sieht. Wirklichkeit gibt es ganz im Gegenteil allein in dem Sinne, daß etwas, statt als immer schon Bestehendes dann auch noch unter bestehende Begriffe zu fallen, vielmehr durch intentional *ergehende* Begriffe allererst *fallen gemacht* wird oder werden kann. Der 'Fall eines Begriffs' ist etwas Wirkliches ausschließlich in der Weise, daß es durch ihn erdeutet oder erdeutbar, nämlich verwirklicht oder verwirklichbar ist, und das heißt *zum* Fall eines Begriffs *durch* diesen Begriff selbst jeweils allererst *gemacht* oder *machbar* ist.

---

[18] Hierzu vgl. man für das Wahrheitsproblem die neueren Wahrheitstheorien von und im Anschluß an Tarski, dargestellt jetzt bei B. Puntel, *Wahrheitstheorien in der neueren Philosophie* (EdF, Bd. 83), Darmstadt 1978, für das Wirklichkeitsproblem die neueren Theorien, dargestellt bei W. Carl, *Existenz und Prädikation*, München 1974.

Kann mithin etwas wirklich allein insofern sein, als wir selbst es als Subjekte durch Begriffe verwirklichen oder verwirklichen können, „machen" oder „machen können" (vgl. S. 115), so hat dann auch, daß es wirklich allein als 'Fall dieses Begriffes' ist oder indem es 'unter ihn fällt', in diesem Sinn geradezu als Trivialität zu gelten. Dergleichen wie „Wirklichkeit" von etwas ist eben in der Tat allein Verwirklichtheit oder Verwirklichbarkeit von etwas, das Subjektivität allein aus sich heraus verwirklicht oder verwirklichen kann. Außenwelt als Objektivität und somit als das andere zu Subjektivität ist wirklich nur als etwas, das diese Subjektivität selbst aus ihrer Innenwelt heraus, aus Anschauung ihrer Sinnlichkeit durch Begriffe ihres Verstandes erdeutet oder erdeuten kann, und somit nichts als ein Erfolg, den ursprünglich immer wieder nur solche Subjektivität als Intentionalität selbst zu erzielen vermag.

Dagegen aber muß sich hier noch einmal ein letzter Einwand erheben, und zwar in doppelter Hinsicht.

Denn war nicht eben diese Anschauung der Sinnlichkeit als Innenwelt von Subjektivität, woraus dergleichen wie Wirklichkeit als Außenwelt angeblich immer erst durch Begriff zu erdeuten und damit zu verwirklichen sein soll, zu Beginn dieser *Einführung in die Erkenntnistheorie* als Auswirkung einer Einwirkung durch diese Außenwelt selber aufgefaßt worden? Und hatte es dabei nicht sogar noch geheißen, daß wir für unsere Wahrnehmung von Außenwelt solch eine Auswirkung auch immer schon empfangen und empfangen müssen, wenn anders dies tatsächlich empirische Erkenntnis dieser Außenwelt sein soll und nicht etwa dergleichen wie „Eingebung" oder „Offenbarung" über sie (vgl. S. 59)? War eben damit aber nicht auch die Wirklichkeit dieser wirkenden Außenwelt, die angeblich immer erst aus dieser Anschauung heraus zu verwirklichen ist, gerade für diese Anschauung selber immer schon vorausgesetzt?

Genau entsprechende Fragen aber müssen sich hier auch noch für den Begriff stellen. Wurden nicht von Anbeginn dieser *Einführung in die Erkenntnistheorie* auch Begriffe wie „Baum" oder „grau" und dergleichen schon immer vorausgesetzt? Ist damit aber nicht auch die entsprechende Wirklichkeit von Bäumen oder von Grauem und dergleichen, die doch angeblich immer erst durch solche Begriffe selbst aus jener Anschauung heraus zu erdeuten und damit zu verwirklichen sein soll, vielmehr immer schon vorausgesetzt worden? Denn wie könnten wir zur Bildung solcher Begriffe jemals anders gelangen als von eben dieser Wirklichkeit her, welche doch immer schon bestehen muß, damit wir dann zum Beispiel durch „Abstraktion" von ihr auch noch Begriffe von ihr bilden können?

Für beides indessen, für Anschauung ebenso wie für Begriff, gilt dies aber noch in einem weiteren und ganz entscheidenden Sinne: Nicht nur daß diese *Einführung in die Erkenntnistheorie* tatsächlich die jeweils entsprechende Wirklichkeit als immer schon bestehende vorausgesetzt *hat*, sondern daß eine *Einführung* in Erkenntnistheorie *als solche selbst* diese Wirklichkeit sogar voraussetzen *muß*. Als Einführung *kann* sie gar nicht anders als vom empirischen Faktum empirischer Erkenntnis von empirischer Wirklichkeit ausgehen, wie es ausnahmslos für jede alltägliche, und das heißt wirklichkeitsbesessene und selbstvergessene Subjektivität schon immer besteht, auch für solche, die alltägliche Erkenntnis dann zu empirischer Wissenschaft entfaltet, vor allem aber auch für solche, die sich anschickt, in Theorie dieser Erkenntnis selber einzuführen.

Erst weiter fortschreitende Einführung in solche Theorie läuft dann darauf hinaus, solche Subjektivität aus ihrer Wirklichkeitsbesessenheit und Selbstvergessenheit immer weiter herauszuführen, bis schließlich jenes empirische Faktum soweit thematisiert und erklärt ist, daß Subjektivität in voller Reflexion auf sich am Ende ihre Wirklichkeitsbesessenheit und Selbstvergessenheit auch voll überwindet[19]. Für Einführung in Erkenntnistheorie aber heißt das unter anderem: Sie ist an ihrem Ende angelangt, indem sie jene am Anfang gehegte Vormeinung in der Weise einholt, daß sie von Wirklichkeit als immer schon bestehender abrückt und übergeht zu Wirklichkeit als immer erst zu verwirklichender. Das heißt dann aber weiter: Als Einführung findet sie ihre Vollendung letztlich darin, daß sie die Vormeinung, es müsse sowohl für jene Anschauung als Auswirkung der Einwirkung von Wirklichkeit wie auch für jenen Begriff als Produkt einer „Abstraktion" von ihr diese Wirklichkeit selbst schon immer vorgegeben sein, zwangsläufig aufheben muß.

Es ist indessen von entscheidender Wichtigkeit, sich vor Augen zu halten: Der Zwang zu dieser Aufhebung bedeutet auf keinen Fall, eine Einführung in Erkenntnistheorie sehe sich am Ende gezwungen, jene Vormeinung etwa für falsch zu erklären. Wäre dies der Fall, so würde

---

[19] Das gilt für diese *Einführung in die Erkenntnistheorie* insbesondere in dem wichtigen Punkt, daß sie auf weite Strecken zunächst einmal so sprechen mußte, als bestehe Wahrnehmung und Erkenntnis von etwas lediglich in der Vergegenständlichung von etwas. Erst allmählich konnte sie mit Argumenten schließlich zu dem Ergebnis gelangen, daß Wahrnehmung und Erkenntnis eigentlich in der Intention auf Verwirklichung von etwas und nicht bloß auf Vergegenständlichung von etwas bestehe.

eine Einführung in Erkenntnistheorie letztlich bedeuten, daß an ihrem Ende dergleichen wie Erkenntnistheorie selbst im wahrsten Sinne des Wortes am Ende wäre. In Wahrheit aber steht Erkenntnistheorie am Ende einer solchen Einführung in dieselbe überhaupt erst an ihrem Anfang, nämlich am Anfang einer eigentlichen Ausführung derselben: Daß Anschauung als Auswirkung der Einwirkung von Wirklichkeit zustande komme und Begriff durch „Abstraktion" von ihr, bleibt auch am Ende einer solchen Einführung in Erkenntnistheorie durchaus richtig, nämlich für den Standpunkt der empirischen Erkenntnis von Empirischem, den Subjektivität als alltägliche ebenso einnimmt wie als empirisch-wissenschaftliche.

Daß eine Einführung in Erkenntnistheorie diese Vormeinung aufheben muß, bedeutet vielmehr lediglich, daß sie ihr Ende zwangsläufig als einen Standpunkt erreicht, auf welchem eben diese Vormeinung, so richtig sie für jenen auch sein und bleiben mag, schlechterdings nichts mehr zu erklären vermag. Durch Reflexion auf das empirische Faktum empirischer Erkenntnis von Empirisch-Wirklichem entfaltet Einführung in Erkenntnistheorie sich als Wegführung von diesem Standpunkt der empirischen Erkenntnis des Empirischen und Hinführung zum Standpunkt einer nichtempirischen Erkenntnis des Empirischen, den sie aber eben erst an ihrem Ende voll erreicht. Denn empirische Erkenntnis, so ergibt sich am Ende, kann nur als Intention der Deutung und Erdeutung als ursprünglicher Verwirklichung von etwas aufgefaßt werden und damit Wirklichkeit entsprechend nur als Verwirklichtheit oder Verwirklichbarkeit. Und wenn dies richtig ist, so muß auch jeglicher Versuch, die Anschauung, aus der, und den Begriff, durch den dabei erdeutet wird oder nicht, auf solche Wirklichkeit zurückzuführen, für diesen Standpunkt prinzipiell immer schon zu spät kommen.

Denn danach muß gerade der Empiriker, der das Auftreten einer gewissen Anschauung zum Beispiel als Auswirkung der Einwirkung durch einen Baum oder durch etwas Graues erklärt, sich dabei eben diesen Baum oder dieses Graue aus eben dieser Anschauung schon immer erdeutet haben. Genau das Entsprechende aber gilt auch für den Begriff. Denn danach muß gerade der Empiriker, der sich einen Begriff wie „Baum" oder „grau" als Produkt einer „Abstraktion" erklärt, welche im Hinblick auf Bäume oder Graues jeweils nur das Gemeinsame festhält und von allem andern „absieht", sich dabei eben diese Bäume oder dieses Graue durch eben diesen Begriff „Baum" oder „grau" schon immer erdeutet haben. Und das gilt ebenso für den beschränktesten oder vorläufigsten oder unschärfsten Begriff, durch welchen solche Subjektivität, zum Beispiel als Kind oder Baby oder Embryo, sich

Außenwelt zunächst nur auf beschränkteste oder vorläufigste oder unschärfste Weise erdeuten mag.

Angesichts solcher Erklärungen ist der Empiriker mithin darüber aufzuklären: Im Hinblick auf Anschauung und Begriff, das heißt im Hinblick auf die wesentlichen Aufbaustücke von empirischer Erkenntnis und damit im genannten Sinne auch von empirischer Wirklichkeit, erklärt auf diese Weise Empirie von ihrem Standpunkt selbst zwar unwissentlich, vom Standpunkt einigermaßen entwickelter *Theorie* dieser Empirie jedoch unzweifelhaft im Zirkel. Dies bedeutet dann aber vor allem: Soll hier überhaupt noch eine weitere und zirkelfreie Erklärung sich geben lassen, und das heißt, soll nicht nur eine Einführung, sondern auch eine Ausführung von Erkenntnistheorie möglich werden, so kann sie dies aus prinzipiellen Gründen nur als eine im strengsten Sinne nichtempirische Theorie des Empirischen sein, nämlich als eine Theorie, die das gesamte Faktum des Empirischen allein aus nichtempirischer Subjektivität heraus erklärt.

Erkenntnistheorie in diesem Sinne aber dürfte sich wohl schwerlich ausführen lassen, ohne daß eine entsprechende Ausführung von Handlungstheorie mit ihr einherginge. Und dazu wiederum würde nichts Geringeres erforderlich als der Versuch, ein umfassendes und bis in alle Einzelheiten durchgeführtes Welt- und Selbstverständnis aus Subjektivität selbst zu entwickeln, kurz ein Versuch, das Ganze zu denken, wie ihn zuletzt im Anschluß an Kant die deutschen Idealisten unternommen haben.

Gerade ihnen gegenüber aber gilt es von vornherein festzuhalten: Mit Aussicht auf Erfolg kann ein solcher Versuch nur unternommen werden, wenn es dabei gelingt, die Wirklichkeit der Außenwelt, die als schon immer vorgegebene zurückzunehmen ist, damit nicht einfach fallen zu lassen, sondern sie in Subjektivität selber zurückzunehmen: Dabei gilt es, Subjektivität als solche in einer Weise zu denken, daß der Ursprung dieses anderen ihrer selbst verständlich werden kann aus dieser Subjektivität selbst.

Denn hatte Kant es nachweislich aus Achtung vor der Differenz dieses anderen an Nachdruck fehlen lassen, zu einer Theorie des Ganzen aus Subjektivität heraus fortzuschreiten, so hatten umgekehrt jene Idealisten bei ihrem raschen Fortschritt dazu es ebenso nachweislich aus Mißachtung dieser Differenz an Bedacht fehlen lassen, solche Subjektivität so different in sich selbst zu denken, daß sie tatsächlich das Ganze, und das heißt auch anderes ihrer selbst zu erklären vermag. Solch ein Versuch könnte mithin nur insoweit gelingen, als er es vermöchte, den Versuch jener „absoluten" Idealisten gerade auf dem Boden des

„transzendentalen" Idealismus von Kant selbst zu erneuern und nicht etwa in jener Bodenlosigkeit, in welche jene „absoluten" Idealisten nur gerieten, weil sie meinten, diesen „transzendentalen" Idealismus preisgeben zu müssen.

Aber welche Gestalt ein solcher Versuch auch immer annehmen mag, so scheint doch von vornherein soviel sicher: Es wird auf jeden Fall die Gestalt eines Idealismus sein müssen.

Dieses Ergebnis freilich muß aufs höchste befremden, zu einer Zeit, da Subjektivität — dogmatisch und ideologisch zugleich — in Empirismus und Materialismus verschiedenster Art ihre Wirklichkeitsbesessenheit und Selbstvergessenheit aufs Höchste treibt. Deshalb wird man es auch niemandem verdenken können, wenn er nicht ohne weiteres oder auch überhaupt nicht bereit ist, dieses Ergebnis hinzunehmen.

Doch bevor er sich kopfschüttelnd davon abwendet und vielleicht einem vermeintlich plausibleren Empirismus oder Materialismus zuwendet, sei er lediglich noch auf eine Kleinigkeit hingewiesen: Jegliche Alternative zu diesem Idealismus, und insbesondere eine empiristische oder materialistische Alternative zu ihm, kann nur insoweit in Betracht kommen, als man dabei gewillt und in der Lage ist, jenes empirische Faktum sowohl der empirischen Erkenntnis als auch ihres empirischen Gegenstandes zu erklären.

Gerade davon aber kann auf seiten von Empirismus und Materialismus bis heute überhaupt nicht die Rede sein. Im Gegenteil. Immer wieder und bis heute vermag Empirismus und Materialismus nachweislich überhaupt nur aufzutreten und sich zu halten, indem er jenes empirische Faktum zumindest in wesentlichen Teilen einfach ignoriert oder gar leugnet. Und darin tritt deutlich zutage, daß er mindestens zu einem wesentlichen Teil gar kein Versuch der Argumentation und wissenschaftlichen Erklärung ist, sondern dogmatische Ideologie.

Deshalb sei jedermann, der vor solchem Idealismus zurückschreckt, hier ausdrücklich aufgefordert, er möge doch einmal versuchen, dieses empirische Faktum, statt es zu ignorieren oder gar zu leugnen, auf empiristische oder materialistische Weise zu erklären. Er möge doch einmal versuchen, im Rahmen eines Empirismus oder Materialismus mit Argumenten verständlich zu machen:

1. Außer Seinsgebilden gibt es auch noch Sinngebilde, zum Beispiel wahre oder falsche Erkenntnis, deren Wahrheit und Falschheit einen qualitativen und absoluten Gegensatz miteinander bilden und keinen bloß quantitativen und relativen.

2. Solche Erkenntnis ist gerade an ihrem Ursprung, als Wahrnehmung,

unmittelbare Erkenntnis von Außenwelt und nicht etwa nur mittelbare.

3. Als ursprüngliche empirische Erkenntnis dieser Außenwelt beruht Wahrnehmung auf Sinnesdaten der Innenwelt und vollzieht sich deshalb als ursprüngliche Überschreitung dieser Innenwelt auf Außenwelt hin.

4. Dementsprechend ist sie Deutung, deren Wahrheit *oder Falschheit* nur verständlich wird, wenn Außenwelt das dabei jeweils allererst aus Innenwelt heraus Erdeutete oder Erdeutbare ist.

5. Dementsprechend beruht diese Deutung auf ursprünglicher Spontaneität und Intentionalität einer Subjektivität, die durch so etwas wie deutende Wahrnehmung oder Erkenntnis schlechterdings nichts anderes als Erfolg intendiert.

6. Dieser Erfolg besteht jeweils nicht bereits in der Vergegenständlichung von etwas, sondern erst in der Verwirklichung von etwas, weil auch erst Wirklichkeit von etwas und keineswegs etwa schon Gegenständlichkeit von etwas dabei als Mißerfolg ausbleiben kann.

Solange Empirismus oder Materialismus solche Fakten nicht nur nicht erklärt, sondern von vornherein ignoriert oder gar leugnet, wie es bis heute immer wieder der Fall ist, solange bleibt auch der begründete Verdacht, daß er solch eine Erklärung nicht nur faktisch nicht gibt, sondern prinzipiell auch gar nicht geben kann. Ebenso lange aber bleibt dann auch Idealismus aktuell, bis heute so aktuell, wie er bereits von Anbeginn abendländischer Philosophie gewesen ist.

# REGISTER

## Namen

## Sachen